**무박3일 밤새워 읽는
최고민수 경제사 특강**

일러두기
- 독자의 이해를 위해 일부 표현은 국립국어원 외래어 표기법이 아닌 학계에서 통용되는 표현을 그대로 살려 저자의 의도를 반영했음을 밝힙니다.
- 단어 앞에 붙은 1) 2) 3) 혹은 A) B) C)는 독자의 이해를 돕기 위해 작가가 정한 문단 내의 순번임을 밝힙니다.
- 역사적 내용을 기반으로 했지만, 이 책에서 언급한 내용 외에도 학자나 문헌에 따라 다양한 가설과 해석이 존재할 수 있음을 알립니다.

무박3일 밤새워 읽는 최고민수 경제사 특강

한 권으로 역사학, 인문학, 지리학까지
**정복하는 투머치
경제 교양서!**

최고민수(박민수) 지음

프롤로그

최고민수스러운, 최고민수다운, 최고민수만의 B4 경제사

나이가 들어가면서 역사에 관심이 많아졌다. 늘 변화무쌍한 주식시장과 달리 시간이 흘러도 변치 않는 과거의 기록들 말이다. 특히, 경제학자도 역사학자도 체계적으로 완성하지 못했던, 돈과 경제에 관한 역사를 한번 만들어보고 싶었다. 오래 묵혀둔 묵직한 이야기들을 최고민수만의 유쾌한 화법으로 풀어낼 순 없을까! **최고민수스러운, 최고민수다운, 최고민수만의 고봉밥 경제 역사 이야기**를 말이다. 숱한 불멸의 밤을 고민하고 또 고민했었다.

'침착맨' 유튜브에 출연해 '최고민수 경제사 특강'을 이야기한 지 벌써 3년이 지났다. 그동안 '침착맨', '빠니보틀' 유튜브 채널에서 보여준 수다스러움을 담은 **최고민수 B4용지**를 탐내는 수요도 많았다. 여러 영상에서 보여준 최고민수의 입담을 책으로 수북하게 풀어내고 싶었다. 여의도 금융기관 직장인 27년 차이자 주식 책 베스트셀러 작가 아니던가. 경제의 역사 큰 틀에서 아주 오랜 고대부터 현재의 일상까지 꼼꼼하게 풀어내 보자. 하지만, 아무리 최고민수라도 방대한 양을 요약 정리 풀어내려고 하니 준비 작업이 꽤나 필요했다. 금방 나올 것 같았던 '최고민수 경제사 특강'이 '침착맨' 유튜브 출연 후 3년 만에 빛을 보는 이유다.

『최고민수 경제사 특강』은 총 2권으로 구성되어 있다. 역사적 순서대로 정리를 하다 보니 중상주의 이전과 이후로 구분해 봤다. 제1권은 고대 문명 탄생부터 출발해 고대 그리스, 로마 그리고 중세시대를 중심으로 풀어낸다. 제2권은 중상주의로부터 대두된 경제와 산업 발전을 중심으로 다룬다. 주요 경제학자들의 경제이론과 경제학 원론에서 언급되는 주요 경제 이슈를 역사적 진실과 함께 엮어 설명한다. 제1권이 역사적 만담꾼 같은 느낌이라면, 제2권은 경제학적 수다쟁이라 하겠다. 총 90개의 주제로 제1권과 제2권 각 45개 주제로 되어 있다. 마음 같아서는 완벽한 무박 3일을 위해 최소 5권 정도는 풀어낼 수 있겠지만, 일단 간단하게 2권으로 시작을 해보려 한다.

이 책의 기반은 세계사를 뒤흔든 중요 역사적 사건 중 경제학적으로 의미 있는 주제들이다. 방대한 역사적 내용을 핵심만을 요약하고 압축해 이해도를 높였다. 딱딱한 경제학적 내용을 쉽고 편하게 수다쟁이 최고민수만의 만담 방식으로 편하게 적어냈다. 수다의 영역은 무한대 아니던가, 최고민수만의 인문학적 소양, 지리학적 사실도 더했다. 그러다 보니 역사, 경제, 인문, 지리를 포함한 올라운드 플레이어, 종합 백과사전이 되었다. 그래도 핵심을 꼽으라면 역사가 메인, 경제학이 보조적으로 도와준다 보면 되겠다. 경제 섹터를 주로 다루는 역사책이 정확한 표현이겠다. 정말 무박 3일이 필요한 방대한 양을 쉽고 재미있게, 시간 가는 줄 모르고 읽을 수 있을 것이다. **최고민수의 여행용 B4용지에 목말라 있던 독자라면 이 책으로 충분한 지식 섭취가 가능하리라.** '유쾌하고 재미있고 지식도 있게'가 이 책의 모토다.

이 책은 **대학 입시를 준비하는 고등학생들의 논술 및 인문 사회 영역 교재**로도 훌륭히 쓰일 것이다. 대입 입시에 필요한 지식을 무박 3일 만에 습득할 수 있으니 얼마나 좋으랴. 또한 **금융권 취업을 준비하는 취업 준비생, 평소 역사와 경제학적 소양에 목마른 이들**에게도 많은 도움이 될 것이다. 국방의 의무를 충실히 하는 군인 아저씨들, 도서관에서 책을 읽고픈 독서광에게도 최고의 선물이 되리라 기대한다. 세상에는 수많은 역사책과 경제 관련 서적들이 있지만, 『최고민수 경제사 특강』과 비슷한 컨셉의 책은 아직 없으니, 나름의 독창성 있는 책임을 알아주셨으면 좋겠다.

마지막으로 아버지, 어머니, 여동생들 그리고 아내와 쌍둥이 아들들에게도 사랑한다고 전하고 싶다. 특히, 병상에 계신 아버지의 건강함을 늘 기원한다.

2025년 여름
최고민수

최고민수 경제사 특강 2권 목차

프롤로그 · 4

2-1 절대 국가 왕의 힘, 중상주의 · 15
2-2 중상주의를 비판한 경제학의 아버지, 애덤 스미스 · 21
2-3 자유무역 옹호자 데이비드 리카도, 비교우위론 · 28
2-4 면직물 대량 생산이 만들어 낸 산업혁명 · 34
2-5 산업혁명 낙관론에 우울함을 던진, 맬서스 함정 · 42
2-6 자본주의가 망할 거라던, 카를 마르크스 · 48
2-7 수요와 공급의 법칙을 만든, 알프레드 마샬 · 54
2-8 명품은 더 비싸져, 베블런 효과 · 60
2-9 공리주의 속 자유주의 주창자, 존 스튜어트 밀 · 66
2-10 대륙 봉쇄령, 나폴레옹이 러시아로 간 까닭은 · 77
2-11 몽골의 보르츠, 나폴레옹의 병조림과 전투 식량의 역사 · 85
2-12 로스차일드, 5개의 부러진 화살 · 94
2-13 에펠탑과 파리 만국박람회 그리고 백화점의 탄생 · 101
2-14 찻값이 아까워, 영국의 아편전쟁 도발 · 110
2-15 서태후, 청나라의 멸망과 『아큐정전』 · 118
2-16 전쟁 배상금 비즈니스의 시작, 메이지 유신 · 128
2-17 데지마와 나비 부인 그리고 군함도 · 137
2-18 영국인과 네덜란드인 간 다이아몬드를 놓고 싸운 보어전쟁 · 147
2-19 비스마르크 독일 통일과 1차 대전 발발 · 157
2-20 1차 대전과 독일의 하이퍼인플레이션 · 168
2-21 헨리 포드 컨베이어벨트 시스템, 자동차 대중화 · 177
2-22 보호무역주의, 스무트-홀리 관세법과 대공황 · 186
2-23 대공황을 극복하게 한 케인스 · 196

2-24 공짜 점심은 없다, 밀턴 프리드먼 · 203

2-25 미국 대공황이 불러온 히틀러의 부활 · 209

2-26 간디의 소금 행진, 그리고 인도와 파키스탄 분리 · 218

2-27 분서갱유와 문화대혁명 그리고 흑묘백묘론 · 229

2-28 과도한 세금이 불러온 미국의 독립전쟁 · 241

2-29 미국 서부 골드러시와 대륙 횡단 열차의 탄생 · 248

2-30 미국 남북전쟁, 그레이백과 그린백 · 259

2-31 재정정책과 통화정책 vs. 레이거노믹스 신자유주의 · 268

2-32 글로벌 경제 대통령, 미국의 중앙은행 연방준비제도 · 276

2-33 미국 달러 기축통화를 만든 브레튼우즈 체제 · 283

2-34 빅맥지수, 물가 그리고 골디락스 · 294

2-35 필립스 곡선 그리고 실업률과 인플레이션 · 302

2-36 소득불평등, 로렌츠곡선과 지니계수 · 310

2-37 사우디아라비아와 미국 간 석유 패권 밀월과 경쟁 · 321

2-38 독과점과 반독점 규제, 셔먼법 · 332

2-39 코카콜라, 펩시콜라, 닥터페퍼, 그리고 코카콜라와 환타는 대체재인가 · 340

2-40 콩코드 여객기, 매몰비용의 오류 · 349

2-41 『어린 왕자』의 보아뱀 M&A 그리고 승자의 저주 · 356

2-42 서브프라임 모기지론 사태와 리먼 브라더스 파산 · 362

2-43 영국의 유럽연합 탈퇴, 브렉시트가 부른 화 · 372

2-44 지브롤터와 세우타, 헤라클레스의 기둥 · 380

2-45 카니발, 플라멩코 그리고 탱고 · 389

그림 출처 · 396

최고민수 경제사 특강 1권 목차

- 1-1 화폐 이야기가 많은 함무라비 법전
- 1-2 얼큰하게 취해보는 맥주의 경제사
- 1-3 화폐의 역사, 서양 화폐와 동양 화폐 간 가치관 차이
- 1-4 그리스, 페르시아, 마케도니아 그리고 헬레니즘
- 1-5 빵과 서커스, 로마의 가격 통제
- 1-6 카이사르와 클레오파트라, 나일강의 범람
- 1-7 팍스 로마나, 모든 길은 로마로 통한다
- 1-8 흉노가 몰고 온 게르만족 대이동 그리고 신성로마제국 탄생
- 1-9 용병의 반란과 대리인 비용
- 1-10 침략자 바이킹, 유럽 문명에 동화되어 가다
- 1-11 유대인이 고리대금업자가 된 이유
- 1-12 카노사의 굴욕과 보름스 협약
- 1-13 경제적 이유로 떠난 십자군 원정
- 1-14 페스트가 가져온 부자 농부 탄생
- 1-15 백년전쟁이 만든 모직물 수출 국가 잉글랜드
- 1-16 오스만 튀르크 정복 역사 그리고 전통시장 그랜드 바자르
- 1-17 독과점 카르텔, 한자동맹과 길드
- 1-18 샴페인의 본고장, 상파뉴 정기시 시장 거래
- 1-19 레오 10세 교황을 배출한 르네상스 주역 메디치 가문
- 1-20 복식부기 회계 처리와 재무제표에 대해
- 1-21 면벌부 판매와 종교 개혁, 자본가 탄생
- 1-22 합스부르크 가문 결혼 동맹과 후원자 푸거 가문
- 1-23 대항해시대를 연 바다의 왕자, 엔히크

1-24 1492년도가 갖는 3가지 의미

1-25 스페인 대항해시대를 연 콜럼버스와 마젤란

1-26 한나라의 탄생 『초한지』와 진나라의 탄생 『삼국지』

1-27 수나라의 중국 통일, 과거제도와 대운하 건설

1-28 원나라의 교초 초과 발행이 일으킨 인플레이션

1-29 해금령으로 중국이 유럽에 밀리기 시작하다

1-30 네덜란드, 청어잡이가 금융을 일으키다

1-31 네덜란드, 동인도회사 주식 거래가 되다

1-32 네덜란드, 먹고살 만하니 터진 튤립 버블

1-33 악화가 양화를 구축한다, 그레셤의 법칙

1-34 드레이크, 해적질로 잉글랜드 여왕 배를 불려

1-35 명예혁명과 권리장전, 영국 의회의 예산 통제

1-36 영국 해군 육성과 영란은행의 탄생

1-37 향신료 전쟁에서 승리한 네덜란드 동인도회사

1-38 군대 정복 비즈니스, 영국 동인도회사

1-39 사탕수수 재배를 위한 노예 삼각무역

1-40 공유지의 비극을 막을 방법은 사유재산 제도

1-41 커피의 역사, 증권과 보험의 시작 커피하우스

1-42 런던 대화재와 화재보험의 시작

1-43 루이 14세부터 16세까지, 그리고 미시시피회사 버블

1-44 버블법을 만들게 한 영국 남해회사 주가버블

1-45 종교가 부른 육식 금지와 중국인의 돼지고기 사랑

2-1

절대 국가 왕의 힘, 중상주의

중상주의

1)중세 봉건사회는 종교가 최우선이었다. **스콜라 철학**에 기반해, 가톨릭적 신앙에 맞는 경제체제를 유지하는 게 중요했다. **스콜라 철학** 9~16세기은 가톨릭 신학 중심 철학 사상이다. 물질에 큰 의미를 부여하지 않았다. 그로 인해 중세 봉건 경제는 지주들이 잉여농산물 정도를 물물교환하는 정도였다. 경제체제라 말하기도 부끄러울 정도다. 2)이후 **대항해시대**가 열리고 향신료, 비단, 도자기 등의 사치품과 금은 등이 들어오며 '부자가 좋구나!'를 깨닫는다. 사치품을 거래하기 위한 상업거래도 발달하게 된다. **부의 축적**, 자본에 눈을 뜨게 된다. 3)이후 상비군을 보유한 절대왕권이 강화되면서 15~18세기 중

상주의가 싹트게 되었다. **중상주의**무거울 중重, 헤아릴 상商는 한 나라의 부(富)는 그 나라가 보유한 화폐(금은)에 의해 좌우된다. 대내적으로는 상공업을 중요시하고, 대외적으로는 보호무역, 식민지주의 등을 통해 국가의 부를 증대하려 한다. 즉, 중상주의는 상업 발전을 중시하자는 논리다. 의미는 그럴듯한데, 실상은 **왕만을 부자 만드는 경제 체제다**. 개인의 부에 대해서는 관심이 없다. 루이 14세프랑스 절대왕정는 '짐이 곧 국가다'라며 왕의 절대 권위를 보여줬다. 이 모든 게 다 돈의 힘! 왕의 권력 유지와 영토 확장은 다 돈에서 나왔다. 왕에게 돈을 벌어다 주는 시스템이 중상주의다. 애덤 스미스가 그의 책『국부론』에서 중상주의를 비판하면서 유명세를 탔다.

부자 왕

중상주의에선 **부자 국가=부자 왕**이다. 부자 왕을 만들기 위해서는 국가를 부자로 만들어야 했다. 부자 국가의 척도는 나라가 금과 은을 많이 보유하는 것이다. 금과 은 유출을 금지하고 보유량을 늘려야 했다. 이를 위해 국민은 가난해도 상관없다. 나라(왕)의 금고만 가득 차면 되니까. 공익국가 이익이 사익국민 이익보다 우선했다. 국민들은 근검절약을 강요받았다. 국가 안으로 금과 은이 계속 들어오다 보니, 물가상승으로 국민들은 궁핍하게 살았다. 그런데 전 세계 자원과 무역 규모는 한정되어 있었다. 모든 국가가 다 잘 살 수는 없었다. 소수의 선택된 경우만 부자로 살 수 있는 거다. **소수의 부자 국가**

가 되는 법! 그게 바로 중상주의다. 절대 빼앗기면 안 되고 뺏어와야 했다. 이웃 나라가 가난해야 내 나라가 부자로 산다. 한쪽 이득과 다른 쪽 손실 합이 제로가 되는 **제로섬 게임**이다. 중상주의는 강한 나라만이 살아남는 약육강식의 경제법이다. 수단과 방법은 상관없다. 1)전쟁으로 힘 약한 나라 걸 뺏어오거나, 2)식민지를 개척해 자원을 훔쳐오는 거다. 아니면 정부가 적극적으로 개입을 한다. 3)독점무역으로 싹슬이를 하던가, 4)보호무역으로 수출은 장려하되, 수입은 최대한 금지하는 것이다.

중상주의 수단

1)당시 **전쟁**은 승리만 한다면 **배상금**을 얻는 괜찮은 비즈니스였다. 허구헌 날 유럽, 싸움질만 해댄 이유다. 중상주의 기준으로 보면, 2)**식민지 개척과 노예무역**도 정당화되었다. 나라가 강해지기 위해 힘약한 이들의 희생은 필수니까. 식민지는 값싼 원료를 들여오는 수단이자, 물건을 비싸게 파는 매출처로 훌륭했다. 3)후추, 설탕, 면직물, 비단 등을 왕이 인정한 **독점기업**만이 취급하면서, 가격도 마음대로 판매 수량도 마음대로가 되었다. 얼마든지 비싸게 팔아서 엄청난 이윤을 남길 수 있었다. 왕과 대무역상 간 밀월관계로 왕의 금고가 배불러질 수 있었다. 네덜란드, 영국 등이 **동인도회사**에 독점권을 준 이유도 중상주의 때문이다. 덕분에 주식시장에서 동인도회사 인기가 높을 수밖에 없었다. 4)부자 국가=부자 왕이 되려면 **정부 간섭**은

필수였다. 왕의 간섭과 통제, 보호무역을 통해 나라 밖으로 돈 나가는 길을 막았다. 관세를 높여 수입을 최대한 막은 반면, 수출품에는 보조금을 줘 수출을 촉진했다. 외국 경쟁자를 배제해 국내시장을 독점하게 하고, 노동계급을 가난하게 방치했다. 중상주의에서 국가는 돈이 많아도 국민은 가난했다. 정부가 개입해 소수의 사람(왕), 소수의 나라, 소수의 기업(독점)만을 부자로 만들었다. 후세의 경제이론가들이 학자나 철학자인 데 반해, 중상주의자들은 기득권을 유지하고픈 상인이거나 정부 관료였다. 중상주의는 애덤 스미스 등 자유무역론자의 주된 비판 대상이 되었다. 모두가 잘 살아야 되지 않겠느냐는 비판 말이다.

무역차액설

그림 1 장 바티스트 콜베르

1)중상주의 처음엔 나라가 금과 은을 많이 보유하는 데 힘썼다. 금속화폐를 중시하는 건데 **중금주의**다. 2)이후 중상주의는 이윤이 생산과정이 아니라 '**유통과정(판매)**'에서 발생한다고 봤다. 국가 간 무역이 이루어지면서 중상주의를 **무역차액설**적으로 해석했다. '**수출-수입=흑자**'면 되

었다. 즉, 국가가 무역을 해서 돈을 남기면 되었다. 그런데 모두가 흑자를 원한다는 게 문제였다. 다들 흑자를 위해 빗장을 닫으니 교역이 잘 이루어질 수 없었다. 국가 간 거래가 없으니 성장에도 한계가 찾아왔다. 여기에 전쟁 비즈니스와 식민지 건설에 진심인 **제국주의**영토 확장 침략주의도 활발해졌다. 중상주의 대표적인 경제학자는 **장 바티스트 콜베르**루이 14세 시절 프랑스 재무부 장관다. 루이 14세가 전쟁을 하며 탕진한 재산을 메우는 데 혁혁한 공을 세웠다. 그의 중상주의 모델은 유럽 다른 국가들의 벤치마킹 대상이 되었다. 영국은 프랑스의 싼 농산물이 수입되지 못하도록 **곡물조례**곡물 수출입 규제법률를 만들었다. 영국의 높은 관세나 수입 금지 정책으로 프랑스가 발끈하기도 했다.

중농주의

중농주의는 농업생산을 발전시키고 농업자본이 커져야 한다고 주장했다. 토지는 부의 근원이고, 생산기지다. 농부가 우대받는 나라, 농산물이 비싸게 팔리길 원하는 게 중농주의다. 중상주의가 '유통과정(판매)'에서 이윤이 발생한다고 했으나, 중농주의는 '**노동의 결과**생산과정'인 농산물을 국부의 원천으로 봤다. 경제학의 아버지 애덤 스미스가 주장한 노동가치설상품 가치=노동시간과 마찬가지로 **노동을 중시**했다. 프랑스는 유럽 내 넓은 땅을 보유한 나라다. 땅 부자답게 당시 프랑스 인구의 80%가 농민이었다. 프랑스는 농부를 위해 세금도 깎

아주는 친농정책을 펼친다. 18세기 하반기 프랑스에서 중농주의가 크게 유행했다. 그 당시 중상주의 기조였던 영국 등에서는 보호무역을 펼쳤다. 프랑스산 곡물에 관세를 물리니 곡물 가격이 올라 팔리지 않게 되었다. 정부의 인위적 간섭만 없었다면 곡물 가격이 오르지 않을 거란 생각이 싹튼다. 중농주의는 정부의 간섭을 싫어했다. 국가가 간섭하는 중상주의와는 정반대다. **자유방임과 자유주의**다. 정부여 제발 내버려 둬! 도시의 인공성 대신 자연스러운 삶을 추구했다. 자유방임과 자유로운 거래는 자유무역론자 애덤 스미스와 같은 주장이다. 다만, 애덤 스미스가 공업과 분업을 중시했다면, 중농주의는 농업을 중시했다. 중농주의의 노동 중시, 자유방임은 긍정적이다만, 세상의 모든 걸 **농업에만 국한**했다는 한계가 있다. 중농주의에선 사회적 가치를 생산할 수 있는 건 오직 '농업 노동'뿐이다. 산업적 노동, 비농업적 노동을 농업에 딸린 비생산적인 일로도 봤다. 자본가적 이윤도 오직 농지를 가진 지주의 **지대**뿐이라고 했다. 중농주의 학자로는 **프랑수아 케네**가 있다. 그는 **경제표**를 만들었다. 경제표는 농민생산계급과 상공업자비생산계급, 지주 3계급 간 부의 순환생산-분배-소비을 분석한 자료다.

그림 2 프랑수아 케네

2-2

중상주의를 비판한 경제학의 아버지, 애덤 스미스

국부론

경제학을 뜻하는 Economics는 크노세폰고대 그리스 철학자이 쓴 『오이코노미코스Oikonomikos』에서 유래했다. 집을 뜻하는 오이코스Oikos, 관리를 의미하는 노미코스Nomikos가 합쳐졌으니 '살림살이 연구' 정도 되겠다. 살림살이 연구가 기업, 국가(국제) 경제활동을 다루는 학문으로 발전했다. 근대 경제학의 출발은 애덤 스미스에서부터다. **애덤 스**

그림 3 애덤 스미스

스미스1723~90년는 경제학의 아버지다. 경제학을 학문적 반열에 올려놓은 선구자다. 원래 『**도덕감정론**』을 쓴 사회철학자이지만, 그의 대표작 『**국부론**』을 쓰며, 최초로 중상주의에 반기를 들었다. 왕이 잘살기 위해 정부가 인위적인 간섭을 하고, 독점기업만 몰아줘선 발전이 어렵다고 했다. 왕이시여, 제발 가만히 있어 줘! 하긴, 절대왕정 전쟁만 해대고, 사치만 일삼으니 반기들 만했다. 소수 기득권나라, 왕, 독점기업만 잘살고, 국민 다수는 가난한 중상주의는 안 된다. 절대다수인 국민이 소비할 상품이 늘어나고, 국민이 잘사는 나라를 만들자는 게 애덤 스미스의 생각이었다. 이를 위해선 **레세페르**laissez-faire, 프랑스어로 '가만히 두라!'. 이것이 시장경제의 토대가 되는 **자유방임주의**다. 애덤 스미스의 자유방임과 자유주의 사상, 그 시작은 **중농주의 학자 케네와의 만남**에서다. 케네의 사상적 근간이 자유방임과 자유주의다. 애덤 스미스가 케네의 생각을 벤치마킹했다. 다만, 케네가 농업을 중시했다면 스미스는 공업을 보다 중시했다. 애덤 스미스는 스코틀랜드에서 태어나 28세에 글래스고대학 교수가 되었다. 귀족 자녀와 유럽대륙을 함께 여행하는 가정교사 제안을 받고 2년간 프랑스 등을 여행하기도 했다. 일명, 그랜드투어grand tour다. 그 기간 볼테르, 케네, 튀르고 등을 만났고, 돌아와 『**국부론**국가 부의 본질과 원인에 관한 고찰, 1776년』을 쓴다.

간섭하지 마라

애덤 스미스의 주장은 1)국가가 경제에 **간섭하지 마라**, 2)국가와 내통하는 **독점을 없애라**, 3)**자유경쟁을 보장하라**다. 영국 산업혁명도 국가가 해준 게 아니지 않나. 국가가 나서 보호무역만 하면, 모든 국가가 수입 억제, 수출 장려만 할 뿐이다. 보호 장벽에 막혀 국가 긴 기대는 없다. 영국의 **항해조례**^{무역에서 잉글랜드 배만 사용하라}, **곡물조례**^{곡물 수출입 규제법률} 등 보호 장벽이 그 예다. 보호 장벽은 국내시장 경쟁자를 없애 독점만 만들어 줬다. 경쟁이 없으니 품질저하에도 물건 값은 잔뜩 오른다. 국가 간 한정된 자원을 빼앗는 중상주의는 없어져야 한다. 식민지도 국가 간 분업을 막기 때문에, 식민지를 해방시키고 무역동반자로 삼아야 한다고 주장한다. 중상주의에 따라 식민지 건설에 힘을 쓰던 대영제국 입장에서는 대단한 도발이었다.

보이지 않는 손

그에겐 **자유시장**, **자유교역**과 이를 위한 **자유방임**만이 최우선이다. 정부개입은 빼고. 자유롭게 놔둬야 한다. 그러면 시장경제가 잘 돌아가고 자본이 축적된다. 이유는 **보이지 않는 손**^{Invisible hand}, 눈에 보이지 않는 '가격조절 기능' 때문이다. 시장 가격에 맞춰 생산, 소비, 교환할 상품과 물량이 자동 결정된다. 하늘의 별이 '신의 법칙'에 따라 질서정연하게 움직이듯, 인간사회도 '신의 섭리'에 따라 질서 있게 움직인다고 봤다. 『도덕감정론』 저자다운 **신학 사상**이 담겨 있다.

인간의 본성은 **이기적**이기 때문에, 부자가 되고자 노력한다. 경쟁이 보장된 시장에선 물건을 잘 팔려고 노력한다. 경쟁상품 대비 가격을 낮추거나, 품질을 올리거나 해서다. 인간의 이기심부자 되고픈 마음이 보이지 않게 작용해 시장질서를 자연스럽게 유지한다. '우리가 식사할 수 있는 건 정육점 주인 등의 자비심이 아닌, **이익에 대한 관심** 때문이다.'라는 명언도 남겼다.

노동가치설

애덤 스미스의 경제학은 노동가치설에 기반한다. **노동가치설**은 상품의 가치는 **노동시간**노동의 양에 의해 결정된다는 학설이다. 상품의 실체는 노동의 결과물이다. 상품 가치는 생산에 드는 노동시간에 비례한다. 10시간 들인 상품 A보다 20시간 들인 상품 B가 더 가치 있다. **노동시간=상품 가치**다. 중상주의가 중시한 중금주의를 배격한다. 화폐는 그저 교환수단일 뿐이다. (왕이) 화폐를 많이 가지고 있는 것보다, 삶을 윤택하게 하는 **상품의 소비가 가능한가**에 부의 개념을 정의한다. 화폐보다 노동의 결과물인 생산물이 진정한 부다. 노동을 중요시하니, 노동생산성을 업그레이드하는 방법이 중요하다. 애덤 스미스는 **국내 산업 분업과 국가 간 분업**으로 해법을 제시했다. 분업을 하게 되면 노동생산성도 오르고, 전문화도 이루어진다. 국내 산업 분업의 예시로 **핀 생산**을 들었다. 혼자서는 핀을 하루에 20개도 못 만드는데, 10명이 분업하면 4,800개까지 만들 수 있다. 자기

맡은 분야를 더욱 전문화할 수 있는 건 덤이다.

절대우위론

국가 간 분업 이론으로는 **절대우위론**을 들고 있다. 절대우위는 교역 상대국보다 **낮은 비용으로** 생산할 능력이다. 이때 비용은 **들어간 노동시간**이다. 노동시간이 덜 들어가는 분야에 절대우위가 있다. 국가들은 절대우위가 있는 산업에 집중하면 된다. 즉, 절대우위론에 따라 국가 간 잘하는 분야별로 특화특화 분업 하고, 국가 간 교역을 자유롭게 하면, 국가의 부는 쌓이게 된다.

A 국가와 B 국가 절대우위 비교

구분	사과	곡물	절대우위 생산
A 국가(7명)	5명	2명(절대 우위)	7명÷곡물 2명=3.5단위
B 국가(9명)	4명(절대 우위)	5명	9명÷사과 4명=2.25단위

- 분업 전: A 국가 사과 1단위+곡물 1단위, B 국가 사과 1단위+곡물 1단위=4단위
- 분업 후: A 국가 곡물 3.5단위, B 국가 사과 2.25단위=5.75단위

예를 들면, [1)]사과 1단위 생산에 A 국가는 5명, B 국가는 4명이 필요하다. [2)]반면, 곡물 1단위 생산에 A 국가는 2명, B 국가는 5명이 필요하다. 이럴 경우, 사과는 B 국가노동시간: A 국가 5명<B 국가 4명, 곡물은 A 국가노동시간: A 국가 2명>B 국가 5명가 절대우위를 갖는다. 두 나라가 절대우위 산업에 특화분업하면 생산량이 늘어나게 된다. A 국가 총 7명

사과 5명+곡물 2명이 3.5단위7명÷곡물 2명 곡물을, B 국가 총 9명사과 4명+곡물 5명이 2.25단위9명÷사과 4명 사과를 생산하면 된다. 분업 후 생산량은 총 5.75단위사과 3.5단위, 곡물 2.25단위로 분업 전 4단위사과 2단위, 곡물 2단위보다 높다. 늘어난 생산량을 서로 교환하면 두 나라 소비수준도 올라간다. 중상주의는 국가 간 무역 결과는 제로섬이다. A 국가의 수익은 B 국가의 손해를 바탕으로 하기 때문이다. 반면, 애덤 스미스는 절대우위론에 따라 둘 다 수익이 날 수 있는 포지티브섬Positive Sum(서로 이득보는 윈-윈 전략)이 가능하다고 주장했다.

물과 다이아몬드 역설

물과 다이아몬드의 가치에 대해 애덤 스미스는 고민했다. 물은 일상에 꼭 필요한데 가격이 아주 싸다사용가치>교환가치. 반면, 다이아몬드는 없어도 잘 살아가는데 가격이 매우 비싸다사용가치<교환가치. 이를 **물과 다이아몬드, 가치의 역설**이라 한다. 애덤 스미스는 생전에 이 문제를 해결하지 못했지만, 이후 **한계효용학파(오스트리아학파)**가 **한계효용**이란 용어로 이 고민을 해결했다. 한계Marginal는 독립변수 추가한 단위에 종속변수 변화 정도다. 쉽게 말해 한계는 **보탠다**는 의미다. 효용은 **만족도나 가치다**. 즉, 한계효용은 '소비 만족도' 정도로 해석되겠다. 한계효용학파에 따르면, 물은 흔하기에 소비 만족도(한계효용)가 낮고, 그러기에 가격이 싸다. 반면, 다이아몬드는 희소하기에 소비 만족도(한계효용)가 높아 가격이 비싸다는 것이다.

후대 사상가들

애덤 스미스는 자유를 보장하되, 균등 분배마르크스 주장나 무제한적인 자유는 허락하지 않았다. 사유재산권을 보호하는 질서, 법치주의를 지켜야 한다고 했다. 애덤 스미스의 자유주의 사상은 후대에 **프리드리히 하이에크, 밀턴 프리드먼** 등에게 이어졌다. 빈면, 미국 대공황 시절 정부 역할을 강조한 **케인스**는 애덤 스미스와 완전 정반대 이론을 주장했다. 정부의 적극적 간섭으로 대공황 어려움을 이겨내야 했다는 것이다. **마르크스**도 애덤 스미스의 노동가치설상품 가치=노동시간을 따랐다. 다만, 마르크스는 노동자의 노동만을 중시한 것에 반해, 애덤 스미스는 고용자의 노동까지 포함하고 있다.

죄수의 딜레마는 애덤 스미스의 보이지 않는 손 논리를 깬 이론이다. 모두가 이기심으로 노력할 경우 최선이 아닐 수 있음을 보여준다. 격리된 두 죄수가 자신의 형량을 줄이려 노력할 경우 불리한 결과를 만들 수 있다는 것이다. 범죄 조직원 2명이 체포되고 각각 독방에 수감된다. 1)수사관은 체포된 다른 조직원의 죄를 털어놓으면 무죄 석방해 주겠다 제안한다. 2)죄가 폭로된 조직원은 징역 4년을 받는다. 3)둘 다 상대의 죄를 자백하면 징역 2년, 4)둘 다 자백하지 않으면 징역 6개월을 받는다. 수사관은 조직원 상대방이 어떤 선택을 했는지는 알려주지 않는다. 이론적으로 둘 다 자백하지 않는 것이 유리하나, 대부분 이기심에 의해 모두에게 최악인 선택을 하게 된다는 것이다. 자기 이익을 위해 노력하면 사회 전체가 이익을 본다는 애덤 스미스 논리와 대립된다.

2-3

자유무역 옹호자 데이비드 리카도, 비교우위론

비교우위론

데이비드 리카도^{1772~1823년}는 영국 출신 고전학파 경제학자다. 증권거래소 중개인인 아버지^{유대인} 덕에 주식투자에 일찍 눈을 떠 큰 부자로 살았다. 비록 기독교인 부인을 두는 바람에 아버지와 의절했지만 말이다. 『국부론』에 감명받아 대학교를 졸업하지 않았지만, 훌륭한 경제학자가 되었다. 리카도는 애덤 스미스에 이어 고전학파 경제학을 발전시켰다. 리카도도 국가 간

그림 4 데이비드 리카도

자유무역을 옹호했다. 리카도의 대표적인 이론으로는 **비교우위론, 차액지대론, 노동가치설** 등이다. 먼저, 비교우위론에 대해 알아보자.

A 국가와 B 국가 절대우위 비교

구분	사과	곡물
A 국가(6명)	4명(절대우위)	2명(절대우위)
B 국가(10명)	5명	5명

A 국가와 B 국가 모두 곡물과 사과를 생산한다. 사과 1단위 생산에 A 국가는 4명, B 국가는 5명이 필요하다. 곡물 1단위 생산에는 A 국가 2명, B 국가 5명이다. 이 경우 A 국가가 사과와 곡물 모두에 절대우위^{노동시간 덜 드는}가 있다. 이럴 경우 애덤 스미스에 따르면 교역이 어렵다. 두 상품 모두 절대우위인 A 나라는 교역할 필요가 없다. 리카도는 이를 **비교우위론**으로 설명한다. 비교우위론은 절대우위론보다 발전된 생각이다. 리카도는 A 국가가 두 상품 모두에 절대우위가 있어도 한 재화에 특화하고, 다른 나라와 교역하는 게 좋다고 말한다. 비교우위를 설명하기 위해선 **기회비용** 개념이 필요하다. 기회비용은 **포기비용**이다. 원하는 재화 생산을 위해 포기한 다른 재화의 가치다. 비교우위론은 기회비용을 비교해 우위를 논한다. **보다 더 낮은 포기비용**^{기회비용}**을 지불하는 경우 비교우위가 있다.** 비교우위가 높은 품목의 생산에 집중하고, 비교열위^{비교우위} 낮은 품목은 다른 국가가 생산토록 하는 게 효율적이다.

A 국가와 B 국가 사과 생산 시 기회비용 비교

구분	사과	곡물	사과 생산 시 곡물 기회비용
A 국가(6명)	4명(절대우위)	2명(절대우위)	곡물 2단위
B 국가(10명)	5명	5명	곡물 1단위(비교우위)

- A 국가 기회비용: 4명(사과) ÷ 2명(곡물) = 곡물 2단위
- B 국가 기회비용: 5명(사과) ÷ 5명(곡물) = 곡물 1단위(사과 비교우위)

    A 국가는 사과를 만드는 데 4명이 필요하다. 사과 대신 곡물을 만들었다면 4명을 투입해 곡물 2단위를 만든다. 즉, A 국가가 사과를 생산할 경우 곡물에 대한 기회비용은 2단위^{4명(사과)÷2명(곡물)=곡물 2단위}이다. 반면, B 국가는 사과를 만드는 데 5명이 필요하다. 사과 대신 곡물을 만들었다면 5명을 투입해 곡물 1단위를 만든다. B 국가의 기회비용은 1단위^{5명(사과)÷5명(곡물)=곡물 1단위}다. 사과를 만들 경우 B 국가가 A 국가보다 기회비용^{포기비용}이 더 낮으므로^{포기비용: A국가 곡물 2단위 > B국가 곡물 1단위} B 국가가 사과 생산에 비교우위가 있다.

A 국가와 B 국가 곡물 생산 시 기회비용 비교

구분	사과	곡물	곡물 생산 시 사과 기회비용
A 국가(6명)	4명(절대우위)	2명(절대우위)	사과 0.5단위(비교우위)
B 국가(10명)	5명	5명	사과 1단위

- A 국가 기회비용: 2명(곡물) ÷ 4명(사과) = 사과 0.5단위(곡물 비교우위)
- B 국가 기회비용: 5명(곡물) ÷ 5명(사과) = 사과 1단위

    곡물을 생산할 경우도 같은 과정을 거치면 A 국가가 B 국가보다

기회비용포기비용이 더 낮으므로포기비용: A 국가 사과 0.5단위<B 국가 사과 1단위,
A 국가가 곡물 생산에 비교우위가 있다. 종합하면, A 국가는 곡물,
B 국가는 사과에 비교우위가 있다.

A 국가와 B 국가 비교우위 비교

구분	사과	곡물	비교우위 생산
A 국가(6명)	4명(절대우위)	2명(절대우위)	6명÷곡물 2명=3단위
B 국가(10명)	5명	5명	10명÷사과 5명=2단위

- **분업 전**: A 국가 사과 1단위+곡물 1단위, B 국가 사과 1단위+곡물 1단위=4단위
- **분업 후**: A 국가 곡물 3단위, B 국가 사과 2단위=5단위

리카도는 비교우위에 집중하면 전체 생산량이 증가한다고 주장한다. A 국가는 6명을 곡물에 투입하면 곡물 3단위6명÷곡물 2명=3단위를, B 국가는 10명을 사과에 투입하면 2단위10명÷사과 5명=2단위를 얻는다. 이는 각 나라가 사과와 곡물에 1단위씩 총 4단위사과 2단위, 곡물 2단위를 만드는 것보다 1단위 더 생산할 수 있다. A 국가는 곡물 3단위, B 국가는 사과 2단위를 생산하므로, A 국가는 곡물 1.5단위와 B 국가의 사과 1단위를 서로 교환하면 된다.

노동가치설

리카도도 애덤 스미스와 마찬가지로 노동가치설을 주장했다. **노동가치설**은 상품의 가치는 노동시간노동의 양에 의해 결정된다는 학설

이다. 애덤 스미스와 리카도의 노동가치설 주장은 마르크스로 계승되었다. 노동가치설은 현대 관점으로는 낡은 사상이다. **한계효용학파(오스트리아학파)**는 가격은 노동자^{공급자}가 아닌 소비자^{수요자}가 결정한다고 주장한다. 합리적 경제주체는 한계효용이 한계비용이 같아지는 지점을 선택한다(**한계효용=한계비용**). 노동시간 보다 고객의 주관적 소비 만족도^{한계효용}에 따라 가격이 결정되기 때문이다.

곡물조례

곡물조례^{곡물법, 1815~1846년}는 영국의 곡물 수입 금지법이다. 영국 지주^{땅 주인}의 이익을 위해 만들어졌다. 당시 영국 의회는 지주들이 다수파를 이뤘다. 지주^{땅 주인} 배를 불리고자, 높은 곡물 가격을 원했다. 이를 위해 외국의 값싼 곡물 수입을 금지했다. 당시 대륙 봉쇄령^{영국과 유럽대륙 간 교역 금지}이 해제되고 풍년이 들어, 유럽 대륙의 값싼 밀이 영국으로 밀어닥쳤다. 영국 의회는 곡물조례를 통해 값싼 밀 수입을 막았다. 쿼터당 80실링 이하 밀은 수입을 금지했다. 기존에는 금지 가격이 54실링 이하였다. 당시, 밀 가격이 67실링까지 내려갔었으니, 아예 밀 수입을 하지 말자는 것이다. 곡물조례로 영국 내 밀 가격이 올라가니 지주들만 좋았다. 반면, 대도시 자본가들은 이 법안에 반대했다. 밀 가격이 높아지면 노동자 임금도 맞춰서 올려줘야 했기 때문이다.

차액지대론

자유무역 옹호론자 **리카도는 곡물조례 폐지를 주장**했다. 곡물 가격이 떨어지면 서민 소비가 증가해 경제에 도움 된다는 이유에서다. 그 근거로 **차액지대론**을 들었다. 차액지대론은 '비옥한 토지일수록 지대가 더 비싸진다'라는 이론이다. 임내료가 같을 경우 비옥한 토지이익이 더 나는 토지를 빌리려는 경쟁이 불붙는다. 경쟁 덕에 비옥한 토지 지대임대료는 더 올라간다. 이를 **차액지대**다를 차差, 이마 액額, 땅 지地, 대신할 대代라고 한다. 비옥한 토지에 더 높은 지대를 내게 되고, 지주는 차액지대라는 불로소득을 얻는다. 반면, 곡물을 저렴하게 들여오면 농업 수요가 줄어든다. 비옥한 토지를 빌리려는 수요도 낮아져 지대가 오르지 않는다. 그 결과 토지 지대에 들어갈 돈이 경제발전에 쓰이게 된다. 리카도는 저렴한 곡물 수입을 위해 곡물조례를 폐지하고, 자유무역을 활성화해야 한다고 주장했다. 지주만 부자 되면 산업 발전이 더뎌진다고 강조했다. 상공업으로 부를 이룬 신흥 자본가들은 리카도 주장에 적극 동조를 했다. 반면, **맬서스**영국 고전학파 경제학자 **는 곡물조례에 찬성**했다. 곡물 가격이 떨어져도 빈민들은 곡물을 살 수 없다는 것이다. 자본가는 이윤을 저축할 뿐 곡물 소비에 적극적이지 않다. 유효수요 관점에서 볼 때, 곡물을 소비할 계층이 없게 된다. 생산한 물건이 남아도는 '생산과잉'이 영국에 온다고 했다. 맬서스는 과잉생산의 위험성 때문에 지주계급의 이익을 지켜주려 했다.

2-4

면직물 대량 생산이 만들어 낸 산업혁명

캘리코

그림 5 모슬린을 입은 마리 앙투아네트

산업혁명1780~1860년은 농업사회가 공업사회로 넘어가게 되는 공업혁명이다. 인도산 면직물면화, Cotton인 캘리코 대량 생산이 계기다. 면직물은 문익점 선생님이 붓 통에 숨겨 들여온 면화로 만든 옷이다. **캘리코**Calico는 인도 캘리컷 면화라는 의미로 불렸다. 캘리컷은 포르투갈인 바스코 다 가마가 맨 처음 인도에 도착한 지역이기도 하다. 17세기 후반, 인도에서 값싼 면직물이 동인도회사를 통해 유럽에 대량 들어왔다. 네덜란드와 영국 동인도회사들은 향신료 패권전쟁을 벌인 바 있다. 인도산 캘리코가 대유행하면서 면직물이 향신료를 제치고 최고의 무역상품이 되었다. 가볍고 부드러우며 색상도 입히기 쉬운 캘리코는 귀족들의 마음을 사로잡았다. 이후 평민들이 귀족을 따라 입기 시작하며 국민 옷이 되어갔다. 그런데 영국은 원래 양털(양모)로 만든 모직물의 나라 아니던가. 기존 모직물업자의 강한 반발 여론에 영국 의회는 캘리코 법을 도입했다. 면직물 수입, 착용, 사용을 금지시킨다. 허나, 정부의 보호 그늘 아래 모직물 경쟁력은 더 떨어지고, 면직물 우회 수입은 증가하게 되었다. 결국, 캘리코 법은 폐지가 되고 만다. 비싸고 무거운 양털 옷이 면화 옷에 경쟁이 될 턱이 없었다. 모든 이가 원하는 가볍고 편한 옷, 자본가 마인드를 가진 이들이 그냥 두고 보진 않았다. 면직물을 '보다 많이' 만들 방법을 궁리하기 시작했다. 팔수록 돈이 되니까. 참고로 **면 모슬린**이라크 모슬 도시에서 유래이라고 불리는 얇은 옷감도 면화로 만들어 사용했다.

산업혁명

산업혁명 이전에 면직물 생산 방식은 물레로 실을 뽑는 가내수공업 수준이었다. 이후 1)방적기와 2)증기기관의 기술 개선으로 대량 생산이 가능해졌다. **방적기**는 짧은 면화를 기다란 실로 만드는 기계다방

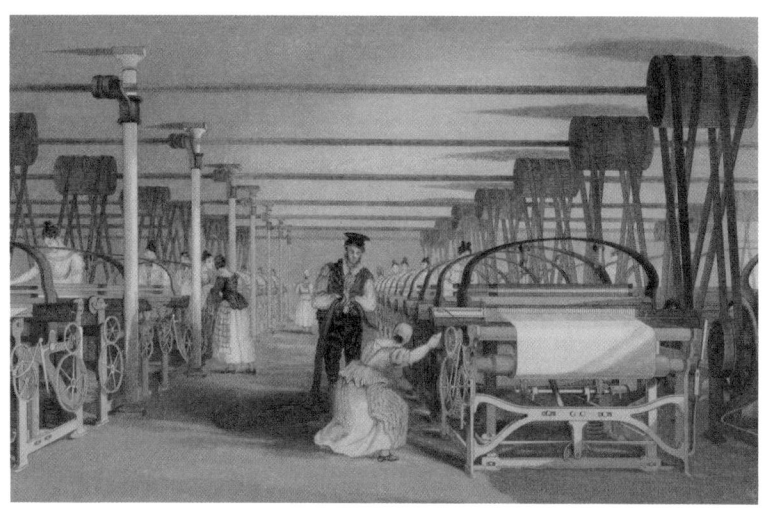

그림 6 산업 혁명을 일으킨 방직기

^{직기는 천을 만듦}. 최초의 방적기는 제니 방적기다. 이후 수력을 활용한 방적기가 나왔는데, 물이 있어야만 하니 장소적 한계가 있었다. 이때 기술공인 제임스 와트가 기존의 **증기기관**을 획기적으로 개량한다. 와트의 증기기관 기술은 다양한 산업 분야에 두루 쓰이게 된다. 와트의 증기기관 기술을 응용한 방적기도 나오게 되는데, 덕분에 어느 곳에서든 방적기 설치가 가능해졌다. 3)방적기 생산이 많아지며 철강산업이 함께 발전하게 되었다. 4)증기기관 동력을 만들기 위한 석탄 사용량도 증가했다. 5)당시 면직물 생산 중심지는 영국 맨체스터였다. 맨체스터에서 생산한 면직물을 항구도시 리버풀까지 옮기기 위해 **철도**가 건설되었다. 조지 스티븐슨이 증기기관차를 발명하면서 가능해졌다. 식민지인 인도 전역에도 철도를 건설했다. 인도산

면화의 빠른 보급을 위해서였다. 철도로 인해 노선 시간표가 만들어지고 정확한 시간 개념이 정착하게 되었다. 또한, 철도로 인해 영국 해안가에서 즐기던 피시앤칩스가 내륙으로까지 유행하게 되었다.

피시앤칩스는 흰살생선과 감자를 튀긴 음식이다. 유대인 이민자 조셉말린가 런던에 가게를 열고 팔게 되었다[1860년대]. 힘든 육체노동자들에게 저렴한 한 끼 식사로 인기를 끌게 된다. 어획량 증가, 철도망 건설로 도시에 생선 공급이 원활히 되면서 대중화된다. 로마 가톨릭은 금요일에 고기를 금했는데, 생선이 대체재로서 한자리를 차지하기도 했다. 당시 신문지에 음식을 싸서 줬는데, 신문지는 기름기도 흡수하고 뜨거운 열기도 막아줬다. 6)이후 **증기선**이 발명되며 영국산 면직물은 뉴욕 등 전 세계로 퍼져나가게 되었다. 7)산업혁명 결과, 인도보다 영국의 생산 단가가 더 낮아졌다. 인도는 면화 원재료를 공급하고, 완성품인 영국 면직물을 수입하는 처지가 되었다. 8)산업혁명으로 인해 영국이 그동안 부자였던 네덜란드를 누르고, 유럽 최대 경제 대국에 오르게 되었다[1870년].

산업혁명 성공 요인

왜 영국에서 먼저 산업혁명이 일어났을까? 영국이 보다 자본가 마인드[화폐 벌이 욕구]가 있어서였다. 1)영국은 명예혁명을 통한 **권리장전** 제정으로 왕의 권력을 제한했다. 그 결과 개인의 사적재산권이 보호

되었다. **전매조례**1624년를 통해 새로운 발명에 대해 독점권14년간 특허권을 인정했다. '기술개발=돈이 된다'라는 믿음이 방적기, 증기기관 등 기술혁신으로 이어졌다. 프랑스가 영국보다 20여 년 빨리 직조기천을 짜는 기계를 만들었지만, 산업혁명으로 이어지질 못했다. 2)영국은 중상주의, 보호무역이 쇠퇴하고 '자유방임주의'가 만연했다. 애덤 스미스 말처럼 팔리는 물건을 내놓기 위해 노력하고 분업을 통해 제품의 품질 향상도 이뤄냈다. 이윤이 증가하고 저축과 투자가 늘어나는 선순환 구조가 되었다. 반면, 프랑스는 중상주의적 사상이 지속되었다. 국가(왕)가 간섭하다 보니 자유경제 활동도 어렵고, 사적재산권도 형성되지 않았다. 국민 세금으로 과학연구도 지원했지만, 현실과 동떨어진 연구도 많았다. 3)인구 증가, 인클로저(토지 소유권을 나타내기 위해 담장을 쌓는 것)에 따른 도심 인구 집중도 영국의 산업혁명에 도움이 되었다. 노동력이 넘쳐났으니 적은 임금을 주고도 마음껏 부려먹을 수 있었다. 4)영국의 해외 식민지 건설이 늘면서, 원료 공급지와 완성품 판매처가 늘어난 것도 도움이 되었다.

산업혁명 이면

1)산업혁명이 밝은 면만 있는 건 물론 아니다. 석탄이 주된 에너지원이다 보니 스모그가 심했고 결핵이 유행했다. 인구 증가로 폐기물 처리와 하수 시스템에도 문제가 생겼다. 장티푸스, 콜레라까지 유행했다. 부모가 임금이 적다 보니 어린아이까지 일터로 나가야 했

다. 『**성냥팔이 소녀**』는 안데르센덴마크 작가이 만든 슬픈 동화다1845년. 당시 성냥 공장은 4~16세 소녀들이 다녔다. 아이 임금은 어른의 10~20% 수준이었다. 인체에 유해한 백린을 다뤘는데, 백린에 중독되면 성냥을 쥐여주고 내쫓았다. 정부 또한 구빈법빈민구제법을 만들어 공장으로 내몰았다. 구빈법은 인클로저로 일자리를 잃은 농노나 고아원 고아들을 공장에서 일하도록 만들게 했다. 2)산업혁명에 대한 반발도 있었다. **러다이트 운동**1811~17년은 기계 파괴 운동이다. 두 대의 양말 짜는 기계를 부쉈던 노동자네드러드 이름에서 유래되었다1799년. 숙련공들이 기계가 일자리를 뺏는다고 하여, 공장에 몰래 들어가 기계를 망가트렸다. 모직물 숙련공은 산업혁명 초창기1780~90년대에는 최고 기술자로 대우받았다. 하지만, 기계화의 진전으로 전성기가 짧았다. 영국 정부는 군대를 동원해 주동자를 모두 잡아들였다. 그 이후 기계가 더욱 발전하면서 숙련된 노동자는 더 이상 필요 없게 되었다. 3)영국이 오판한 경우도 있었다. 증기자동차 도입에 마부가 반발하자 영국 의회는 **적기조례**붉은 깃발법를 도입했다. 자동차가 마차보다 빨리 달릴 수 없게, 최고속도를 시외 6.4km, 시내 3.2km로 제한했다. 거의 빠른 걸음 수준이다. 여기에 자동차보다 55m 앞에 붉은 깃발을 든 기수를 두도록 했다. 적기조례는 30년간이나 유지되었다. 그 결과 영국은 자동차 산업 주도권을 미국, 독일, 프랑스 등에 넘겨주게 되었다.

제본스의 역설

제본스의 역설 Jevons Paradox은 영국 경제학자 윌리엄 제본스가 주장한 개념이다. 산업혁명 이후 영국은 에너지 수요 70% 이상을 의존하는 석탄 고갈에 대해 걱정했다. 전문가들은 석탄 동력의 효율성을 높이려 노력했다. 더 적은 석탄으로 기계를 돌리면 석탄 소비가 줄어들 거란 기대감 때문이었다. 제본스는 그의 저서 『석탄 문제』1865년에서 기술혁신으로 '에너지 효율'이 좋아져도, **산업 전반 수요 증가로 인해 에너지 소비가 더 증가한다**고 주장했다. 자동차 연비가 좋아지면 차를 더 많이 몰고 다녀 고속도로 차선을 늘려도 교통체증이 해소되지 않는 현상이 제본스의 역설 그 예다.

젠트리

영국은 봉건 농경사회의 지주 귀족과 농민체제가 붕괴되고, 상공업 국가로 빠르게 변해갔다. 해외 식민지 건설, 해상무역과 산업혁명 등을 통해 자본주의로 바뀌어 갔다. 부를 축적한 **자본가**가 영국 경제발전의 중심이 되었다. 자본주의는 1)자본가와 노동자 계급으로 구성된다. 2)생산 수단을 가진 자본가가 임금을 주고 노동자의 노동을 산다. 3)노동력으로 생산을 하고 이윤을 얻는다. 산업혁명의 가장 큰 수혜자는 대규모 공장을 소유한 자본가였다. 자본가는 돈 버는 생각을 질했다. 대규모 공장을 세우고, 값싼 노동력을 통해 이윤을 얻었다. 분업으로 생산성도 올려가면서 말이다. 나중에는 영국 의회에도 진출했다. 국가 차원에서 중상주의 타파와 자유무역 옹호에 노력하게 된다. 부를 축적한 자본가도 **젠트리**Gentil, 프랑스어로 귀한 집안 출신로 불리게 되었다. 요즈음 말하는 젠틀맨이 된 거다. 원래 젠트리는 귀족에 준하는 상류층 계급을 말했다. 귀족 바로 아래 계급으로 기사Knight, 에스콰이어Esquire, 젠틀맨Gentleman 등이 있었다.

차티스트 운동

차티스트 운동1838~48년은 선거권 확대 운동이다. 재산과 관계없이 **모든 성인 남성에게 투표권을 달라**는 운동이다. Charter는 권리를 적은 헌장으로, Chartist는 'Charter를 주장하는 사람들'이라는 뜻이다. 영국 의회는 상원은 세습 귀족, 성직자, 하원은 지주, 상인, 시민 대표로 구성되어 있었다. 하원만 투표로 뽑았는데 가난한 농민과 노동자들은 선거권이 없었다. 임대료토지, 주택를 일정액 이상 내는 중산층에게만 선거권이 있었기 때문이었다. 부유한 이들에게만 한정되었던 선거권은 노동자, 농민, 여성으로 확대되게 된다. 특히, 1차 대전으로 남성들이 전쟁터로 가고, 여성들이 그 빈자리를 채우면서 여성의 지위가 높아졌다. 그러면서 여성들에게도 투표권이 부여되기 시작했다. 영국에서 21세 이상 모든 남녀가 투표권을 얻게 된 게 1928년이었다.

2-5

산업혁명 낙관론에 우울함을 던진, 맬서스 함정

맬서스 함정

산업혁명 1760~1820년이 불며, 살만해진 19세기 초 영국은 인구 증가는 곧 생산력 증가로 보고 이를 반겼다. 기계 발달로 물건도 많이 만들게 되고, 영국 물건을 사줄 식민지도 많아졌다. 그깟 인구 증가쯤이야 하는 여유로움이 넘쳐났다. 미래는 핑크빛이라며 빈민 복지 확대, 출산 장려 정책도 펼쳤다. 영국의 고전학파 경제학자이자 성공회 목사이기도 했던 **토머스**

그림 7 토머스 맬서스

맬서스1766~1834년는 유토피아적 낙관론에 찬물을 화악 끼얹었는다. 산업혁명 이후 생산 증가, 과학과 의학 발달로 인구가 급격히 늘었는데, **빈곤 인구**도 많아졌다. 맬서스는 인구가 빨리 늘다 보니 기아, 질병, 빈곤을 벗어날 수 없겠다며, '인구 증가는 절대 안 돼!'라고 생각한다. 그 생각을 맬서스 함정이라 한다. **맬서스 함정**은 인구 증가-식량 감소가 되풀이되며, **과잉인구로 인류가 가난을 피할 수 없다**는 주장이다. 기술 발달로 1)임금, 식량 생산, 위생 여건이 향상되고 인구가 증가한다. 2)인구 증가가 식량 생산을 초과하게 되고, 위생 악화, 질병, 전쟁 등이 일어나게 된다. 5)다시 인구가 감소하고 임금, 식량 생산, 위생여건이 향상된다…. 이 **순환이 무한반복** 되는 것이다. 14세기 페스트 1)인구 감소를 거치며 2)임금 증가→3)인구 증가→4)임금 감소를 겪어본 경험도 있지 않은가.

인구론

맬서스의 저서 『**인구론**』1798년에서 1)**인구는 기하급수적**1, 2, 4, 8, 16**으로 늘지만** 2)**식량은 산술급수적**1, 2, 3, 4, 5**으로 증가**할 뿐이라고 주장했다. 식량의 경우 수확체감의 법칙과 비슷한 논리다. **수확체감의 법칙**한계생산 체감의 법칙은 일정한 농지에 노동자가 늘어날수록 1인당 수확량이 줄어든다는 논리다. 노동력 증가에도 식량 생산에는 한계가 있다는 것이다. 맬서스에 따르면, 1명이 1가마니의 쌀을 먹는 경우 200년 뒤에는 256명이 9가마니를, 300년 뒤에는 4,096명이 13가마니를 나누게 된다. 즉, **인구가 증가할수록 식량은 부족해진다**. 인구와 식량 불균형의 해결법으로는 기근, 전쟁, 질병 등의 **적극적 억제**가 있다. 이는 **적정 식량=적정 인구** 지점까지 사람이 죽어야 한다. 아니면, **도덕적 절제력**으로 아기를 만들지 않던가예방적 억제. 문제는 인간 성욕은 억제하기 힘들다는 것이다. 결국, 예방적 억제가 안 되면 기근, 질병, 전쟁 등 적극적 억제가 작동한다고 보았다.

저소득층 인구 감소

맬서스의 철학은 **타노스**〈어벤져스〉의 빌런 **핑거스냅**과 같다. 타노스는 손가락 튕김으로 우주 인구 절반을 날려버렸다. 맬서스는 인구가 많아지면 인류가 멸망하니 **예방적인 인구 억제**를 강조했다. 적정 식량 이상으로 인구가 늘어선 안 되니, **가난한 자는 도태**되어야 한다고 생각했다. 능력이 안 되는 자들은 자연 사라지라는 것이다. 맬서스는 **저소득층의 인구 감소**를 강조했다. 이를 위해 1)**빈민 구제책 철폐**, 2)**결혼, 출산 장려 반대**, 3)곡물 가격 하락을 가져오는 **곡물 수입 자유화 반대**를 강조했다. 특히, 부양가족 수에 따라 보조금을 주는 제도를 적극 반대했다. 그의 주장이 받아들여져 영국 정부는 빈민구제법을 철폐했다시행 4년 만에. 맬서스는 빈곤은 게으름과 자기절제 결여의 결과라고 봤다. 맬서스는 노동자 임금을 올려줘선 안 된다고 했다. 빈곤층에게 최저 생계비 수준의 임금만 지급해야 한다고 말이다. 그 결과 저임금에 장시간 근로, 여성과 아동의 노동 착취가 당연하게 여겨졌다. 임금이 오르면 더 많은 아이를 낳게 되고, 인구가 늘면 임금은 떨어진다는 것이다. 좋은 의도로 임금을 올려준들, 인구만 늘어나고, 식량 부족에 기아, 질병, 가난에 시달릴 뿐이다. 낮은 임금은 자본가들이 좋아할 만한 내용이었다. 맬서스의 이론은 찰스 다윈의 **진화론**『종의 기원』에도 영향을 미친다. 동식물도 한정된 자원을 두고 생존경쟁을 펼친다. 그중 생존에 유리한 개체만이 살아남는다적자생존.

감자 대기근

맬서스의 주장은 **아일랜드 감자 대기근**1845년에서 맞아들어가는 듯했다. 콜럼버스 신대륙 발견 이후 유럽에 전해진 감자는 구황작물기근 해소 작물로 최고였다. 영국의 지배 아래 밀, 옥수수 등을 빼앗기고 빈곤했던 아일랜드인에게 감자는 구세주였다. 먹을 게 없던 아일랜드인들은 매 끼니 감자만 먹었다. 덕분에 인구도 150년 사이17세기 초~18세기 중반 200여만 명에서 800여만 명으로 4배나 늘었다. 감자가 굶주림을 면하게 하면서 폭발적 인구 증가를 가져온 결과다. 하지만 감자 잎마름병이 돌며1845년 인구의 1/4인 200여만 명이 굶어죽는다. 굶주림을 피해 200여만 명 이상이 미국으로 떠나기도 했다. 영화 〈타이타닉〉의 배 맨 밑바닥3등 칸은 대부분 아일랜드인이었다. 〈갱스 오브 뉴욕〉레오나르도 디카프리오 주연 영화도 뉴욕에 몰려든 천대받던 아일랜드인과 기존 기득권 정착민 간 암투를 다뤘다.

맬서스의 오류

하지만, 맬서스의 주장에는 몇 가지 오류가 있다. 첫째, 인구 증가 데이터 오류다. 미국의 인구 증가 통계가 이민자 증가를 출산 증가로 오인해 잘못 계산했다. 둘째, 맬서스는 식량 증가가 더딜 거라 했지만, 품종개량, 기계화로 식량 생산이 획기적으로 개선되었다. 셋째, 인류는 산업 발달로 인해 삶도 풍족해지고 소득수준도 높아졌다. 현대 중산층이 과거 왕족이나 귀족보다도 더 잘산다. 넷째, 피임법의 발전과 여성의 사회 진출 증가로 출산율이 폭발적으로 늘지 않았다. 결론적으로 인구는 기하급수적으로 증가하지 않았고, 식량 생산은 기하급수적으로 늘어왔다.

맬서스 추종 이론

19세기에는 **세이의 법칙**이 지배했다. **공급은 스스로 수요를 창출**한다는 것이다. 즉, 물건만 만들어 놓으면_{공급} 다 팔리던_{수요} 시기다. 공급과잉은 있을 수 없었다고 생각했다. 일시적 재고는 있지만, 보이지 않는 손_{가격 조정}에 의해 해결할 수 있다고 봤다. 20세기 초까지 정부는 치안, 국방만 하면 되는 작은 정부면 되었다. 반면, 맬서스는 **공급과잉**_{공급≠수요}이 있을 수 있다고 봤다. 공급과잉일 경우 정부 주도로 공공사업을 벌여야 한다고 했다. 고용 창출로 소비력을 늘리면 공급과잉이 해소될 수 있다고 봤다. 맬서스는 미국 대공황을 헤쳐 나간 케인스에게 많은 영감을 줬다. 정부의 역할을 강조하는 케인스 이론의 토대가 된 셈이다.

 근래에도 맬서스 이론을 따르는 **신맬서스주의자**들이 있다. 그중 대표적인 부류가 글로벌 싱크탱크 **로마클럽**이다. 인류는 2차 대전 이후 폭발적인 인구 증가를, 그리고, 1970년대 오일 쇼크 영향으로 식품 가격이 폭등한 상황을 겪는다. 로마클럽은 「**성장의 한계 보고서**」1972년를 통해 인구 증가, 식량 감소, 자원 고갈, 환경오염 등에 경고 메시지를 보냈다. 자원이 한정된 상황에서 인구 증가는 성장 한계를 부른다는 주장이다. 30년 안에 석유는 고갈되고 인류는 100년 안에 멸망한다는 비관론적 메시지도 전달했다. 하지만, 다행히도 인류는 새로운 에너지원셰일오일, 태양광, 풍력, 2차 전지, 원자력 등을 발굴하고, 원유생산량도 증가하는 등 발전 중이다.

2-6

자본주의가 망할 거라던, 카를 마르크스

사회혁명

카를 마르크스 1818~83년는 독일에서 태어났으나, 프랑스를 거쳐 영국

그림 8 카를 마르크스

에서 살았다. 급진적 반정부 행동으로 독일과 프랑스에서 쫓겨나 영국으로 망명한 결과다. 극심한 빈곤을 겪기도 했고, 3명의 딸을 잃기도 했다 치료비도 없었다는. 가난과 가족의 불운을 사회 탓으로 돌려서일까. 산업혁명으로 잘 나가던 영국의 미래를 우울하게 바라봤다. 자본주의는 생산수단을 가진 자

본가지배계급가 노동자피지배계급를 지배하는 **계급사회**로 봤다. 이러한 자본주의 사회는 **대공황과 노동자 계급의 사회혁명**노동자 계급투쟁으로 무너질 거라고 예측했다. 그의 대표작으로는 『**공산당 선언**』, 『**자본론**』 등이 있다. 대영박물관 열람실에서 독일의 사회주의자 프리드리히 엥겔스와 합작해 주요 저작물을 남겼다.

잉여가치

마르크스 이론의 근간은 **노동가치설**상품 가치=노동시간이다. 모든 생각의 중심에는 노동이 있다. 모든 상품 가치는 들인 노동시간과 같다. 혹여, 기계 도움이 있더라도, 기계도 이전에 노동으로 만든 것이니까. 하여, 모든 상품 가치는 **노동의 결과물**이다. 자본은 노동을 제값보다 **싸게 이용한 결과**다. 자본가고용주는 이윤을 남기기 위해 노동값보다 싸게 임금을 줬으니까. 자본가처럼 일도 안 하고 이윤을 얻는 걸 **잉여가치**잉여노동라 했다. '총노동시간-임금필요 노동시간'이 잉여가치다. 즉, 노동시간보다 임금을 적게 주면 잉여가치가 생긴다. '잉여'는 쓰고 난 후 남는 것, 즉 여분(여유)의 가치다. 당시, 인클로저 운동으로 쫓겨나게 된 농민들이 산업화산업혁명 도시로 몰려들었다. 일할 사람이 넘쳐나니 임금은 낮아질 수밖에 없었다. 마르크스는 자본가를 **부르주아**유산계급, 노동자를 **프롤레타리아**무산계급로 불렀다. 부르주아는 성안의 사람이란 뜻이다. 프롤레타리아는 고대 로마의 최하층 사회계급을 의미했다.

프롤레타리아 혁명

마르크스가 살던 시기19세기 중반에는 산업혁명에 따른 경제발전에도 불구하고, 불황이 주기적으로 발생했다1873년 대공황. 마르크스는 경제 불황의 원인을 **기계와 자본의 도입** 때문이라고 보았다. '1)기계가 도입될수록 2)인건비가 덜 들어가 3)판매 가격은 낮아지고 4)이윤율은 떨어진다.' 이 점을 자본주의 한계로 보았다. 자본주의 사회에선 1)서로 발전된 기계를 도입하게 되는데, 2)기계로 인해 이윤율은 계속 떨어지고, 3)자본주의는 망하게 된다. 이를 **이윤율 저하의 법칙**이라고 했다. 이윤율이 떨어질수록 1)노동자에게 임금을 덜 주거나, 2)일을 더 많이 시키거나 3)생산량을 엄청나게 늘려야 한다. **노동자 착취와 과잉생산 문제**를 야기하게 된다. 노동자 임금이 줄어드니 소비 여력이 줄어든다. 그럼에도, 이윤을 높이기 위해 생산량을 늘리니 과잉생산이 발생한다. 여기에 이윤율 저하는 지속되고 결국 **공황에 빠지게 된다**는 것이다. 마르크스는 1)과잉생산된 상품이 팔리지 않고, 2)상품 가격이 하락하고, 3)노동자의 임금이 삭감되고, 4)실업률이 증가하게 되면 **프롤레타리아 혁명**이 발생할 것으로 봤다. 노동자 혁명을 통해 사회주의사유재산제도 폐지, 생산수단 사회화로 이행한다는 것이다. 마르크스의 해결법은 자본가가 소유한 생산수단을 프롤레타리아가 빼앗아 공유하는 것이다. 자본가가 이윤을 확대하기 위해 과잉생산을 하는데, 노동자가 생산수단을 공유하면 과잉생산하지 않게 된다는 것이다. 그러기 위해선 노동자들이 단결해 혁명해야 한다. 그 결과 공산주의 사회처럼 사유재산제개인소유의 재산가 없어지고, **계획경제**

가 실시된다. 자본주의가 발전한 영국은 결국 사회주의 혁명이 발생할 것으로 예상했다.

마르크스의 실수

마르크스의 생각과 달리 실제로 혁명은 농업 후진국인 러시아에서 일어났다. 망할 거라던 영국은 망하지 않았다. 1)영국은 식민지라는 판매처로 인해 과잉생산이 발생하지 않았다. 2)노동자의 권리를 강화해 주면서 적당한 정치적 타협도 했다. 마르크스가 책을 쓸 당시 영국 아이들은 7살부터 일을 시작하기도 하고, 하루 꼬박 19시간을 일하기도 했었다. 하지만, 이후 가혹하게 일해온 아이들의 노동에 대한 규제가 도입되었다. 3)가격은 노동에 의해 결정되는 게 아니다. 소비자의 수요가 없으면 투입된 노동이나 노력은 소용이 없다. 상품 가치를 결정하는 건 순전히 소비자다. 4)시장경제는 계획 없이도 스스로 질서가 형성된다는 것도 몰랐다. 수요와 공급에 의해 가격이 결정될 수 있다. 5)마르크스는 노동과 자본을 적대적 관계로 봤지만, 자본은 노동의 친구다. 자본은 노동의 생산성을 늘려 일자리를 창출한다. 자본이 발전시키는 기술개발도 새로운 일자리를 창출한다. 6)마르크스는 자본가를 착취자로만 보고 있는데, 기업가정신, 혁신적 도전 정신이 산업 발전을 이끈다. 다만, 기업의 이윤율이 저하되고 과잉생산이 심할 때, **전쟁은 경제공황 해결책**이 되어 왔다. 전쟁이 발생하면, 과잉생산된 상품을 정부가 나서서 소비한다. 쌓아둔

전쟁 무기 재고가 해소되고, 모든 공장은 군수품 제조공장으로 바뀐다. 노동자들은 군수품 생산에 투입되어 임금을 받는다. 그 결과, 소비 여력이 생겨 경제가 활력이 돈다. 1930년대 미국 대공황 해결법이 뉴딜정책도 있지만 2차 대전 몫도 큰 이유다.

볼셰비키 혁명

블라디미르 레닌1870~1924년은 러시아 공산주의 혁명운동가다. 레닌은 혁명운동 필명이다본명 블라디미르 일리치 울리야노프. 당시 러시아는 봉건사회와 같았다. 대다수 인구는 지주 밑에서 가난한 소작인으로 살았다. 러시아는 곡물 수출국이었다만, 수많은 농민은 기근에 허덕였다. 19세기 말 러시아에도 산업혁명 바람이 분다. 도시 노동자가 많아지고, 레닌은 공업도시 상트페테르부르크에서 노동운동 단체를 조직한다. 러시아 사회민주노동당에 가입하고1900년 러시아를 떠나 숨어 살게 된다뮌헨, 런던, 제네바 등. 레닌은 폭력혁명을 일으켜야 한다고 주장했고, 이를 지지하는 이들을 볼셰비키다수파라 불렀다. 이후 상트페테르부르크에서 노동자들이 평화시위를 했는데, 근위대 발포로 많은 노동자들이 사망한다1905년 1월. 이를 **피의 일요일 사건**이라 한다. 러시아는 1차 대전에도 참전하게 된

그림 9 블라디미르 레닌

다. 많은 러시아인이 죽고 인플레이션에 경제는 어려워졌다. 2월 혁명1917년으로 차르황제가 퇴위하고 10월 혁명으로 **볼세비키가 권력을 잡으며** 러시아는 세계 최초로 사회주의 국가로 변한다. 러시아는 주변 15개국우크라이나, 카자흐스탄, 우즈베키스탄 등을 합치며 소련소비에트사회주의 공화국연방을 만든다1922년. 소비에트는 대표자 회의를 뜻한다. 레닌은 소련이 만들어지고 2년 후 삶을 마감한다1924년.

레닌 사후 집권한 스탈린은 반대파를 숙청하며 1인 독재를 강화했다. 소련 공산화 후 동유럽 국가들도 공산화하면서 공산주의 동맹으로 뭉친다. 중국도 마오쩌둥 등이 장제스의 국민당을 몰아내고 공산화된다. 마오쩌둥은 국유화, 집단농장 운영 등을 하면서, 경제성장을 목표로 한 **대약진운동**을 추진했다. 국가가 모든 경제 수단을 통제하다 보니 경제성장이 더뎠다. 외부 변수에 효율적으로 대응도 어려웠다. 적당히 일하는 풍조가 만연해 더 많은 성과를 내기도 불가능했다. 공산당 일당독재는 민주적 절차도 없었고, 특권계층만 부를 누리며 살았다. 공산주의는 경제적으로는 자본주의 개념을 받아들이게 된다. 중국은 마오쩌둥 사후 집권한 덩샤오핑 주도로 **개혁개방**을 추진하게 된다1980년대부터. 베트남도 **도이머이**쇄신 정책을 통해 시장경제를 받아들인다.

2-7

수요와 공급의 법칙을 만든, 알프레드 마샬

빈민 구제

그림 10 알프레드 마샬

알프레드 마샬1842~1924년은 영국 출신으로 케임브리지대학교에서 수학, 물리학을 공부했다. 마샬은 케임브리지대학교에 세계 최초로 경제학과를 개설하고, 교수로 재직했다. 그때 키운 제자 중 하나가 대공황을 해결한 케인스다. 캠브리지대 출신들을 **캠브리지 학파**라고도 한다. 최초로 대학교에 경제학과를 만들었듯, 가르칠 **경제학 교과서**도 만들었다. 이름하여 『경제학원론 Priciples of economics』이다 1890년. 오늘날 공부하는 경제학 책의 출발점이다. 가난하게 자라서일까 그의 경제 이념은 **빈곤 해소를 통한 번영**이다. 부자는 좀 덜 부자로, 빈자가난한자는 덜 가난하게, 다 같이 잘 살아보세다. 당시, 산업혁명으로 부자가 된 영국은 가난한 사람들이 너무 많았다. 그가 남긴 명언 '**차가운 머리, 뜨거운 가슴**'은 냉철하게 사회현상을 바라보되, 빈민 구제를 위해 애쓰라는 메시지를 담고 있다. 오죽하면 '**런던 빈민가를 가보지 않은 자는 자신의 연구실에 들어오지 말라**'라고 할 정도였다. 가난한 자들의 빈곤을 해결해 물질적 풍요를 주는 것이 그의 최종 목표였다. 인구가 늘면 빈곤해진다는 맬서스, 자본주의는 망한다는 마르크스에 비하면 참 따뜻한 사람이다. 마샬은 1)빈곤은 인구 증가가 아닌, **미숙련 노동자** 때문이라고 여겼다. 가난한 이들에게 교육해야 한다고 주장했다. 2)부자들이 세금을 더 내도록 자본세, 소득누진세소득이 높아질수록 세율을 높임를 도입하고, 3)기업 독점을 규제하며, 4)가난한 이들을 위한 복지정책, 최소임금법 도입을 주장했다. 빈곤 해소에 힘쓴다고 해서 마샬의 사고를 **성장철학론**이라고도 한다. 마샬은 빈곤 해법을 정부가 아닌, **자유기업을 통한 성장**으로 제시했다. **자본가와 기업가**가 중요한 원천이다. 그가 자유주의를 주장한 고전학파를 계승한 **신고전학파**로 불리는 이유다.

기본 가정

라틴어 Ceteris Paribus(세테리스 파리부스)는 마샬의 대표적 방법론이다. '다른 모든 조건이 동일하다면'이란 뜻이다. 모든 경우의 수를 울타리에 집어놓고 필요한 것만 끄집어내서 쓴다. 복잡한 세상을 아주 단순하게 만든다. 그를 따라 한 요즈음의 경제학책들이 **기본 가정**을 두는 이유다. 불필요한 것들은 다 드러내고, 꼭 필요한 이슈들만 정리해 경제를 논했다. 물론, 복잡한 세상을 완벽히 설명할 순 없다는 반박도 있다만, 수학자답게 경제학이 '깔끔한 논리'를 만드는 계기를 마련했다. 원래 경제학은 정치경제학으로 불렸다. 사실, 애덤 스미스 등 과거 경제학자들은 철학자이자 정치가였다. 정치학과 철학의 일부로 평가되던 경제학에 **수리적 개념**을 도입하면서, 정치란 단어를 떼게 만든 것도 마샬이다. 물건 살 때 정치적 생각까지 고려하고 사지는 않지 않나. 수학적 방법론을 도입하면서 **그래프와 표**를 도입했다. 설명이 간결해지고, 논리가 과학적이 되었다. 물론 마샬 본인이 쓴『경제학원론』책에서는 그 내용을 수학적으로 풀지는 않았지만 말이다.

마샬의 경제이론

『경제학원론』에 그가 소개한 여러 이론은 오늘날 미시경제학을 만드는 데 큰 공헌을 했다. [1]수요 공급의 원리, [2]가격탄력성, [3]한계효용 이론, [4]생산비용과 공급곡선, [5]소비자잉여와 생산자잉여 등 이루 말할 수 없다. 그의 불세출 대표이론은 1)**수요 공급의 법칙**이다. 공급곡선과 수요곡선이라는 2개의 그래프 교차를 통해마치 가위 모양처럼 생긴 가격 결정 방법을 이야기한다. 수요는 소비자가 일정 가격에 사고자 하는 상품의 양을, 공급은 생산자가 일정 가격에 팔고자 하는 상품의 양이다. 공급과 수요가 만나는 점이 시장균형 가격이다. 만약, 필통 가격이 1만 원에서 8천 원으로 떨어졌다면 소비자는 더 많이 사려하고, 반대로 생산자는 낮은 가격 때문에 공급을 줄이려 한다. 가격 움직임 때문에 수요와 공급이 움직이고 시장은 균형을 맞춰간다. 2)**탄력성**은 각 요인들 변화에 따른 반응 정도다. 수요 측면 가격탄력성은 가격 변화에 대한 수요량 변화 정도, 공급 측면 가격탄력성은 가격 변화에 대한 공급량 변화 정도다. 소득 탄력성은 소득 변화에 대한 수요량 변화 정도다. 탄력성이 높으면 탄력적, 낮으면 비탄력적이다. 일상생활에 반드시 필요한 필수소비재는 비탄력적이지만, 사치품은 탄력적이다. 필수소비재인 약품은 아프면 가격이 비싸도 꼭 사야 한다비탄력적. 반면, 명품 샤넬 백은 가격이 비싸지거나 내 소득이 줄어들면 잠시 소비를 멈출 수 있다탄력적.

   3)**한계효용 체감의 법칙**은 소비할수록 만족도가치가 하락체감한다는 이론이다. 즉, '소비 만족도 하락 법칙' 정도 되겠다. 갈증 날 때 물 한 병은 만족도가 높지만, 두 병부터는 만족도가 급격히 떨어진다. 효용은 **만족도**가치다. 한계Marginal는 독립변수 추가한 단위에 종속변수 변화 정도다. 한계는 **보탠다**는 의미다. 한계효용은 '주관적인 판단'

으로 사람마다 다르다. 소비자는 한계효용이 판매 가격^{한계비용}과 일치^{한계효용=판매 가격(한계비용)}할 때까지 상품을 소비한다. 이는 최적의 소비량이다. 한계효용은 애덤 스미스의 다이아몬드 역설을 설명해 준다. [4)]기업이 이윤을 최대로 얻기 위해선 **한계비용과 한계수익이 일치**할 때까지 생산을 조정한다. 한계비용^{marginal cost}은 생산량 한 단위 증가에 필요한 생산비 증가분이다. 한계수익^{marginal revenue}은 생산자가 한 개의 상품을 더 팔 때 얻는 추가 수입이다. 한계비용이 늘면 한계수익이 줄어든다. 농부가 과일나무를 심을수록 비용이 증가하고, 한계수익이 줄어든다. **한계생산 체감의 법칙**^{수확체감의 법칙} **때문**이다. 일정한 농지에서 작업하는 노동자 수가 증가할수록 1인당 수확량은 점차 줄어든다. [5)]**소비자잉여**는 소비자가 지불하려는 최대 가격과 실제 지불 가격 간의 차이다. 즉, 소비자가 얻게 되는 추가적 혜택이다. 반면, **생산자잉여**는 생산자가 받고픈 최소 가격과 실제 받는 가격과 차이다. 생산자가 얻게 되는 추가적 이익이다.

『80일간의 세계 일주』는 프랑스 작가 쥘 베른의 모험소설이다^{1873년}. 영국신사 포그는 친구들과 80일간 세계 일주를 걸고 2만 파운드 내기를 한다. 돌발상황마다 대체 교통수단에 높은 가격을 제시한다. 가령, 인도에선 횡단철도가 완성되지 않아, 코끼리를 타고 정글을 지나간다. 승리를 위해 훨씬 더 높은 가격도 지불할 수 있으니, 포그에겐 큰 **소비자잉여**가 있는 셈이다. 『80일간의 세계 일주』는 영국 런던에서 동쪽으로 세계 일주 과정이다. 소설이 쓰일 당시에는

1873년 증기선, 기차가 최고의 운송수단이었다. 포그는 약속한 기한보다 하루 늦게 런던에 도착했다고 생각한다. 하지만, 동쪽으로 떠났기에 경도 1°를 넘을 때마다 4분씩 빨라짐을 몰랐다. 서쪽으로 떠났다면 하루 더 늦게 도착할 수 있었다. 당시 장거리 여행할 때 지역마다 시간이 달라 기차를 놓치기 쉬웠다. 이런 혼란스러움을 줄이기 위해 미국 워싱턴에서 '국제자오선 회의'가 열렸다1884년. 영국 **그리니치**를 지나는 자오선을 본초 자오선기준으로 정해 지구 경도를 정했다. 그리니치 기준으로 세계 표준시가 정해진 셈이다.

그림 11 『80일간의 세계 일주』(약속 장소에 나타난 포그)

2-8

명품은 더 비싸져, 베블런 효과

베블런 효과

명품은 가격이 올라도 수요가 줄지 않는다. 수요와 공급 법칙이 잘 들어맞지 않는다. 비싸지면 사려는 수요가 줄어야 하는데 안 줄어든다. 명품은 1년에 수차례씩 가격을 끊임없이 올린다. 계속 가격이 비싸지니 중고(리셀) 마켓도 잘 형성된다. 이유는 과시욕허영심 때문이다. '난 일반인이 넘볼 수 없는 부자다!' 그들만의 차별화된 소비리그가 형성된다. **베블런 효과**는 과시욕 효과다. 샤넬, 페라리 같은 명품이 대표적인 베블런 효과 예시다. 이 이론은 **소스타인 베블런**1857~1929년, 노르웨이 이민 2세 미국인이 저서 『**유한계급론**』1899년에서 주장했다. 베블런은 미국의 마르크스라고도 불리는 사회주의자다. 자본주의는 **약탈 문화의 유산**이라 했다. 약탈 결과물이 '경제적 부'라고 주장했다. 사유재산 제도 때문에 땀 흘려 일하지 않고 약탈 문화가 생겼다고 했다. 사유재산이 없었던 원시사회는 그가 생각한 최적의 사회다. 모두가 계급 없이 공동체를 위해 노력했기 때문이다.

그림 12 소스타인 베블런

유한계급 과시 소비

베블런은 계급을 부자(유한계급)와 가난한 자(노동자) 둘로 나눈다. **유한계급**은 일단 놀고먹는 부자다. 경제적 부를 축적한 사회 상류층이 할 일이라곤 먹고 즐기는 것뿐이다. 스포츠, 종교, 예술 감상 등 비생산적인 활동물질적 산출결과 없음을 한다. 유한계급에게 노동은 천한 것들이나 하는 것이다. **노동자**기술자 등 생산 활동을 하는 이들은 하층민이다. 베블런에게 부자들의 소비가 달갑지 않다. 과시욕과 허영심이 소비로 이어진다. 부자는 자기의 강함을 알리려고 끊임없이 소비한다. 비싼 걸 소비해 부를 과시하는 것이다. '노동자들은 명품을 못 사지!' 하는 **과시 소비**다. 자본주의는 부자의 우월성을 보여주는 것일 뿐이다. 경제적 부의 축적과 과시 소비로 자원만 낭비된다. 베블런은 자본주의에서 생산, 소비의 절반은 낭비라고 생각했다. 베블런 효과는 '부자를 기분 나쁘게 생각하는' 그의 심리가 담겨 있다.

경영계급과 산업계급

베블런에 따르면, 자본주의는 **경영계급**이윤추구자=자본가, 법률가, 경영자 등, **산업계급**노동자이 존재한다. 경영계급은 비생산적 계급이다. 오직 이윤추구만 할 뿐이다. 사회적 가치효율적 생산에는 관심도 없다. 경영계급(부자)이 산업계급(노동자)을 지배한다. 지배결과로는 실업, 사치, 자원 낭비가 생긴다. 베블런은 산업계급이 경영계급을 몰아내는 **사회주의가 도래**할 거로 예측했다. 그런데 부자들은 자본주의 사회를 지탱하는 버팀목이다. 자본투자의 대부분은 부자들이 하며, 세금도 부자가 많이 낸다. 부자들의 돈으로 세상이 움직이고 있는 게 현실이다. 산업계급(노동자)은 사적 이윤을 추구하지 않을 거란 생각도 틀렸다. 노동자 주린이가 얼마나 많은데 말이다.

스놉 효과 등

베블런 효과와 비슷한 이론으론 **스놉 효과**가 있다. 스놉Snob은 잘난 체하는 속물이란 뜻이다. 스놉 효과를 속물 효과로도 부른다. 특정 상품 소비가 증가하면, 그 상품 수요가 줄어드는 현상이 스놉 효과다. 인기상품에 대해 '난 안 사!' 하는 **나 홀로 독자행동**이다. 마치,

까마귀 떼 속 고고한 백로, KIA 응원단 속의 삼성 응원자 정도라고 할까. '가격'보다는 남들과 다르고 싶다는 '차별성'이 근간에 깔려있다. '특별한 당신!'이 스놉 효과다. 이런 특성을 고려해 한정판 마케팅이 발전했다. 정해진 수량만 비싼 가격에 판다. 스놉 효과와 반대되는 이론이 **밴드왜건 효과**다. **밴드왜건 효과**Bandwagon Effcet, 편승 효과는 무작정 따라 하는 군중심리를 말한다. Jump on the Bandwagon유행에 뛰어들다. 유행 편승! 셀럽의 애장품을 따라 하는 것들이 예시다. 밴드왜건 효과는 원래 정치적인 의도로 쓰였다. 밴드왜건은 서커스 악대(밴드)+차(왜건)다. 악대차 연주에 사람들이 생각 없이 몰려다닌다는 데서 유래했다. 미국 12대 대통령재키리 테일러이 표를 얻기 위해 악대차를 활용해 당선되기도 했다. 미국 경제학자 '하비 라이벤스타인'이 이론적으로 발표했다1950년. **파노플리 효과**프랑스 사회철학자 장 보드리야르 이론는 명품을 사면 부자계층과 같아진다고 생각하는 현상이다. 대중들이 연예인, 재벌들의 '명품 소비'를 따라 하려 한다. **디드로 효과**는 **깔맞춤 소비** 효과다. **디드로 통일성**이라고도 한다. 한 제품의 구매가 통일성 있는 다른 제품 구매로 이어진다. 드니 디드로프랑스 학자가 그의 에세이에서 이야기한 게 그 시작이다. 그의 글에는 친구가 선물한 붉은 옷 때문에 그에 맞춰 책상도, 벽걸이도 바꾸게 되었다는 내용이 담겼다. **립스틱 효과**는 불황일 때 저렴한 사치품 판매가 많아지는 현상이다. 미국 대공황 시절 립스틱 판매가 늘어난 데서 유래한다.

루이 비통

루이 비통은 마차에 짐을 싣고 내리는 귀족의 시종이었다. 귀족들은 기차를 타고 여행했는데, 짐이 뒤섞인다는 불편이 생겼다. 여기에 둥근 형태이고 무거웠기에 실어나르기도 힘들었다. 짐을 구분하기 위해 그리고 여러 개 쌓기 위해 그는 **네모난 박스의 가방**을 만들었다. 이후 캔버스 천을 밑에 깔고 풀칠을 한 가방도 만들었다. 귀족들은 그의 가방을 좋아하게 된다. 루이 비통이 가벼운 가방을 만들게 되자 시종 없이 혼자 짐을 실을 수 있게 된다. 귀족들은 루이 비통에게 **귀족 외에는 가방을 판매하지 말 것**을 요구한다. 대신에 모든 가방을 귀족들이 사겠다고 말한다. 루이 비통은 이를 승낙하고 귀족만을 위한 가방들이 만들어졌다. 하지만, 루이 비통을 모방한 가방들이 만들어지자, 귀족들은 차별화를 요구하게 된다. 이에 가방에 일련번호 등을 기재하고, 열쇠 장인과 합작해 열쇠가 붙은 가방을 출시하게 되었다.

샤넬

샤넬은 가방, 의류, 향수, 주얼리 등을 만들어 파는 프랑스 패션 브랜드다. 창업자 가브리엘 보뇌르 샤넬의 이름에서 유래했다. 샤넬은 프랑스 작은 도시에 태어나 유년기 보육원에서 자랐다. 가수를 꿈꾸던 그녀는 낮에는 보조 재봉사로, 밤에는 카바레에서 노래를 불렀다. 코코Coco 예명도 그 시절 생겼다. 샤넬은 모자 가게샤넬 모드를 개업하면서 인기를 끌게 된다. 당시 여성 모자는 장식이 잔뜩 달려 무거웠는데, 차양이 짧고 디자인이 단순한 모자를 내 주목받았다. 불편한 여성복도 변화를 시켰다. 당시 여성복은 **코르셋**으로 꽉 조이는 형태였다. 숨쉬기조차 어려울 정도였다. 코르셋은 16세기부터 400여 년간 여성의 허리를 조였다. 허리를 조이다 기절하거나 사망하기도 했다. 샤넬은 넉넉한 사이즈의 옷들을 만들었다. 또한 바닥을 쓸고 다니던 긴 치마를 무릎까지 올렸다. 그 결과 여성의 몸을 코르셋에서 해방시켰다. 샤넬은 불길하다고 여기던 검은색을 일상복에 도입하기도 했다. 또한 세계 최초로 어깨끈이 달린 핸드백을 내놓기도 했다. 미국 영화배우 마릴린 먼로가 잘 때 **샤넬 N°5**만 입는다고 밝힌 향수도 샤넬 브랜드다.

2-9

공리주의 속 자유주의 주창자, 존 스튜어트 밀

벤담의 공리주의

그림 13 제러미 벤담

공리주의功利主義, Utilitarianism는 19세기 중반 영국에서 나타난 사회사상이다. 제러미 벤담, 제임스 밀, 존 스튜어트 밀 등을 통해 구체화 되었다. 영국은 산업혁명 과정에서 갈등을 조정할 도덕론이 필요해졌다. 소수 특권층에 대항해 **다수 시민계급을 보호**할 공리주의가 등장하게 된다. 공리주의 학자들은 민주주의 확장, 형법개혁, 복지 확대 등을 주장한다. 공리주의를 확립한 건 철학자 **제러미 벤담**이다. 그는 인간 행동의 윤리적 판단 기준을 쾌락과 고통에 둔다. 벤담은 인간은 고통을 피하고 쾌락을 추구하려는 본능을 지녔다고 주장한다. 벤담의 공리주의는 **공리성**공 공功, 날카로울(이로울) 리利을 기본전제로 한다. 개인뿐만 아니라 **사회 구성원 전체의 쾌락을 최대화**하는 것이 벤담의 공리주의 목표다. 쾌락의 공리성을 인정하는 점에서 **사회적 쾌락주의**다. 벤담은 그 쾌락은 계산될 수 있어 **양적 쾌락주의**라고도 한다. 공리성에 따르면 모든 사람의 행복을 더욱 많게 하면 옳은 행위다. 벤담은 '**최대다수의 최대행복**'을 추구한다. 이기적인 쾌락과 사회 전체 행복을 조화시키려는 시도다. 벤담의 주장에 따르면 진정한 쾌락주의자라면 먼저 공리주의자가 되어야 한다. **개인의 행복이 사회 전체의 행복과 일치함**을 받아들이는 것이다. 이럴 경우 최대다수의 최대행복이 실현된다.

벤담은 '이기적 쾌락'이 인간 본성인 자본주의 사회에서 도덕적 원리를 제시했다. 한 개인이 교통 규칙을 어기면 본인에게는 이익이지만, 다른 사람들의 손해가 더 크기에 옳지 않다. 쾌락주의의 역설이다. 벤담은 공리성 실현을 위해 **법의 적극적 역할**을 강조한다. 법을 통해 개인의 행위를 규제함으로써 공리公利(공공의 이익)를 추구할 수 있다. 법에 따른 처벌 고통이 1)미래의 고통을 감소시키거나 2)쾌락을 증가시킬 때 정당화된다. 공리주의는 다수결의 원칙, 비용과 편익을 고려한 효용 극대화, 공공정책 수립 등 정치, 경제 등에 기여했다.

다만, 최대다수의 최대행복 원리는 1)최대다수와 2)최대행복 간 이해 상충이 존재한다. 최대다수를 강조하면 소수가 희생될 수 있다. 최대행복을 강조하면 소수를 위해 다수가 희생될 수 있다. 또한 공리주의는 행위의 결과를 평가할 뿐 동기의 좋고 나쁨을 고려하지 않는다.

존 스튜어트 밀

존 스튜어트 밀1806~73년은 영국 런던에서 벤담의 친구였던 철학자 제임스 밀의 장남으로 태어난다. 밀은 어려서 아버지로부터 영재교육을 받았다. 주입식 교육 대신 스스로 고민하도록 '질문과 토론 방식'으로 말이다. 천재여서일까, 밀은 3세에 그리스어, 7세에 플라톤, 11세에 라틴어와 대수학, 13세에 정치경제학까지 섭렵한다. 젊은 시절 한때 신경쇠약을 앓기도 했지만, 정서적 훈련으로 잘 극복한다. 35년간 영국 동인도회사에 근무하고, 영국 하원의원도 지냈다. 아버지의 교육은 철학, 정치학, 경제학 등 다양한 학문에 영향을 미친다. 철학의 틀에서 『정치경제학 원리』란 책도 썼다. 알프레드 마샬의 『경제학 원론』이전 옥스퍼드대학 교재로도

그림 14 제임스 밀

쓰인 베스트셀러다. 자유주의를 옹호하면서도 자유방임을 제한하고 정부개입을 찬성했다. 다만, 이론이나 실증분석서 라기보다는 철학책에 가까운 한계는 있다.

질적 공리주의

그의 대표 사상은 **공리주의**와 **자유주의** 사상이다. 『공리주의』, 『자유론』 등이 그의 대표 역작이다. 밀에게 가장 큰 영향을 준 사람은 공리주의 학자 **벤담**이다. 벤담은 사람에게 **선은 쾌락, 악은 고통**이다. 올바른 행동은 자신뿐만 아니라 최대한 많은 이에게 쾌락을 준다. 나쁜 행동은 많은 이를 고통스럽게 한다. 벤담은 주관적인 쾌락을 **계량화**할 수 있다고 봤다. 벤담은 개개인의 쾌락을 균등한(동일한) 감각적 쾌락으로 보았다. 철학자 토머스 칼라일은 벤담의 철학을 '돼지 철학'이라 혹평했다. 인간의 행복을 동물 수준의 양적 쾌락(동질의 쾌락)으로 보는 점 때문이다. 밀은 벤담을 옹호하면서 벤담의 단점을 보완해 질적 공리주의를 발전시킨다. 밀은 쾌락에는 **질적 차이**가 있다고 주장했다. 양적인 최대행복보다는 질적인 최대행복을 중요시한다. 밀은 하나의 쾌락이 다른

그림 15 존 스튜어트 밀

쾌락에 비해 그 양이 적더라도 그 쾌락을 선택한다면 그 쾌락이 더 값진 것이다. **만족한 돼지보단 불만족스러운 인간이, 만족한 바보보다는 불만족한 소크라테스가 되는 것이 낫다**는 말로 '질적 공리주의'를 강조한다. 인간이 저급한 존재로 만족하기보다, 불만족하는 우월한 존재라는 것이다. 자유롭고 존엄한 삶을 추구하기에 고급 쾌락이 더 바람직하다는 것이다. 동물이 누리는 쾌락은 인간 행복을 만족시켜 줄 수 없다고 봤다. 육체적이고 감각적인 쾌락을 넘어서는 높은 수준의 정신적 쾌락이 더 우월하다는 것이다. 약간의 고통이 있더라도 인간이 지닌 고급 능력을 발휘해, 질 높은 정신적 쾌락을 추구해야 한다는 것이다. 물질적 풍요만이 행복한 삶은 아니며, 정신적 부유를 행복한 삶의 중요 요소임을 강조한다.

고상한 성품

밀은 자기중심적 행복이 아닌 모든 사람이 행복해지는 방법을 선호했다. 개인의 행복은 타인의 **고상한 성품**에 따른 혜택으로 봤다. 고상한 성품은 이기심을 넘어 **타인의 행복까지 고려**하는 성품이다. 최대다수의 최대행복에는 고상한 성품이 꼭 필요하다고 주장한다. 밀은 고상한 성품을 쌓는 걸 공리주의 핵심 요소로 봤고 이를 통해 벤담의 양적 공리주의 한계를 극복한다. 고상한 성품이 일반화되면 양적으로나 질적으로 최대한의 행복을 누릴 수 있게 된다. 밀은 **이기심과 정신 교양 부족**을 불행의 원인으로 제시한다. 인간이 자신만을 위해 살면 불행해진다는 것이다. 희생은 타인 행복 증진에 기여한다고 봤다. 정신 교양이 있으면 다양한 것에 관심을 갖고 공공선을 추구한다고 했다. '1)교육으로 정신교양을 높이고, 2)고상한 성품을 키우며, 3)이타적 관심을 두고 살라는 것'이 질적 공리주의자 밀의 행복한 삶 원칙이다.

밀의 자유주의

공리주의와 대치되는 개념이 자유주의다. 밀에게 있어 **개인의 자유를 통한 질적 행복**이 진정한 공리주의 아닐까. 밀의 공리주의는 **유용성**Utility(Usefulness, 효용)을 전제로 한다. 유용성 판단은 **개인의 능력**으로 자유 개념의 탄생이다. 집단의 이익을 우선시하는 공리公利(공공의 이익)와는 다른 개념이다. 자유는 사람의 당연한 권리다. 밀의 저서 『**자유론**』은 개인의 자유를 옹호한다. 남에게 해를 끼치지 않는 한 자신이 원하는 걸 자유롭게 할 수 있어야 한다. 개인은 자신의 몸과 마음에 대한 주권을 갖는다. 정부는 개인의 자유를 침해해선 안 된다. 다수결의 정당성보다 개인의 자유가 우선이다. 밀은 **다수가 소수의 자유를 침해**할 수 있다고 경고한다. 여론을 통한 다수의 횡포를 문제시했다. 사회가 여론을 통해 사상을 강요하는 것으로부터 보호가 필요하다는 것이다. 사회가 개인에게 강제할 경우를 최대한 엄격히 규정할 필요가 있다. 당사자에게 유리한 일이라도 강제할 수는 없다. 다수가 믿는 최선을 개인에게 강요해서도 안 된다. 순응은 최선의 삶에 걸림돌일 뿐이다.

　밀의 자유에 대한 정의는 **사상의 자유(다름), 기회의 자유(다양성), 표현의 자유(다채로움)**이다. 사회에서 **다양성**이 보장되어야 하며 '**사상과 토론의 자유가 중요**'하다 주장했다. **사상의 자유**가 보장되기 위해선 다른 의견에 대한 **관용**이 필요하다. 모든 인류가 같은 의견을 가지고 단 한 사람만 다른 의견을 가져도 그 사람에게 **침묵을 강요할 수는 없다**. 개인은 자신의 **의견을 표현할 자유**도 가져야 한다. 그 의견이 옳다면 진리의 발견, 의견이 틀리면 다수 의견이 옳다는 정당성을 확인하게 된다. 소수 의견에 일부 진실이 있다면 다수 의견과 상호 보완해 완전한 지식을 갖추면 된다. 개인의 사상을 억압하는 건 인류 진보를 막는 악행이다. 개인이 자유를 포기하고 자신을 노예로 파는 건 불가능하다. 개인의 자유에는 자신의 자유를 포기하란 자유는 없다. 다만, 밀은 자유의 적용 대상에 미성년자, 후진사회를 제외했다. 이로 인해 밀이 제국주의자로 비판받기도 했다. **제국주의**帝國主義는 식민지주의다. 우월한 군사력, 경제력으로 다른 나라나 민족을 정벌해 대국가를 건설하는 침략주의다. 밀은 비유럽계를 야만으로 규정하고 자유의 보호 대상에서 제외했다. 밀조차도 자유롭지 않다는 단점을 보여주는 점은 아쉽다.

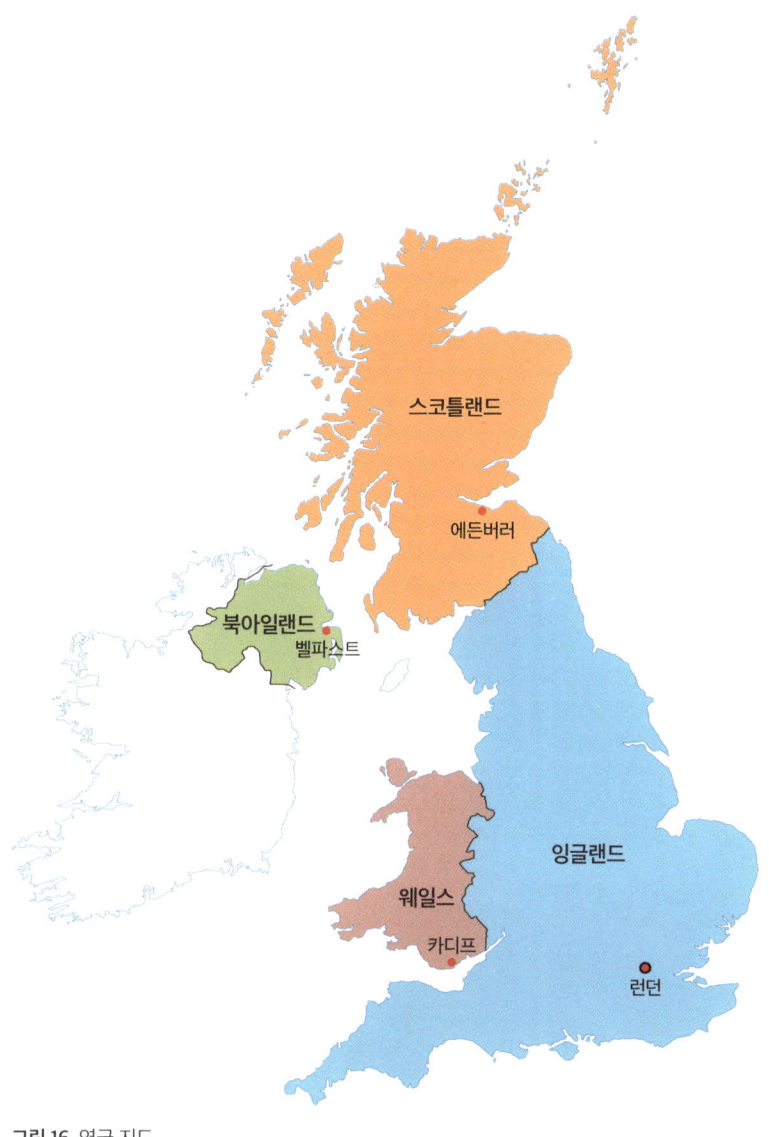

그림 16 영국 지도

2-10

대륙 봉쇄령, 나폴레옹이 러시아로 간 까닭은

프랑스 대혁명

프랑스 루이 16세는 ᴬ⁾이전 왕들이 대물림해 준 부채에다 ᴮ⁾미국 독립전쟁 지원, ᶜ⁾연이은 흉년과 왕가의 사치 등으로 쌓인 빚을 세금을 더 걷어 해결하려 했다. 18세기 프랑스는 전체 인구 2%인 성직자, 귀족이 막대한 부를 거머쥐었음에도 세금은 거의 내지 않았다. 루이 16세는 재정적자(지출〉수입) 해소를 위해 귀족들에게 세금을 거두려 했다. 귀족들은 삼부회만이 이를 결정할 수 있다며 반발했다. 결국 170여 년간 단 한 번도 열린 적 없는 삼부회를 열기로 했다. **삼부회**는 성직자, 귀족, 평민대표 회의다만, 신분별로 한 표씩 의결권을 가졌다. 귀족과 성직자 2: 평민 1로 평민 의견은 무시되었다. 특히 상공업으로 부를 쌓은 부르주아 불만은 극에 달했다. 평민대표는 국민의회를 만들고 베르사유궁전 테니스코트에 모였다. 그리곤 평민대표 수 확대, 공평과세 등을 반영한 헌법제정을 요구했다. 루이 16세가 이를 무력진압하려 하자, 파리 시민들이 바스티유 감옥을 습격한다1789년. 그렇게 프랑스대혁명이 시작되었다. 파리 시민 봉기는 전국으로 퍼지고 국민의회는 봉건제를 폐지한다. 빵값 폭등으로 7천여 명의 여인들이 파리 시청에 모인다. 빵을 달라 외치며 베르사유궁전을 향해 행진했다. 그들은 베르사유에 있던 루이 16세 일가를 파리로 끌고 가 파리 튈르리궁에 가둔다. 루이 14세부터 이어진 베르사유궁전에서 왕의 삶은 루이 16세가 파리로 끌려가며 끝나게 된다. 이후 왕비 마리앙투아네트 고향인 오스트리아로 도주하다 발각되어 다시 파리로 잡혀 온다. 파리 시민은 왕이 외국과 내통한다고 의심하게 되고 루이 16세를 처형하게 된다. 프랑스 시민이 왕정을 무너뜨리자, 주변 왕정국가오스트리아, 프로이센 등들은 혁명이 번질 걸 우려했다. 이에 프랑스에 침략전쟁을 일으키는데, 이때 이 전쟁을 승리로 이끈 나폴레옹이 국민 영웅으로 떠오른다.

나폴레옹 인생

나폴레옹 보나파르트1769~1821년, 이름이 나폴레옹, 성이 보나파르트다. 이탈리아식 이름 '나폴레오네 디부오나파르테'를 프랑스식으로 바꿨다. 나폴레옹은 이탈리아 앞에 있는 코르시카섬 출신이다. 코르시카는 이탈리아 제노바가 소유했었다만, 독립을 부르짖는 탓에 프랑스에 팔렸다.1767년, 나폴레옹이 태어나기 직전이다. 지금도 코르시카는 프랑스 땅이다. 나폴레옹의 아버지가 코르시카 독립운동에 몸담았다가 이후 프랑스 편에 섰다. 덕분에 촌 동네 하위 귀족 작위를 받게 된다. 당시 프랑스 군사학교는 귀족 자제만 입학할 수 있었는데 자격요건 취득이다. 아버지는 10살 나폴레옹을 군사학교에 보낸다. 당시 군인은 괜찮은 직업이었다. 그런데 그에겐 치명적 문제가 있으니 언어였다. 코르시카어로 살았으니, 프랑스어가 될 리 만무했다. 왕따도 이런 왕따가 없었을 터. 말 안 통하는 시골뜨기가 갈 데라곤 도서관뿐이었다. 나폴레옹은 언어 고민이 덜한 수학 공부에 매진하고 그 덕분에 수학 천재가 되었다. 군사학교 졸업 후에는 수리적 판단이 필수인 포병장교가 되었다. 부잣집 도련님들은 말 타고 제복을 뽐내는 폼생폼사 보병을 선호했지만 말이다. 그런데 과학기술의 발달로 포병장교가 전쟁의 핵심이 될 줄이야. 포를 다룰 줄 아니 말이나 탈 줄 아는 도련님들과 전쟁 기술이 달랐다. 참고로, 나폴레옹이 황제가 된 이후에는 화가 나면 고래고래 소리를 질러댔다. 어려서 말 못 한 걸 나이 들어 한풀이 한 걸까. 키 작은 나폴레옹이라 하는데, 반전이다. 167.6cm 그의 키는 당시 프랑스 남성 평균 164.1cm보다 3.5cm나 컸다. 결혼은 두 번 했다. 첫 번째는 **조세핀**이란 이혼녀. 총각 나폴레옹을 사로잡은 그녀의 필살기는 바람기다. 이혼하고 사교계를 기웃대다 나폴레옹을 사로잡았다. 그때도 조세핀은 사귀는 사람이 있었다. 나중에 전쟁 중인 나폴레옹 서신을 가져온 전령과도 염문설이 있었다. 아쉬운 거라면 왕위계승을 할 나폴레옹의 아들을 못 낳았다는 것이다. 결국 이혼당했지만, 막장으로 헤어지진 않았다. 잘 먹고 잘살게 두둑이 챙겨 나왔다. 두 번째 부인은 마리 루이즈 신성로마제국 황제의 딸로 황제가 된 후 정략결혼이다. 원하던 아들도 낳았다만, 나폴레옹 몰락 후 다른 곳으로 시집갔다 오스트리아 귀족 이페르크와 재혼.

나폴레옹 업적

[1]나폴레옹 업적도 많다. 본인은 법을 잘 안 지켰지만, **프랑스 대법전**을 만들었다. 프랑스대혁명 이후 혼란기 법대로 세상을 움직였다. 프랑스 대법전은 요즈음 민법 체계의 근간이다. 지금의 **루브르박물관** 전신인 박물관도 짓는다. 훗날 중앙은행이 된 **프랑스은행**도 설립했다. 이집트 원정 시에는 **로제타석** 이집트 상형문자로 쓰인 연구에 도움을 줬다. 후대에 관광상품이 된 **개선문**도 만들었다. 사람 부리는 재주도 좋아 **훈장** 레지옹 도네르 훈장도 만들었다. 금속조각일 뿐인 훈장에 사람들이 달라진다며, 나폴레옹이 농담한 걸 훈장 받은 이들은 알까. 나폴레옹은 오늘날 통조림의 원조, **병조림**도 탄생시켰다. 와인병 끝을 자르고, 음식을 넣은 뒤 2개를 이어 붙였다. 단점은 잘 깨졌다는 거다. [2]나폴레옹은 예술도 사랑했다. 물론, 본인 홍보를 위해 미술을 도구화했지만 말이다. '알프스를 넘어가는 나폴레옹' 그림은 양주병 디자인 단골손님이다. 말이 갈기를 휘날리며 앞다리를 들어 올린

그림 17 알프스 산맥을 넘는 나폴레옹(상반된 이미지 그림들)

다. 말에 탄 나폴레옹은 손가락을 치켜들며 존엄함을 뽐낸다. 사실은, 작은 조랑말을 타고 추위에 오들오들 떨었는데 말이다. 압권은 노트르담 대성당에서 열린 〈**나폴레옹 1세의 대관식**〉그림이다. 고대 로마 사람 카이사르가 참석하질 않나, 고부갈등으로 불참한 어머니도 그려 넣었다. 다소곳이 두 손 모아 앉아 있었던 교황은 그림에선 손을 들고 축복해 준다. 원래 대관식은 교황이 황제에게 황제관을 씌워줬는데 나폴레옹은 달랐다. 황제관을 미리 쓰고 나타나, 또 다른 관을 아내 조세핀에게 씌워줬다. 그 전에 본인이 자기 머리에 씌우려는 퍼포먼스는 덤이다. 나폴레옹이 로마제국 황제를 계승했다고 칭했으니, 로마교황이 대수냐.

그림 18 나폴레옹 1세의 대관식

전쟁 비즈니스

나폴레옹 최대 능력치는 전쟁을 가성비 높은 비즈니스로 만든 거다. 프랑스는 루이 14~16세 시기 파산 직전까지 갔다. 이후 프랑스 대혁명 혼란기를 거치며 알거지가 됐다. 그런데 혼란을 틈타 주변국들이 야금야금 공격해댔다. 프랑스가 공격하지 않으면 침략당할 위기였다. 나폴레옹은 세 가지 결단을 내린다. 첫째, 아메리카 **루이지애나** 땅을 쓸모없는 땅이라 여겨 미국에 팔았다. 루이 14세의 땅이란 그곳이다. 미국을 세 등분하면 딱 중간쯤 되는 크기다. 프랑스 본토가 알거지인데 식민지 개척은 언감생심이었다. 유럽에 집중하자며 값싸게 팔았다. 덕분에 당시 미국은 땅 부자가 된다. 루이지애나로 인해 태평양이 가까워지고 서부개척시대가 열리게 된다. 프랑스인 입장에서 두고두고 아까울 뿐이다. 둘째는 **징병제 도입**이다. 용병은 돈이 드니 청년들을 강제로 군대에 끌고 갔다. 그렇게 상비병력 150만 대군을 만들었다. 셋째는 없는 살림인 프랑스군 맨몸으로 전쟁을 떠났다. 몸이 가벼워지니 전진 속도가 빨라졌다. 근데 배고프면? **현지 식량 조달**로 가성비 있게 해결했다. 말이 가성비 있게지 죄다 빼앗았다. 안주면 죽였다. 프랑스에 침략당했던 스페인 등은 '나폴레옹은 살인마다'라고 주장한다. 몽골인은 육포라도 만들어갔는데 공짜 식사라니. 여기에 전쟁에서 승리하면 **전쟁 배상금**은 덤이었다. 땅으로 받든, 돈으로 받든 남는 장사였다. 텅 빈 프랑스 곳간을 전쟁 배상금으로 채워 나갔다. 당연히 프랑스인들에게 나폴레옹 인기는 하늘을 찔렀다. 돈을 벌려면 전쟁을 하면 되었다. 나폴레옹에게 '전쟁=부자' 공식이다. 이 못된 생각을 일본이 답습했다. 청일전쟁에서 테스트해 보더니 러일전쟁, 태평양전쟁까지 더했다. 전쟁에서 이긴다면야 이 비즈니스 최고였다. 다만, 지는 게 문제다. 나폴레옹은 2번이나 잉글랜드 해군에게 무릎을 꿇는다. 이집트에서 한 번, 트라팔가르 해전에서 잉글랜드 넬슨 제독에게 또 한 번 졌다.

대륙 봉쇄령

와신상담, 영국에 복수를 벼르던 나폴레옹은 전쟁으로 안 되니 꼼수를 부린다. 영국과 유럽 대륙 국가 간 교역을 금지하는 **대륙 봉쇄령**

을 발표했다. 영국도 **해상 역봉쇄령**으로 맞불을 놨다. 외국과 무역에 간섭하는 보호무역주의다. 무역봉쇄는 잘 사는 국가가 결국 이긴다. 영국은 산업혁명으로 질 좋은 공산품을 판매했다. 하지만, 영국제품을 못 사게 되니 답답한 건 유럽 대륙 쪽 나라였다. 영국은 굳이 유럽이 아니어도 식민지가 많아 팔 곳이 많았다. 가난한 러시아 등은 목재와 곡물 등을 영국에 팔아야 했는데 살길이 막막해졌다. 결국, 러시아는 영국과 교역을 재개했다. 감히, 프랑스 황제 말을 안 듣다니! 나폴레옹은 본보기로 러시아를 공격하기로 한다. 한니발이 알프스를 넘어갔듯 나폴레옹도 조랑말 타고 알프스를 넘어간다. 그런데 계절을 잘못 골랐다. 예상보다 알프스에서 지체되고 러시아 겨울은 매서웠다. 현지식 러시아 요리를 즐기려 했는데, 러시아군 도망만 치며 모두 불태워 버린다. **청야전술**푸를 청淸, 들 야野, 들판을 깨끗이 한다는 의미이다. 결국 추위와 배고픔에 주력군을 잃는다. 이제 프랑스군은 애송이일 뿐, 주변국들이 침략하게 되고 나폴레옹이 권력을 잃는다. 이후 엘바섬에 유배되지만 탈출해 파리로 돌아온다. 워털루에서 최후의 일전을 치르나 또 지고 만다. 세인트헬레나섬에 죄수처럼 갇히고 거기서 생을 마감했다. 히틀러가 파리를 점령했을 때 나폴레옹 묘지를 참배했다. 여기는 파손하지 말라며 보호조치도 내렸다. 전쟁광들의 동병상련일까. 참고로 히틀러도 독일서 출세했지만, 오스트리아 출신이다.

2-11

몽골의 보르츠, 나폴레옹의 병조림과 전투 식량의 역사

전투 식량

군용 보급은 전쟁의 승패를 좌우한다. '작전 실패는 **전투**에서 지지만 보급 실패는 **전쟁**에서 진다'라는 말이 있을 정도다. 전투보다 전쟁이 더 큰 개념이다. 적을 직접 격파하기보다 보급선을 끊어 전쟁 의지를 꺾는 게 핵심이다. 나폴레옹 러시아 원정에서 러시아가 청야전술을 썼던 이유도 적을 굶주리게 하기 위함이었다. **전투 식량**은 군용 보급이 어려운 경우를 고려해 만든 '간이식'이다. 가벼운 휴대성, 고칼로리, 고열량이 포인트다. 살아남기 위한 '허기 달램'이 주 목적이다. 역사적으로 몽골 등 유목민족은 육포를 말에 가지고 다니며 농경민족을 공격했다. 몽골인들은 게르텐트 안에서 소나 양고기를 말려 **육포인 보르츠**를 만들었다. 겨울에 살코기를 말린 후 가루로 만들었다. 가루를 소의 위나 오줌보에 넣어 보관했다. 소나 양 오줌보에는 소 한 마리 분량의 보르츠가 들어갔다. 가볍고 부피도 작은데 장기간 보관도 가능했다. 전쟁 중 불을 피우지 않아도 되니 적에게 노출도 되지 않았다. 몽골군은 말안장 밑에 넣어둔 육포 덕분에 보급부대가 필요 없었다. 육포와 함께 탈지분유, 순대도 전투 식량으로 사용되었다. **탈지분유**는 커다란 솥에 우유를 넣고 끓인 후 햇볕에 말려 가루로 만들었다. 육포와 분유를 물에 넣고 끓이면 죽처럼 만들어 먹을 수도 있었다. **순대**는 수분을 적당히 유지해 주고, 동물 창자로 밀봉하면 휴대도 편리했다. 말리면 조리하지 않고 그대로 썰어 먹을 수도 있었다. 고기의 단백질과 지방, 피의 무기질과 염분, 야채의 섬유소까지, 여기에 가축의 내장 속에는 소화효소까지 남아 있었다. 보르츠, 탈지분유, 순대 덕에 몽골군은 말을 바꿔 타며 하루 70km 이상을 이동할 수 있었다. 로마군대는 햄과 소시지, 바이킹은 염장한 청어나 대구, 스페인은 하몽, 우리나라는 미숫가루와 인절미 등을 전투 식량으로 썼다.

병조림과 통조림

현대적인 전투 식량이 최초로 개발된 건 나폴레옹 시대다. 장거리 원정을 앞둔 나폴레옹은 '1만 2천 프랑'의 현상금을 걸고 휴대용 식량 보존 기술을 공모했다. 이 공모에서 제과업자 '니콜라 아페르'가 만든 **병조림**이 당선되었다1809년. 음식을 와인병에 담은 후 가열, 멸균, 진공 처리한 방식이다. 병 안의 음식은 오랜 기간 썩지 않았다. 프랑스군은 병조림으로 전투 식량을 만들기 시작했다. 다만, 운송 중 유리병이 파손되곤 했다. 코르크 마개 밀봉이 완벽하지 않아 음식물이 상하기도 했다. 유리 제조단가도 높았다. 이런 단점을 개선한 것이 **통조림**이다. 당시 프랑스와 전쟁을 벌이던 영국에서 처음 만들어졌다. 영국 기술자 '피터 듀랜드'는 프랑스

그림 19 나폴레옹 병조림

포로로부터 병조림 이야기를 전해 듣는다. 그리곤 병 대신 **주석통**Tin Canister에 음식물을 담아 밀봉하는 방식의 통조림을 만든다. 깡통에 익히지 않은 원재료를 넣은 뒤 가열하고 밀봉을 했다. 그는 이 특허를 사업가에게 팔았고, 그 사업가는 영국 최초의 통조림 공장을 세운다1812년. 그 뒤 영국군 전투 식량으로 통조림이 제공되었다. 통조림이 인기를 끌면서 주석이 바닥나게 된다. 또한 납 처리된 캔으로 인해 납 중독 사태도 있었다. 주석 대신에 **강철로 통조림**을 만들게 된다1850년대. 강철로 만드니 두께도 얇아지고 무게도 가벼워졌다. 문제는 모양 변형이 쉬웠다는 점이다. 모양 변형을 막기 위해 모서리

에 둥근 테두리를 덧붙이게 된다. 다만, 철제 통조림이 녹이 슬다 보니 녹슬지 않도록 **알루미늄 통조림**이 만들어지게 된다1958년.

통조림 개발 초기, 음식 변질에만 신경 쓰느라 음식을 꺼내는 문제는 소홀했다. 대검이나 칼로 통조림을 열다 보니 칼날이 상하기도 했다. 뾰족한 칼이나 송곳으로 찌르다 보면 내용물이 부스러지기도 했다. 때론 총으로 통조림을 쏴 버려 내용물이 흘러내리기도 했다. 획기적인 **통조림 따개**는 미국에서 발명된다1858년. '에즈라 워너'가 발명한 따개는 구부러진 칼날을 통조림 가장자리에 대고 돌려서 여는 방식이다. 이후 통조림 주위를 굴러가는 **바퀴 달린 통조림 따개**도 미국에서 발명된다1870년. 따개가 발명되며 다양한 통조림이 가능해졌다. 쿠어스Coors사는 맥주를 작은 알루미늄 캔에 담아 판매하기 시작했다1959년. 통조림 따는 기술이 더욱 발전해, 미국 발명가에르멀 클레온 프레이즈가 뚜껑에 고리를 부착한 통조림통을 고안해 냈다1959년. 현재 우리가 사용하고 있는 방식이다.

세계대전 전투 식량

1차 대전 초기에는 야전 식당을 설치하고 음식을 조리해 병사들에게 공급했다. 하지만 1차 대전이 화학전으로 흐르면서 식자재가 통째로 상하는 경우가 발생했다. 이에 식자재를 철재 캔에 담아 보급했다. 현대화된 전투 식량이 제대로 활용된 건 2차 대전부터다. **2차**

대전이 발발하자 미군은 다양한 전투 식량을 개발해 공급했다. 냉동 보관 후 조리 필요(A), 냉동보관 없이 조리 가능(B), 즉각 취식 가능(C), 고열량 환자식(D), 공수부대용 경량화식(K) 등의 다양한 제품이 나오게 된다. 조리가 필요한 A, B형은 시설이 갖춰진 기지에 주로 보급했다. 대부분은 즉각 취식이 가능한 C형을 보급받았다. C형은 두 개의 통조림과 하나의 액세서리 팩으로 구성되었다. 1)통조림 하나엔 조리된 음식, 2)다른 통조림엔 건빵과 인스턴트커피, 3)액세서리 팩엔 기호식품과 숟가락 등이 들어 있었다. 다만, 전투 식량을 장기간 먹을 경우 영양 불균형을 가져올 수 있는 점이 문제였다.

그 문제를 해결해 준 건 **스팸**Spam이었다. 스팸은 1937년 출시 이후 2차 대전 군납품에 포함되었다. 그 결과 스팸이 미군의 고기 공급원 역할을 했다. 제이 호멜스팸 회사 2대 사장(창업자의 아들)은 1차 대전 당시 미 육군 병참 장교로 프랑스에서 근무했다. 병참 경험을 살려 육류 캔 전투 식량 개발에 착수했다. 전통적인 방식의 햄과 베이컨에는 '돼지고기 어깨살'이 들어가지 않는다. 남는 어깨살을 이용할 방법을 고민하다 스팸이 탄생한다. 뼈를 제거한 돼지의 어깨살을 갈아 조미료를 넣고, 아질산나트륨분홍색을 냄을 첨가해 통조림을 만들었다. 스팸은 조미된 햄을 뜻하는 Spiced Ham의 약자다. **어깨살과 햄**Shoulder of Pork And Ham의 약자이기도 하다. 원래 이름은 호멜 조미햄이었는데, 100달러를 걸고 이름 공모를 해 이름을 스팸으로 바꿨다. 스팸은 장기 보관이 가능하고 조리 없이 먹을 수 있다. 스팸 캔은 재

활용되어 냄비나 팬으로도 쓰였다. 스팸에서 나온 기름은 총을 닦거나 초로 사용되기도 했다. 전쟁이 끝나고 스팸 제조사인 호멜사는 스팸 홍보를 위해 대대적으로 광고를 했다. '광고공해'라 여길 정도로 사회문제가 되기도 했다. 오늘날 무차별적으로 대량 뿌려지는 인터넷 메일을 **스팸메일**이라 부르는 원인이 되었다. **콜라**는 껌, 초콜릿과 함께 2차 대전 미군 보급품으로, 전쟁이 끝난 후 전 세계에 퍼졌다. 세계대전 기간에 **분유**도 전투 식량으로 유용했다. 뜨거운 물만 부으면 우유가 되었기에 간편식으로 좋았다. 세계대전 동안 분유 생산이 수요를 못 따라갈 정도였다. 하지만, 전쟁이 끝나고 분유의 새로운 소비처를 찾아야 했다. 다행히 모유를 대신해 아기 음식으로 판로를 돌릴 수 있었다.

현대식 전투 식량

미국과 소련 간 **우주개발 경쟁**도 전투 식량 발전에 도움이 되었다 1950년대부터. NASA 등이 우주식 개발에 공을 들여, 아폴로 11호[1969년] 달 탐사에는 냉동건조 치킨과 감자 포장식이 보내졌다. 미군은 신형 용기 개발에 나선다. 통조림의 무거움과 비싼 제조단가도 고려되었다. 오늘날 전투 식량 대명사인 MRE[Meal Ready to Eat]가 1970년대 개발되면서 금속용기를 없앴다. 레토르트 식품[즉석식품]으로 플라스틱 필름 등의 주머니에 조리가 완료된 음식을 넣고 밀봉, 가열, 살균한 식품이다. 이후 **발열팩**이 만들어져 전쟁터에서도 뜨거운 식사가 가능해졌다 1992년. MRE는 다양한 식단이 특징이다. 오늘날에는 채식주의자, 이슬람교도, 유대교도 등을 위한 전투 식량도 만들어지고 있다. 전투 식량으로 가벼운 중량, 하루 필수 열량과 영양소 공급, 음식 맛을 동시에 잡으려는 노력은 계속되고 있다.

건빵의 숨겨진 과학 원리

대표적인 전투 식량으로 건빵을 빼놓을 수 없다. 건빵 그대로도 먹지만, 우유에 시리얼처럼 타 먹거나, 튀겨서 설탕과 함께 먹기도 한다. 건빵에 함께 들어있는 별사탕과도 잘 어울린다. 마른 빵이란 뜻의 건빵은 이름은 빵이지만 **비스킷**으로 분류된다. 밀가루와 효모를 넣은 반죽을 구워 수분 함량을 6% 이하로 낮춘다. 수분 함량을 줄여 보존성을 높인 거다. '건빵 7개를 1분 안에 먹기' 챌린지도 있는데, 실제로 성공하기 어렵다. 침샘에서 나오는 침의 양이 건빵 7개를 녹이는 데 시간이 더 들어서다. 건빵에는 **구멍이 2개씩** 나 있다. 건빵이 구워지며 구멍을 통해 탄산가스와 수분이 빠져나간다. 구멍이 하나면 너무 부풀어지고, 구멍이 많으면 너무 납작해진다. 건빵의 황금 모양을 위해선 꼭 구멍이 2개여야 한다.

앤디 워홀 통조림 팝아트

앤디 워홀 1928~87년은 체코 이민자 가정에서 태어났다. 공대에서 상업

그림 20 캠벨 수프 광고

미술을 전공한 후, 뉴욕에서 대중잡지 상업 디자이너로 활약했다. 그는 팝아트 장르의 선구자다. **팝아트**는 대중예술을 뜻하는 파퓰러 아트Popular Art의 줄임말이다. 팝아트는 '미국식 대량 생산, 대량소비 시대'를 미술로 번안한 것이다. 그는 실크스크린 판화 형식으로 작품을 대량으로 찍어냈다. 콜라병, 통조림 등 일상의 익숙한 것들을 작품에 녹여냈다. 마릴린 먼로, 케네디 대통령, 체 게바라 등의 초상도 다양하게 복제했다. 워홀의 대표작으로는 '**캠벨 수프 깡통**'이 있다. 그의 데뷔작이자 성공작이기도 하다. 미국 캠벨 수프 회사에서 만든 토마토 수프 통조림을 주제로 삼았다. 32가지 종류로 구성된 해당 통조림을 똑같이 32개의 그림으로 표현해 냈다. 실제로도 워홀은 캠벨 수프를 좋아했다고 한다. 캠벨 수프는 토마토, 치킨 누들, 클램 차우더 수프 등이 유명하다.

중경삼림 통조림

실연한 이의 아픔을 그린 왕가위 감독의 영화 〈**중경삼림**〉1994년작에는 통조림 이야기가 나온다. 〈중경삼림〉은 '중경의 숲'이란 뜻이다.

중경맨션청킹맨션으로 대표되는 홍콩의 고층 숲을 모티브로 했다. 실연의 아픔에 관한 2개의 연작 이야기로 4명의 남녀 주인공이 나온다. 그 중 첫 번째 이야기는 경찰 금성무와 마약상 임청하의 이야기다. 경찰 233번금성무은 만우절에 연인과 거짓말 같은 이별을 한다. 그는 쉼 없이 운동장을 뛰는데, 땀이 다 빠져나가면 더 이상 눈물이 나지 않을 거란다. 5월 1일은 경찰 233번의 생일이자 연인과 헤어진 지 한 달째 되는 날이다. 파인애플을 좋아했던 연인을 떠올리며 유통기한이 5월 1일인 **파인애플 통조림**을 한 달간 사 모은다. 5월 1일까지 연락이 오지 않으면 그녀를 잊기로 한다. 여기에 잊지 못할 명대사가 나온다. '기억이 통조림에 들어 있다면 유통기한이 없길 바란다. 만일 유통기한을 정해야 한다면 만년으로 해야지.' 30일간 통조림을 모은 그는 5월 1일 사랑을 다시 찾았을까?

2-12

로스차일드,
5개의 부러진 화살

로스차일드 시작

그림 21 마이어 암셀 로스차일드

로스차일드Rothschild 가문의 시작은 **마이어 암셀 로스차일드**1744~1812년로부터다. 그는 독일 프랑크푸르트 게토유대인 강제 거주지역 출신 유대인이다. 마이어는 랍비 공부를 하다 부모가 일찍 죽는 바람에 생업 전선에 뛰어들었다. 하노버에서 금융업을 5년간 배우고 돌아와, 게토에서 고물상을 열었다. 당시 가게 앞에는 붉은 방패가 걸려 있었다. **붉은 방패**는 독일어로는 로트칠드로 영어식으로는 로스차일드다. 원래 유대인은 성씨가 없는데, 마이어는 로스차일드를 성씨로 사용하게 된다. 마이어는 고물상을 하며 고화폐 수집에 눈을 뜬다. 헷센-카셀 공국 군주 아들인 **빌헬름**과 고화폐 거래를 하게 되면서 사업이 커졌다. 헷센-카셀 공국은 용병 사업으로 돈을 벌고 있었다. 빌헬름 고객은 유럽 왕실과 귀족들이었다. 마이어는 빌헬름의 국제 비즈니스를 도우며 나라 간 어음결제, 환전 등을 처리했고, 이를 바탕으로 **로스차일드 은행**을 설립하게 되었다.

5개의 화살

마이어는 총 19명의 자녀를 얻는다. 이 중 9명은 사망하고, 남자 5명, 여자 5명이 살아남는다. 아들 5명이 마이어 사업에 동참했다. 5명의 아들은 빌헬름의 유럽 내 사업을 도와주다 보니 각지에 흩어지게 되었다. 첫째암셀는 프랑크푸르트에서 활동하다 통일독일 초대 재무 장관이 되었다. 둘째솔로몬는 빌헬름의 재정자문관을 하다 오스트리아 빈에서 은행을 설립했다. 셋째네이선는 면직물 비즈니스를 위해 영국 맨체스터로 건너가 금융과 투자업을 했다. 넷째칼만는 이탈리아 나폴리, 막내제임스는 프랑스 파리에서 각각 은행을 설립했다. 로스차일드 가문이 유럽 내 금융 경쟁력을 가질 수 있던 이유는 5명 아들의 정보 네트워크 덕분이다. 로스차일드 가문 문장의 상징은 **5개의 화살**이다. 화살은 마이어의 5명 아들을 지칭했다. 마이어는 스

키타이이란계 유목민족**왕의 일화**를 들려줬다. 죽음을 앞둔 스키타이왕은 자식들에게 화살을 하나씩 꺾어보라 했다. 모두 쉽게 화살을 꺾었다. 그다음엔 5개 화살 묶음을 꺾어보라 했지만 모두 꺾지 못했다. 이에 왕은 자식들 간 결속의 힘을 강조했다. 이 교훈은 로스차일드 가문의 가훈이 되었다.

네이선 로스차일드

셋째 아들 네이선은 당시 면직물 산업이 융성한 영국 맨체스터로 넘어갔다. 면직물을 사서 독일로 보냈다. 이후 면직물 제조업을 하다 금융업에 발을 들인다. 면직물보다 금융업 수익이 더 좋다는 걸 알면서다. 나폴레옹 침략으로 빌헬름 헷센-카셀 공국 군주 아들이 마이어에게 재산 은닉을 부탁했다. 마이어는 그 자금관리를 셋째 아들 네이선에게 맡긴다. 네이선은 런던에 은행을 설립하고 영국 국채 등에 투자했다. 당시 영국은 전쟁 중이었는데, 영국이 전쟁에서 이기면 영국 국공채가 오르고 지면 내렸다. 네이선은 국채 거래를 하며 빠른 정보의 중요성을 깨닫는다. 빠른 전쟁 결과를 얻기 위해 비둘기, 쾌속선, 우편 마

그림 22 네이선 로스차일드

차, 정보원, 연락원 등 **정보망을 구축**한다. 비둘기는 시속 70km 이상 날아갈 수 있어 30여km 거리인 바다 건너 도버해협을 30분 정도면 주파할 수 있었다. 보안을 위해 유대인 언어로 암호를 만들어 사용하기까지 했다. 네이선의 정보 네트워크는 영국 왕보다 빠르게 소식을 전달했다. 진위에 대한 논란이 있긴 하지만, **워털루 전투와 관련된 일화**도 있다. 네이선은 워털루 전투에서 영국 군대가 나폴레옹 군대를 무찌른 소식을 영국 왕보다 이틀 먼저 알았다. 네이선 사람들이 정보와 반대로 국채를 내다 팔기 시작하자 모두가 국채 투매에 나선다. 영국이 전쟁에서 졌을 거라 짐작했기 때문이다. 95% 이상 폭락한 채권과 주식을 네이선이 다시 매수해 큰돈을 번다. 나폴레옹의 대륙 봉쇄령도 기회였다. 대륙 봉쇄령으로 영국은 물건 재고가 쌓여 가격이 내렸다. 반면, 유럽 대륙은 물건이 없어 가격이 치솟았다. 네이선은 영국에서 싸게 사서, 유럽 대륙에 비싸게 팔았다. 바로, **밀수 루트**를 만들어서 말이다. 이런 경험치로 인해 나중에는 영국 군자금 수송도 맡게 되었다.

네이선은 **채권투자**를 통해 영국 정부에 대한 '최고 채권자'이자, 영란은행 '최대주주'가 되었다. 영란은행을 통해 통화 공급과 금리 결정 권한을 가졌다. 당시 유럽은 크고 작은 전쟁이 지속되었다. 전쟁을 위한 채권 발행이 늘었고, 로스차일드는 채권 거래에 나섰다. 각국의 국채 발행과 거래가 활발해지면서 채권시장이 활성화되었다. 이는 산업 발전을 위한 자본시장이 형성되도록 했다. 저금리로 채권을 발행하거나, 투자유치를 위한 주식 발행이 가능해졌다. 그 결과 영국은 산업혁명이 싹튼다. 로스차일드는 대규모 자금이 드는 유럽대륙 철도오스트리아, 프랑스 사업에도 자금을 댄다. 네이선 로스차일드는 금과 관련된 비즈니스에도 집중했다. 19세기 중반 런던에서는 네이선을 포함한 금세공업자 5명이 금 가격을 결정했다. 이후 로스차일드 은행 주관으로 유럽계 5개 은행이 경매 방식으로 하루 2회씩 **금 가격을 발표**했다1919년. 이 모임은 현대의 금 시장을 주도하는 '런던금시장연합회LBMA'로 이어졌다1987년. 그는 영란은행이 **금본위제를 도입**하는 데 일조했다. 당시 세계 최대 강대국인 영국을 따라 유럽 대륙 나라들과 미국이 금본위제를 도입했다. JP모건과 협업을 통해 미국 금융산업에도 참여했다. JP모건은 미국 중앙은행인 연방준비제도 설립에 중심적인 역할을 했다. 하지만, 2차 대전 이후 로스차일드 가문은 은둔을 택했다. 히틀러의 유대인 탄압과 재산 몰수 등을 당하면서부터다. 로스차일드 가문이 신비주의로 남은 이유다.

수에즈 운하

수에즈 운하는 지중해와 홍해를 잇는 이집트 지역 운하다1869년 완공. 프랑스인페르디낭 M. 레셉스이 이집트에 제안해 시작됐다. 건설 자금은 프랑스가 빌려주고, 노동력은 이집트가 대는 조건이었다. 수에즈 운하 완공으로 아프리카 희망봉을 도는 여정보다 시간이 대폭 단축되었다. 이집트는 운하 건설 이후 부채에 허덕인다. 수에즈 운하 지분

44%을 담보로 프랑스에 돈을 빌릴 계획을 세운다. 이에 프랑스는 이집트에 높은 이자율의 대출 조건을 제시했다. 영국은 이 상황을 비집고 들어가 이집트 부채를 갚아줬다. 영국 정부의 자금은 로스차일드가 댔다. 프랑스가 참여해 만든 수에즈 운하를 로스차일드 덕분에 영국이 운영권을 확보하게 되었다. 이후 이집트는 제2차 중동전쟁을 틈타 영국으로부터 수에즈 운하를 돌려받는 데 성공했다. 현재 이집트 국가 재정의 10% 정도는 수에즈 운하에서 나온다. 참고로 러일 전쟁 중 러시아 발틱 함대 일부는 수에즈 운하를 건너지 못했다. 함선이 수에즈 운하를 건널 규모를 초과해서였다. 그로 인해 희망봉을 돌아 7개월 만에 전쟁터 앞바다에 도착했다. 오랜 항해에 지친 러시아 함대는 다윗과 골리앗 싸움일 거라던 일본과의 해전에서 지고 만다.

이스라엘 탄생

러시아 왕알렉산드르 2세 암살 사건1881년을 계기로 러시아에서 유대인 학살이 발생했다. 당시 암살범이 유대인이란 소문이 퍼지면서다. 이에 로스차일드 가문은 시오니즘 운동에 뛰어들었다. **시오니즘**은 팔레스타인에 유대인 민족국가를 건설하자는 민족주의 운동이다. 팔레스타인은 유대인에게 원래 '가나안'으로 불렸다. 영국은 로스차일드 가문에게 팔레스타인을 유대인에게 넘겨주기로 약속했다. 그 이유로는 첫째, 1차 대전 당시 영국은 미국의 참전을 원했다. 미국을 움직이는데 로스차일드 가문의 도움이 필요했다. 둘째, 로스차일드 등 유대인 자본이 영국 국채의 큰손이기도 했다. 그들이 국채를 사주지 않으면 독일과의 전쟁은 어려웠다. 셋째, 포탄 제조에 쓰이는 아세톤 대량 생산 기술을 유대인 과학자^{하임 바이츠만(초대 이스라엘 대통령)}가 갖고 있다는 점도 고려되었다. 당시 영국은 아세톤 부족으로 포탄 제조에 애를 먹고 있었다. 바이츠만은 영국에 자신의 연구 결과를 무상으로 제공했다.

벨푸어 선언^{1917년}은 영국 외무 장관 벨푸어가 로스차일드 가문에 보낸 편지와 관련된 사건이다. 편지 내용은 '팔레스타인 내에 유대인 정착지 건설을 지지한다'라는 것이다. 이는 당시 영국의 대(對) 아랍 정책과 배치되었다. 1차 대전 당시 베두인^{아랍 유목민}은 영국을 위해 오스만제국과 전쟁을 치렀다. 영국은 전쟁이 끝나면 팔레스타인 독립을 보장했다. 영국은 고등판무관인 맥마흔이 작성한 **맥마흔 서한**^{1915년}을 통해 이 사실을 알렸다. 팔레스타인에 1,900여 년간 살아온 아랍 민족에겐 벨푸어 선언으로 배신감을 느꼈다. 영국은 1차 대전이 끝난 후 그 누구와도^{베두인, 유대인} 약속을 지키지 않았다. 대신에, 자신들의 이권만을 챙겼다. 영국은 프랑스와 중동 지역을 나눠 가졌다^{산 레모 협정, 1920년}. 하지만, 벨푸어 선언 이후 유대인 이주가 급증했다. 2차 대전이 끝난 1948년 유대인들은 이스라엘을 건국하게 되었다. 반대로 거주지를 빼앗긴 팔레스타인 난민들의 이주가 시작되었다.

2-13

에펠탑과 파리 만국박람회 그리고 백화점의 탄생

만국박람회

만국박람회Expo는 올림픽, 월드컵과 함께 세계 3대 이벤트다. 6개월간 다양한 국가, 기업들이 파빌리온임시 건축물을 운영한다. 이 파빌리온에는 각국의 개성이 담겨 있어 **건축 올림픽**이라고도 부른다. 근대 최초의 만국박람회는 영국 런던에서 열렸다1851년. **런던 박람회**는 대영제국 전성기 세계 최

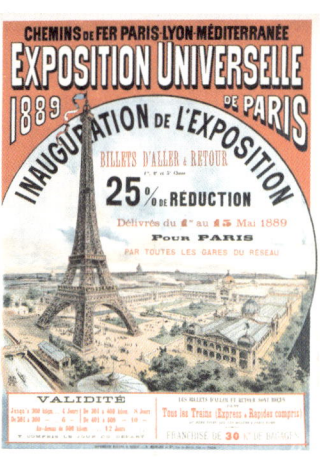

그림 23 파리 만국박람회 포스터

강국 영국을 알리려는 행사였다. 영국이 산업혁명의 중심지이자 기술 강국임을 자랑하기 위해서였다. 원래 박람회를 처음 시작한 나라는 프랑스였다. 1798년 프랑스는 국내용 박람회를 열었다. 이후 1849년까지 6개월짜리 박람회를 11회나 개최했다. 오스트리아, 벨기에, 스페인, 독일 등도 박람회를 열었다. 박람회 경험이 많은 프랑스는 만국박람회를 하려 했으나, 영국을 위한 잔치가 될 듯해 망설였다. 그러는 사이 영국이 선수를 쳤다. 런던 박람회에는 25개국이 1만 3,000여 전시물을 출품했다. 당시 영국은 주요 공업 제품군에서 전 세계 생산의 절반가량을 차지하고 있었다. 런던 박람회에서도 증기기관차, 엔진 등 영국에서 발명한 공업 제품들이 절반 이상을 이뤘다. 런던 박람회가 각국에 산업혁명의 동력을 일으키게 된다. 증기기관차는 철도 대중화의 기폭제가 되었다. 이후 만국박람회에선 혁신적인 발명품들을 선보였다. 1)미국 필라델피아1876년에선 전화기, 2)프랑스 파리1878년에선 전구, 축음기, 3)벨기에 앤트워프1885년에선 자동차가 선보였다. 4)미국 시카고1893년에선 껌과 지퍼, 5)미국 세인트루이스1904년에선 비행기, 현대식 햄버거, 콘 아이스크림, 6)미국 뉴욕1939년에선 TV가 선보여졌다. 물론, 당시 만국박람회는 서구 제국주의영토확장 침략주의의 자부심을 뽐내는 자리이기도 했다. 서구는 식민지에서 가져온 성과물을 과시했다. 인류학자나 민족학자가 연구실을 차리고 인종주의적 우월함을 보여 주기도 했다. 식민지 촌을 재현하고 원주민을 실제 동물처럼 전시까지 했다. 숭농과 숭국관도 있었는데 전시품이 설형문자 점토판, 중국 도자기 정도여서 서구보다 낮은 수준의 문화라는 인식을 줬다.

　만국박람회는 대형 건축물을 통해 위대함을 과시했다. 영국은 '수정궁'을, 프랑스는 '에펠탑, 사요 궁전, 그랑팔레, 프티팔레 등'을 지었다. 미국은 시카고 박람회1893년 당시 **대관람차**높이 80.4m를 등장시켜 놀이공원 탄생을 예고했다. 대관람차는 다리 건축가인 '페리스 주니어'가 디자인했다. 그래서 대관람차의 영어식 표현이 페리스 휠Ferris Wheel이다. 원래 대관람차는 에펠탑을 견제할 의도로 만들어졌다. 하지만, 만들 당시 에펠탑보다 작다거나 건축미가 없다는 등 악평이 쏟아졌다. 막상 박람회가 열리자 대관람차는 큰 인기를 얻었고, 시카고 박람회의 상징이 되었다. 시애틀 박람회에선 시애틀의 상징인 '스페이스 니들Space Needle' 탑이 지어졌다. 현재 국제박람회기구BIE가 공인하는 엑스포는 두 종류로 나뉜다. 5년마다 개최되는 **세계엑스포**World Expo(등록엑스포)와 그사이에 열리는 **국제엑스포** International Expo(인정엑스포)다. 세계엑스포는 다양한 분야를, 국제엑스포는 1가지 주제를 선택한다. 그동안 국내에서 열린 2012년 여수엑스포2012년, 대전엑스포1993년는 세계엑스포보다 규모가 작은 국제엑스포다. 세계엑스포는 면적 제한이 없지만, 국제엑스포는 25만m^2로 제한된다. 개최 기간도 세계엑스포는 6개월, 국제엑스포는 3개월이다.

수정궁

런던박람회1851년는 '수정궁 박람회'라고도 불린다. 박람회장인 **수정궁**The Crystal Palace 상징성 때문이다. 하이드 파크 부지에 새워졌던 수정궁은 거대한 임시 건축물이었다. 축구장 11개 넓이, 3층 높이 건물이었다. 특히, 1851년을 기념해 건물 정면 길이를 1,851피트564m로 지었다. 근대 건축재료인 **철과 유리 두 종류**만 사용했다. 돌과 나무가 건축 주재료이던 시절 3,300개의 철골 기둥과 29만 3,655장의 판유리로 만든 건축 혁신이었다. 주철을 대량 생산하는 영국과, 긴 판유리를 생산하는 독일 기술력이 만났다. 원래 판유리는 수작업으로 제작되어 비싼 사치품이었다. 사치품 유리에는 특별소비세인 유리세가 부과되었다. 그런데 1845년 판유리 제조법 개선으로 대량 생

그림 24 수정궁

산이 가능해진다. 사치품에 부과되는 유리세도 폐지되면서, 판유리를 주재료로 수정궁을 만들 수 있었다. 수정으로 만든 궁전처럼 눈부신 공간이었다. 최초의 철골 구조물이자, 규격화된 재료를 공장에서 대량 생산한 후 현장에서 조립하는 건축방식의 시작이었다. 덕분에 6개월여 만에 건물도 완공할 수 있었다. 수정궁에 자극받은 프랑스가 에펠탑을 준비할 수밖에 없었던 이유다. 박람회가 끝나고 해체된 수정궁은 인근 시드넘 지역에 다시 지어졌으나, 대화재1936년로 불타 버렸다. 참고로 영국 프리미어리그 크리스털 팰리스FC 축구팀 이름도 수정궁The Crystal Palace에서 기원했다. 런던 박람회는 당시 영국 인구의 1/3에 해당하는 620만여 명이 관람하는 대성공을 거둔다. 런던 박람회 덕분에 일반 대중의 단체 **패키지여행**이 활성화된다. 10년 전 처음 등장한 철도가 여행 활성화에 한몫했다.

봉 마르셰

런던 박람회 1년 뒤에는 파리에서 최초 근대식 백화점이 문을 열게 된다. 백화점은 상시적인 엑스포인 셈이다. 옷감 판매상이던 '아리스티드 부시코'는 백화점 **'봉 마르셰'**를 연다. 에펠탑을 설계한 에펠이 백화점 건물 설계에도 참여한다. 화려한 실내장식, 유리천장에 햇빛이 들어오도록 설계한다. 이는 상품이 돋보이게 함이었다. 봉 마르셰는 고객이 가격흥정에 불편함이 없도록 정찰제를 도입한다. 여기에 마음에 안 들 경우 반품도 편하게 할 수 있게 했다. 상품을 대량으로 진열하고 고객이 직접 만져볼 수 있게도 했다. 자연스럽게 구매로 이어지도록 하는 마케팅 기법이다. 백화점 안에는 도서실, 미술관, 무도회, 음악 교실 등을 운영해 복합 문화공간 역할도 했다. 봉 마르셰는 베르사유 궁전에 비교되며 '소비의 궁전'으로 불리게 된다.

현대의 백화점 1층은 화장품과 명품, 2~3층은 여성 의류, 높은 층에 가전제품, 가구 등이 배치되어 있다. 여성들이 백화점 주 고객이기에 여성을 위한 배치가 저층에 되어 있다. 특히, **화장품**은 저관여 제품이고 손쉽게 구매가 이루어진다. 충동구매를 부추기고 다른 상품을 구매토록 하는 유인효과도 크다. 관여도는 구매 시에 중요하게 생각하는 정도다. 저관여 제품은 개인적 관심도가 크지 않고, 잘못 구매하더라도 큰 위험부담 없이 재구매가 가능한 제품이다. 고관여 제품에 비해 가격도 저렴한 편이다. 화장품이 명품과 같은 층에 배치되어, 명품 구매를 위한 일종의 미끼상품인 셈이다. 상대적으로 고관여 제품인 가전제품, 가구 등은 접근성이 떨어지는 고층에 위치해 있다. 구매 주기가 길고 구매 목적성이 강해 높은 층이더라도 고객이 찾아온단 이유에서다.

에펠탑

프랑스혁명 100주년을 기념해 프랑스 파리에선 제10회 만국박람회가 개최되었다1889년. 철의 마술사 **알렉상드르 귀스타브 에펠**1832~1923년 설계로 박람회 입구에 **에펠탑**이 세워졌다. 프랑스 정부가 상징물 공모전을 했고, 에펠이 1등을 했기 때문이다. 공사는 26개월간1887년 1월~1889년 3월 진행되었는데, 공사 기간 단 한 명의 사상자도 없었다. 에펠이 치밀하게 도면을 그린 덕분이었다. 토

그림 25 건설 중인 에펠탑

목기사 출신인 에펠은 수많은 철교를 건설했었다. 에펠은 가느다란 철재를 삼각형으로 서로 이어 그물을 짜듯 맞춰 나갔다. 250만 개 나사못과 1만 5,000여 금속조각을 연결했다. 그 결과 직선과 사선이 조화로운 세계 최초 철골 구조물이 완성되었다. 에펠탑은 계단만 1,652개, 높이 320.75m안테나 포함로 80층 건물에 해당한다. 당시 가장 높은 건물이었다. 기술자들은 과학의 승리라 여겼으나, 예술가들은 철골 괴물이라 비난했다. 당시에 에펠탑은 흉물스러운 쇳덩이로 여겨 설치 반대가 심했다. 석조건물이 고풍스러운 파리 이미지와 상반된다며 파리의 경관을 해칠 거라는 거였다. 지식인과 예술인의 거센 비판을 받았다. 소설가 **기 드 모파상**은 에펠탑에서 식사를 자주 했다. 파리 시내에서 유일하게 에펠탑이 보이지 않아서였다. 시인 '폴 베를렌'도 에펠탑이 보기 싫다며 좁은 골목으로만 돌아다녔다. 많은

건축 전문가는 철골 무게, 바람 등을 견디지 못하고 탑이 뒤틀려 무너질 거라 생각했다. 에펠은 탑에 삼각형을 활용해 무게를 지지했고 건설에 성공했다. 에펠은 뉴욕 '자유의 여신상' 내부 철골에도 삼각형 구조를 활용했다.

박람회가 시작되고 에펠탑은 대박을 터트린다. 에펠은 총 공사비 800만 프랑 중 150만 프랑만 지원받았는데, 박람회 입장료 수입만으로 건설비용을 회수할 수 있었다. 에펠은 에펠탑 꼭대기에 주거지를 마련해 에디슨 등 명사들을 초청하기도 했다. 에펠탑은 다른 파리 만국박람회 설치물과 마찬가지로 설치 20년 후 해체될 예정이었다. 그런데 그 무렵 발명된 '통신 안테나 기지'가 되면서 해체 위기를 넘긴다. 이후 파리 시민과 파리를 방문한 이들의 사랑을 받게 되면서 '파리=에펠탑' 공식이 되었다. 에펠탑 전망대는 총 세 군데로 1 전망대 57m, 2 전망대 115m, 3 전망대 274m 높이다. 탑의 외형이 치마 입은 여인과 같다고 해서 '철의 부인'으로도 불렸다. 미국의 '로버트 자이언스 사회심리학자'는 비난의 대상이었던 에펠탑이 오랜 기간 후 호감이 되는 경우를 빗대 **에펠탑 효과**라 정의했다. 2차 대전 나치독일이 파리를 점령했을 때, 프랑스군은 에펠탑 케이블을 끊어버렸다. 그로 인해 에펠탑에 오르려던 히틀러가 계단을 오르려다 포기했다. 히틀러는 '프랑스를 정복했으나, 에펠탑은 정복하지 못했다'라는 말이 그래서 나왔다. 에펠탑은 1991년 유네스코 세계 문화유산에 등재되었다.

파리 37m 높이 제한

6층 규모의 아담하고 고풍스러운 파리의 풍경은 파리 시민의 자랑이다. 시내에 마천루가 거의 없어 수평선의 도시라 불리는 이유다. 그래서일까, 파리에 고층 건물이 들어서면 반발이 심하다. 1973년 몽파르나스 타워209m가 완공되자 파리 시민의 분노가 폭발했다. 거무칙칙한 현대식 빌딩이 파리의 경관을 망친다고 생각했다. 1977년 **신축 건물 높이를 37m 미만으로 제한**하는 건축 규정까지 만들게 된다. 이후 수 십 년간 파리 시내에는 고층 건물 신축이 없었다. 대신에 도시 서쪽 경계면 바로 건너에 비즈니스 특화지구라 데팡스를 개발해 고층 빌딩을 짓게 했다. 현재 퍼스트 타워231m등 초고층 빌딩이 위치해 있다. 2010년에는 경기침체와 주택난 해소를 위해 파리 시내 상업용 건물은 180m, 주거용 건물은 50m까지 높이 규제를 완화했다. 그로 인해 고층 건물들이 들어서기 시작했다. 하지만, 고층 건물이 들어설 때마다 시민들의 반발이 지속되었다. 결국 파리시는 탄소배출을 줄인다는 명목하에 다시 **파리 시내 37m 이상 건물 신축을 불허**하고 있다. 파리 시민만의 독특한 저층 높이 사랑이다.

찻값이 아까워, 영국의 아편전쟁 도발

영국 차 문화

영국인은 중국 차를 사랑했다. 점심 후 차를 마시기 위한 휴식을 즐겼다. **애프터눈 티**Afternoon tea가 영국에서 시작된 이유다. 당시 영국 귀족은 저녁 만찬이 8시경이었기에 오후 허기가 졌다. 이런 이유로 오후15~17시경 차와 간단한 다과샌드위치, 스콘, 케이크 등를 먹기 시작했다. 영국에 차를 소개한 건 대항해시대를 먼저 연 포르투갈 출신 왕비캐서린였다1662년. 중국산 도자기에 중국산 차를 마시는 게 상류층 유행이었다. 중국산 도자기는 차를 우려 마셔도 그 향이 배지 않아서 좋았다. 커피하우스는 남성들만 출입할 수 있어서, 여성들은 차를 마셨다. 처음에는 녹차를 즐기다 홍차가 더 인기를 끌었다. **홍차**는 영어로는 Black Tea, 한자로는 붉을 홍(紅)자를 써 홍차다. 찻잎으로 보면 검은색, 끓이면 붉은색이라 그렇다. 참고로 일본인이 즐기는 말차는 녹차를 가루 내 마신다. 카페인 함량이 찻잎을 우려내는 녹차보다 3배 이상 많다. 식민지 건설이 활발해지고 영국이 잘살게 되자 18세기 이후 상류 문화인 차 소비가 대중화되었다. 서인도 제도에서 들여온 설탕이 더해지며, 아침부터 차 마시고, 여럿이 즐기는 티타임Tea Time이 보편화되었다. 차에 있는 카페인, 타닌산 등은 중독성이 있어, 끊임없이 차를 원했다. 그 결과 영국 동인도회사가 독점으로 들여오는 중국산 차 비중이 점점 늘어나게 되었다.

아편 삼각무역

중국에선 세금을 은으로 걷었다. 명나라 일조편법, 청나라 지정은제 모두 은 기반이다. 영국은 차, 도자기, 비단을 사고 은으로 대금을 치렀다. 반면, 중국인들은 영국 주력 수출품인 모직물양털로 만든 옷을 안 입었다. 비단에 비해 무겁고 칙칙했기 때문이다. 야만인이나 입는 옷으로 평가절하했다. 최신식 방직기가 찍어낸 면직물목화솜 옷 등도 중국 옷감이 더 싸니 안 팔리긴 마찬가지였다. 사 가기만 할 뿐 팔질 못하니 영국 무역적자지출>수입 이만저만이 아니었다. 중상주의에선 나라의 부가 보유한 금과 은인데, 은이 계속 빠져나가니 대책이 시급했다. 영국이 주목한 건 중국에 이웃한 인도 식민지였다. 영국은 무역적자지출>수입를 줄일 최후카드로 **인도산 아편**을 택했다. 인도 벵골지역방글라데시(동벵골), 인도 서벵골에서 아편을 길러 중국에 팔겠다는 거다. 원래 포르투갈인들이 마카오를 통해 인도산 아편을 팔았는데, 이를 보다 체계화했다. 세 나라중국, 인도, 영국 간 **삼각무역** 형식을 취했다. '1)산업혁명 결과, 영국산 방직기로 찍어낸 면직물을 인도가 사주고, 2)인도는 아편을 중국에 팔고, 3)영국은 차, 도자기, 비단을 중국에서 사 간다.' 영국이 지불한 은을 중국이 아편 대금으로 인도에게 주고, 인도는 면직물 대금으로 영국에게 주니 영국만 남는 장사였다. 여기에, 중국 아편 소비가 늘수록 영국 무역흑자까지 달성하게 되었다. 아편은 중독 현상 때문에 피워야 하는 양이 계속 늘어야 한다. 덕분에 은이 영국으로 되돌아오기 시작했다.

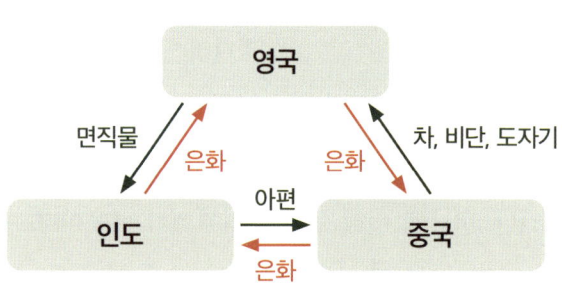

영국, 인도, 중국 간 삼각무역

아편

아편은 메소포타미아이란, 이라크가 원산지다. 아랍어 아프염또는 아프용이 중국에선 아편으로 불렸다. 덜 익은 '양귀비 열매' 안 우윳빛 즙을 말려서 만들었다. 양귀비란 이름은 당 현종의 애첩양귀비처럼 꽃이 동그랗고 화려해서 붙여졌다. 기원전 3000년 전 수메르인 메소포타미아 지역은 기쁨 주는 식물 훌길이라고도 불렀다. 십자군 전쟁을 통해 유럽에도 널리 퍼졌다. 원래 중국에서 아편은 병 치료 약재였다.『본초강목』16세기 명나라 이시진이 쓴 약학서에도 아편을 설사약으로 소개했다. 약품이기

그림 26 아편에 사용된 양귀비

에 합법적인 조공무역으로 진상 받았다. 16세기 아편용 파이프가 나오며 몸에 흡수가 빨라졌다. 중국 내 아편을 몰래 피우는 아편소굴도 늘고 아편 밀매도 보편화되었다. 도파민은 쾌락즐거움 호르몬이다. 아편이 쾌락을 주니 도파민이 몸에서 안 나온다. 도파민이 없으면 극심한 고통을 느끼게 되니, 아편을 지속적으로 찾게 된다. 바로 중독 현상이다. 여기에 내성 현상약효 저하도 있어, 아편을 더 피워야만 그만큼 쾌락 정도가 유지된다.

아편전쟁

영국인들은 아편을 축구공만 하게 만들고 '약'이라 써서 보냈다. 중

국 내에선 약품으로만 유통이 가능했기 때문이다. 아편이 중국에 파고들면서 황실, 귀족관료, 군인, 민간인 등 모든 계층에 널리 퍼지게 되었다. 심지어 청 황제(도광제) 마저도 잠시 아편을 하기도 했다. 아편이 널리 퍼지자 중국 무역수지가 적자로 바뀐다. 청나라 조정은 아편 밀수입과 거래 금지 법령을 발표했지만 개선이 어려웠다. 청 황제는 흠차대신(황제명 집행관리) 임칙서를 광저우에 보낸다. 당시, 청나라 유일한 무역 창구는 남쪽 광저우였다. 아편도 광저우를 통해 들어왔다. 임칙서는 불법 아편을 몰수해 광저우 앞바다에 던졌다(1839년). 그리곤 서양 무역 대표들에게 '아편 밀매를 다신 하지 않겠다'라는 각서를 요구했다. 영국대사는 대영제국 자존심을 내걸며 거부했고, 영국인들은 쫓겨났다. 이후 영국은 군함을 끌고 와 광저우를 불바다로

그림 27 아편을 폐기하는 임칙서

만들었다. 당황한 청나라는 **광둥협정**을 맺고 홍콩을 넘겨주기로 한다1841. 5. 30.. 그 결과 홍콩은 1997년 중국 반환까지 영국 땅이 되었다. 분이 안 풀린 영국은 강경파 사령관헨리 포팅거, 홍콩 1대 총독을 보내고 '광둥협정 무효'를 선언했다1841. 8. 10.. 당시 중국은 내륙무역을 운하를 통해서 했다. 그 운하 중심에 양자강양쯔강(장강)이 있고, 양자강을 타고 올라가면 수도인 난징남경에 도달했다. 영국 군함은 상하이 등을 파괴하고 난징 코앞까지 갔다. 난징이 함락 위기에 처하고 중국이 항복선언을 하고 만다. 양국 간 **난징조약**1842년을 체결하고 중국은 홍콩 이외에 상하이, 광저우 등 5개 항구를 강제로 개항했다. 이 모든 과정이 **1차 아편전쟁**1839~42년 결과다.

영국은 한 번 더 아편전쟁을 일으킨다. **2차 아편전쟁**1856~60년은 중국인들이 자체 아편 생산 기술을 개발했기 때문이다. 잘못하면 영국이 무역수지 적자로 돌아설 수 있어서였다. 중국이 5개 항구는 열어줬지만, 중국 내륙장사는 금지하고 있었던 것도 불만이었다. 마침, 광저우 앞바다에서 애로호 사건Arrow Incident이 발생했다. 해적을 단속하던 청나라 단속반이 애로호에서 영국 국기를 뽑아 발로 밟고 바다에 던졌다나. 이 작은 이슈를 구실로 청나라와 다시 한판 붙는다. 여기에 프랑스도 숟가락 얹는다. 프랑스 선교사 처형이 빌미였으나, 경제적 실익이 목적이었다. 영·프 연합군은 당시 수도인 베이징북경 앞 톈진까지 쳐들어갔다. 이에 **톈진조약**1858년을 체결하게 되었다. 체결 내용은 10개 항구 추가 개항, 내륙선교 허용, 베이징에 대사관 설치, 배상금 지급 등이다.

그런데 청나라가 차일피일 대사관 설치를 미룬다. 이에 열받은 영·프 연합군은 아예 베이징을 함락시켰다. 청나라 황제^{함풍제}는 도망갔다가 베이징으로 끌려와 **베이징조약**1860년을 추가로 맺었다. 배상금도 더 줘야 하고, 영국에게 홍콩 위 9개의 용이 산다는 구룡반도도 내줬다. 영화 〈중경상림〉에서 임청하가 마약 거래를 한 중경맨션^{청킹맨션}이 있는 곳이다^{침사추이}. 현재 홍콩의 지도가 그때 완성되었다. 러시아도 영·프와 청나라 사이를 중재한답시고 극동 연해주^{블라디보스톡 등 위치}를 받아 갔다^{1860년}. 참고로, 왕가위 감독은 홍콩의 중국 반환^{1997년}에 앞서 〈아비정전〉이란 영화를 내놓는다. 장국영의 맘보춤

그림 28 아편 전쟁

으로 유명하지만, 실상은 홍콩인의 무력감이 줄거리다. 〈2046〉이란 영화도 있는데 이 역시 무력감 2탄이다. 2047년이면 홍콩은 자유경제 체제를 끝내야 한다는 슬픔을 담았다. 중국은 홍콩 반환1997년 후 50년간2046년까지 '자유경제 체제 유지'를 영국과 약속한 바 있다.

중국의 보복

영국인이 중국을 멍들게 했던 아편, 이젠 중국의 보복일까? 펜타닐이란 마약이 영국 후손이 만든 나라, 미국을 좀먹고 있다. 미국은 펜타닐 원료가 중국 화학공장에서 건너온다고 주장한다. 또한, 중국이 해외로 나가는 마약 원료단속도 잘 안 한다며 항의한다. **펜타닐**은 모르핀아편류 보다 50~100배 진통 효과가 강력하다. 중독자들이 좀비처럼 서 있는 이유다. 100배로 아편전쟁 되갚음인가. 신교도 후손의 나라, 네덜란드에선 연성마약대마초, 마리화나 등 거래를 합법화했다. 네덜란드 정부는 불법 암거래를 없애면 마약 가격이 내릴 거라 기대했다. 마약상 조직 보스만 부자 되는 걸 막아보겠다는 생각이었다. 네덜란드에선 **커피숍**이 연성마약을 파는 곳이다. 커피를 마시려면 **카페**로 가야 한다. 그런데 바다 건너 영국 젊은이들이 주말마다 네덜란드 암스테르담으로 몰려든다. 마약 복용과 매춘네덜란드에선 매춘도 합법을 위해서다. 역사의 아이러니랄까. 아편전쟁을 겪은 중국, 마약사범이면 외국인까지 사형을 시켜댄다. 반면, 영국 후손들 이젠 마약에 관대하게 살아가는 건 아닐까.

2-15

서태후,
청나라의 멸망과 『아큐정전』

태평천국의 난

1차 아편전쟁이 끝나고 영국과 전쟁터였던 광둥성에서 **홍슈취안**_{홍수전}이 **태평천국**^{1851~64년, 太平天國}이란 나라를 연다. 원래 홍슈취안^{23살}은 과거 응시생이었다. 시험에 연이어 낙방한 후 몸이 쇠약해진다. 죽음의 문턱에서 꿈을 꾸는데, 꿈속에서 하늘에 올라 아버지와 형을 만난다. 그리고 본인이 요괴를 몰아낼 사람임을 알게 된다. 몇 년 후 『권세양언』^{기독교 선교책}을 읽고 꿈속 아버지는 하느님이고 형은 예수였음을 알게 된다. 즉, 본인이 하느님의 둘째 아들이다. 홍슈취안은 '상제^{上帝, 하느님}를 믿으면 태평천국이 온다. 누구나 평등한 세상이 온다.'라고 설파한다. 소작농, 천민, 재야 지식인 등이 모이고, **배상**

재회라는 조직도 만든다. 배상재회는 하느님을 참배하는 모임이다. 그들은 공자상을 부수고 사찰을 파괴했다. 또한 꿈속 요괴인 만주족 청나라를 몰아내려 했다. 배상재회는 세력을 불린 뒤 난징을 점령한다. 그리곤 난징을 새로운 수도로 정하고 **태평천국**을 세운다. 태평천국은 13년 동안 중국 남부 대부분을 차지한 왕조다. 태평천국은 홍슈취안 아래 집단지도체제를 유지했다. 하지만, 이게 부메랑이 되어 분열하게 된다. 또한, 서양의 지지를 얻는 데도 실패한다. 서양 입장에선 타락한 청나라를 살려두는 게 더 유리하다고 판단했기 때문이다. 결국 내부 분열과 지도층 타락 등이 더해져 청나라 정부군에 함락되어 사라지고 만다.

서태후의 권력욕

서태후1836~1908년는 청나라 말기 황제함풍제의 후궁이다. 후궁이지만 황제를 3명이나 바꿔가면서 48년간을 통치했다수렴청정. 서태후자희태후는 서쪽 궁궐에 거주해서 불린 이름이다. 정실부인은 **동태후**자안황태후로 불렸는데 동쪽 궁궐에 거주해서였다. 서태후는 후궁임에도 황제 함풍제1831~61년의 총애를 입고 득남을 했다. 동태후나 다른 후궁들은 아들이

그림 29 서태후

없었다. 서태후는 함풍제가 요절하자 6살의 어린 아들을 황제로 올리고 아들 대신해 수렴청정어머니 대리 통치을 한다. 그동안 관례와 다른 파격적 행동이었다. 청나라는 어린 황제가 즉위하면 황제의 남자 친척들이 대신해 나라를 운영해 왔다. 하지만, 서태후는 함풍제 동생인 **공친왕**과 손잡고 쿠데타를 일으켜 성공한다. 서태후의 아들은 **동치제**1856~75년인데 이름부터 허수아비 황제임을 알 수 있다. 동치제 뜻이 동태후, 서태후가 동시에 수렴청정한다는 의미이기 때문이다. 정실부인인 동태후는 정치에 관심이 없었기에 서태후가 실질적인 권한을 행사했다. 쿠데타 이후 공친왕은 서태후의 강력한 경쟁자가 되었다. 서태후는 청불전쟁청나라와 프랑스 간 전쟁 패배의 책임을 뒤집어씌워 공친왕의 모든 권력을 빼앗아 간다. 동태후도 20여 년간 괜찮은 관계를 유지했으나, 서태후에게 죽임을 당했다는 설도 있다. 함풍제가 사망하며 동태후에게 은밀히 준 밀지를 서태후가 보게 되면서다. 밀지에는 '서태후가 아들 낳은 위세를 하면 중신들에게 밀지를 보여주고 처단하라'는 내용이었다. 서태후는 독이든 떡을 보내 동태후를 사망케 했다는 것이다. 서태후 아들 동치제는 친모서태후보다 다정다감한 동태후를 더 따랐다. 두 태후가 동치제 황후를 추천했는데, 동태후가 추천한 여성을 황후로, 서태후가 추천한 여성을 후궁으로 들였을 정도다. 동치제는 황제에 오른 뒤 13년 만에 죽게 된다. 이는 어머니인 서태후가 정치 일선에서 물러나야 함을 의미한다. 일설에는 동치제 황후가 임신했다고 한다. 황후가 자녀를 낳으면 **할머니 자격(2세대 차이)**인 서태후는 섭정을 할 수 없게 된다. 서태후는 동치제 황후의 뱃속 아이 대신 당시 4살인 동치제의 사촌 동생을 다음 황제로 택한다. 그 황제가 **광서제**1871~1908년다. 서태후는 광서제의 큰어머니로서 정치를 이어간다.

광서제의 변법자강운동

양무운동1861~94년, 큰바다 양洋, 힘쓸 무務은 서양 문물을 받아들여 부국강병을 이루고자 한 개혁운동이다. 군사적 자강과 경제적 부강을 얻고자 했다. 함풍제 죽음 이후 실권을 장악했던 **공친왕**과 태평천국의 난 진압에 공을 세운 **한인관료**증국번, 이홍장, 좌종당가 중심이 되어 추진되었다. 양무운동은 동치제1856~74년에서 시작해 광서제1871~1908년 재임 시기까지 행해졌다. 군수산업을 시작으로 교육, 교통, 광공업 등 분야로까지 확대되었다. 하지만, 공친왕이 서태후 견제를 받아 추락한 뒤, 양무운동 개혁세력은 중앙권력의 핵심을 장악하지 못한다. 서구 열강의 잇따른 침략도 자강운동을 어렵게 했다. 청불전쟁1884~85년, 청일전쟁1894년 등에서 지면서 양무운동은 실패로 돌아갔다. 이러한 가운데 일본의 메이지 유신을 벤치마킹해 개혁을 추진코자 하는 세력이 있었다. 캉유

그림 30 광서제

웨이, 량치차오가 주도하는 **변법자강운동(무술변법)**1898년이다. 변법자강운동변할 변變, 법 법法, 스스로 자自, 굳셀 강彊은 양무운동에서 중시한 산업, 기술 분야뿐만 아니라, **정치, 사회까지 근본적인 개혁**을 원했다. 캉유웨이는 광서제에게 개혁 내용을 담은 상서를 보내고, 광서제가 이를 읽고 끌리게 된다. 당시 광서제는 이름뿐인 황제로, 실권은 서태후에게 있었다. 광서제는 변법자강운동이 서태후 세력에게서 벗어날 절호의 기회로 판단했다. 광서제 나이 23살 때 일이다. 광서제는 구시대 인물들인 서태후 세력을 파직하고 개혁파 관리들을 앉힌다. 위기감을 느낀 서태후 측은 정변(무술정변)을 일으키고 광서제를 감금한다. 결국 변법자강운동은 103일 만에 막을 내린다. 그 후 광서제는 감금된 채 살다가 서태후 죽음 하루 전에 죽는다. 서태후에 의해 독살된 것으로 추정된다. 서태후는 광서제 동생의 아들인 3살 푸이를 황제로 지명한다. 그가 청나라 마지막 황제인 **선통제**다.

의화단과 배상금

의화단은 청나라 말 비밀결사 종교단체다. 의화권무술권법을 익히면 칼과 총을 맞아도 산다는 말도 안 되는 논리였지만 어려워진 살림에 농민들이 대거 의화단에 가입했다. 의화단의 주된 주장은 청을 도와 **서양을 몰아내자**는 것이었다부청멸양(扶淸滅洋). 기독교인들을 죽이고, 서양식 시설교회, 철도, 학교 등을 파괴했다. 아편전쟁 패배 이후 청나라에 기독교가 허용되며 청나라 곳곳에 교회가 세워졌었다. 기독교에 대한 반감이 팽배했던 시절이었다. 중국 전통 파괴와 중국 식민지화에 대한 두려움도 컸다. 청나라 사람들의 서양인에 대한 반감은 갈수록 커졌었다. 산둥지역에서 시작된 의화단 운동은 베이징으로 확대되었다. 외국 공사관 지역을 포위하고 서양세력을 몰아내려 했다. 서양 대표단은 의화단 진압을 청나라에 요구했었다. 그런데 **청 정부는 의화단을 지지**하고 **서양에 선전포고**를 했다. 이에 8개 나라미국, 영국, 프랑스 등는 연합해 의화단을 진압하게 된다. **의화단 사건**1899~1901년 이후 청나라는 '신축조약'을 맺고 막대한 **배상금**을 물어야 했다. 무려 39년이나 배상금을 나눠서 주는 걸로 말이다. 의화단 사건 이후 1차 대전이 발발하면서 중국은 연합국 측에 속해 전쟁에 참여한다. 연합국 측이 참전 조건으로 의화단 사건 배상금을 5년간 미뤄주기로 하면서다. 여기에 연합국 측이 1차 대전에 승리하면서 **중국도 승전국**이 되었다. 1차 대전 패전국 독일, 오스트리아에 대한 배상금을 면제받게 된다. 연합국 측 일부 나라는 배상금 일부를 돌려주기도 했다. 또한, 일본이 중일전쟁을 일으키면서1937년 중국은 일본에 대한 배상급 지급을 중단하게 된다.

신해혁명

신해혁명은 쑨원 등 혁명파가 청나라를 멸망시키고 공화제국민대표를 뽑아 정치를 만들기 위해 싸운 혁명이다. 그 출발은 '철도'에서부터다. 청나라는 청일전쟁에서 패하고 철도의 중요성을 깨닫는다. 광활

한 중국 대륙에서 철도를 통해 대규모 병력을 신속히 이동할 수 있기 때문이다. 하지만, 중국 내 철도건설은 지지부진했다. 자금력과 기술력 부족 때문이었다. 청 정부는 민영으로 추진하던 철도건설을 국유화하기로 결정한다. 청 정부는 민간으로부터 헐값에 철도 부설권을 빼앗았다. 철도를 부설하고 영업이익이 나면 그때 부설권 가치에 대한 보상을 해주겠다고 하면서 말이다. 청 정부는 서양에 돈을 빌려 중국 내 철도건설을 완성하고자 했다. 국민들은 서구열강에 나라를 팔아먹는다는 배신감을 느꼈다. 결국 이에 반발해 쓰촨성에서 대규모 반대운동이 일어난다. 청 정부는 군대를 파견해 제압하려 한다. 중국 우창지금의 우한에선 쑨원손문(孫文)의 혁명세력이 무장봉기까지 하게 된다. 이를 **우창봉기**라 부른다. 봉기일은 1911년 10월 10일로 대만은 10월 10일을 중화민국 건국일인 **쌍십절**로 기념하고 있다. 당시 우창에는 중국의 서양식 정예부대가 주둔하고 있었다. 쑨원의 혁명조직은 10월 16일을 봉기일로 정했다만, 주요 명단이 사전에 유출된다. 이로 인해 10월 10일 공병대500명 중심으로 봉기를 일으킨다. 혁명군은 우창을 점령한다. 이후 중국 24개 성 중 17개 성에서 혁명세력의 무장봉기가 일어난다. 신해혁명이 본격화되자 미국에 있던 **쑨원**이 중국에 돌아온다. 혁명세력은 쑨원을 임시 대총통으로 임명하고 난징에서 중화민국 수립을 선언한다. 하지만, 쑨원은 초대 대총통 자리를 베이징 군벌인 **위안스카이**원세개에게 양보한다. 쑨원 세력은 군사력이 부족했기에 군벌세력과의 정치적 타협이 필요했다. 위안스카이 군대가 버티고 있는 한, 청 황실을 타도하긴 어렵다는 판단에서였다. 위안스카이는 청의 마지막 황제 선통제푸이를 자리에서 내리고, 청나라는 그렇게 멸망한다1912년.

쑨원 삼민주의

쑨원1866~1925년은 국민당을 만든 중국 혁명가다. 광둥성에서 가난한 농부의 아들로 태어났다. 광둥성은 홍콩, 마카오와 인접해 쑨원은 어려서부터 서양 문화를 접할 기회가 많았다. 쑨원은 어린 시절 형을 따라 하와이로 가 서양문물을 배웠다. 이후 홍콩에서 서양의학을 배우고 외과의사가 된다. 하지만, 청 황실의 무능함에 의사를 관두고 해외로 나가 반청 혁명을 준비한다. 해외 화교들의 자금을 모아 혁명을 도모했다. 그는 '중국동맹회'를 조직하는데, 주된 목표는 청 왕조를 멸망하게 하고 중국 근대화를 이루는 것이었다. 일본 도쿄에 본부를 두게 되고 본부의 정치체계를 **삼권분립(입법부, 사법부, 행정부)**화했다. 미국의 삼권분립 제도를 참고해 본부에 총리, 그 아래 집행, 평의, 사법 3부를 두었다. 쑨원은 정치철학으로 **삼민주의**를 주창한다. 삼민주의는 **민족주의, 민권주의, 민생주의**다. 민족주의는 민족이

그림 31 쑨원

하나로 뭉쳐야 한다는 것, 민권주의는 자유평등에 근간한 국가 건설, 민생주의는 경제적으로 평등한 사회 건설을 칭한다.

『아큐정전』

중국 현대문학의 아버지 **루쉰**1981~1936년은 원래 일본에서 의학 공부를 하던 유학생이었다. 일본에서 중국인의 무력함을 겪고서는 공부를 접고 중국으로 돌아간다. 중국인의 병든 정신을 치료하는 게 먼저라는 생각 때문이었다. 그는 메스 대신 펜을 들었다.『아큐정전』,『광인일기』등 중국에 대한 현실 비판적인 소설들을 남겼다.『**아큐정전**阿Q正傳』1921년은 아큐의 삶을 전기형식으로 쓴 소설이다. 신해혁명 직후 중국 농촌 마을을 배경으로 한다. 중국 민중의 **무지몽매한 삶**을 신랄하게 비판하고 있다. 주인공 **아큐**는 중국 시골에서 날품팔이로 살아간다. 근대 초기 중국 민중의 전형적인 얼굴이다. 아큐는 남을 생각하지 않는 아집, 권력에 굽신대는 비겁함도 갖췄다. **현실을 외면한 채 자기만족에 살아간다.** 루쉰은 아큐를 무시하는 농민들도 어리석게 그리고 있다. 그들 모두 **시대 변화를 깨닫지 못하는 우매한 중국인**의 모습을 투영하고 있다. 그동안 중국 소설은 영웅담이 대부분이었는데, 루쉰은 보잘것없는 인물인 아큐로 무능한 중국 현실을 풍자했다.

아큐는 마을 사람들에게 무시를 당하면서도 자신은 대단하다고 생각한다. 강한 자에게는 굽신대고 약한 자에게는 못되게 굴기도 한다. 마을 지주인 조씨 가문과 같은 혈족임을 자랑하다 허풍만 떤다고 곤욕을 치르기도 한다. 털보 사내와 싸움에서 일방적으로 맞으면서도 '군자는 손을 쓰지 않고 말로 한다'라고 떠든다. 조씨 가문의 하녀를 추행하다 걸려 마을을 떠나기도 한다. 아큐는 도박으로 돈을 모두 잃자 자기 뺨을 스스로 때린다. 남을 때린 기분이 들어 이긴 듯한 감정을 느낀다. 이런 모습은 현실감각을 잃고 무능함에 빠진 중국의 현실을 반영한다. 수천 년간 중화사상중국 최고에 젖다 보니 자신의 패배를 인지 못 하는 **중국의 자기위안**이다. 신해혁명이 일어나던 해1911년 아큐가 사는 마을에 혁명당이 들어온다. 벌벌 떠는 마을 사람들을 본 아큐는 자신이 혁명당원이라고 떠벌리고 다닌다. 조씨 가문이 그의 허풍에 놀라니 더 기세등등해졌다. 하지만, 조씨 가문은 혁명당과 손을 잡고 자신들의 지위를 유지한다. 이후 조씨 가문 집안의 재물 강탈 사건이 일어나자, 아큐는 누명을 쓰고 주동자로 몰린다. 아큐는 자신이 범인이 아니라고 했지만, 글을 몰라 **자백서에 동그라미 서명**을 하고 총살을 당한다. 민중의 무지로 인한 비극적 죽음이 당시 중국을 반영한 건 아닐까.

2-16

전쟁 배상금 비즈니스의 시작, 메이지 유신

사무라이

12세기부터 19세기까지 일본은 **사무라이** 무사가 세상을 지배했다. 명목상의 **천황**(덴노)이 있지만 허수아비였다. 사농공상 지배계급 구조의 맨 위가 선비선비 사士가 아닌 사무라이무사 사武였다. 일본 내 맨 위의 사무라이를 **쇼군**대장군이라 했고, 쇼군이 있는 곳을 막부라 했다. 막부는 '장군의 천막' 정도 되겠다. 쇼군이 있는 중앙정부인 막부 아래에는 260여 개의 지방으로 나뉜 번이 있다. 번을 다스리는 건 **다이묘**라 했는데, 땅을 가진 봉건영주다. 쇼군과 다이묘 각각 사무라이를 고용했다. 쇼군과 다이묘도 사무라이였다. 막부와 번을 합쳐 막번체제라고 한다. 교토에 천황을 가둬두고 막부의 쇼군이 실질적인 지배자로서 살았다. 가마쿠라 막부1192~1333년, 무로마치 막부 1338~1573년를 거쳐 메이지 유신 전까지 에도 막부1603~1867년가 지배해왔다. 에도는 오늘날 도쿄로 **에도 막부**1603~1868년는 도쿠가와 이에야스 가문이 쇼군을 해왔다. 쇼군과 다이묘는 봉건 농토에서 들어오는 수입으로 사무라이를 고용했다. 사무라이는 농민 등과는 사는 곳도 달리했다. 다이묘의 성 주변에 살았다. 에도 막부는 다이묘들의 반란을 막기 위해 **산킨코다이**참근교대제를 운영했다. 다이묘를 격년마다 1년씩 에도에 머무르게 했다. 번으로 돌아갈 때는 처자식을 에도에 볼모로 놓고 가야 했다. 여기에 더해 쇄국정책도 펼쳤다. 나가사키 인공섬 데지마만 네덜란드인들에게 열어주는 걸 빼고는 말이다.

도쿠가와 이에야스

1)무로마치 막부 혼란기인 **센고쿠시대**전국(싸울 전戰, 나라 국國)시대, 15세기 중반~16세기 말를 거의 평정한 건 **오다 노부나가**다. 2)그가 부하 장수에게 살해당하고 그 빈자리를 노부나가의 부하인 **도요토미 히데요시**가 차지했다. 출신 성분도 낮고 어쩌다 보니 쇼군이 된 터, 일본 내 반발을 임진왜란으로 돌린다. 3)도요토미에게 밀린 **도쿠가와 이에야스**는 '도요토미 히데요시의 성'인 오사카에서 먼 에도도쿄 촌구석으로 쫓겨난다. 임진왜란도 참전하지 않고 와신상담했다. 그런데 이게 신의 한 수였다. 임진왜란이 끝나고 가장 강력한 세력으로 부상했다. 도요토미 히데요시의 아들 히데요리를 오사카성에서 물리치

고 천하를 통일했다. 일본에는 이런 이야기가 있다. 손안의 새가 울지 않을 때 1)다혈질에 성격 급한 오다 노부나가는 즉시 죽여버린다. 2)꾀 많은 도요토미 히데요시는 어떻게든 울게 만들고, 3)느긋한 도쿠가와 이에야스는 새가 울 때까지 기다린다는 것이다. 최종 승자는 도쿠가와 이에야스였다. 허나, 이 에도 막부도 시간이 흘러 메이지 유신에 무너졌다.

메이지 유신

메이지 유신명치유신, 1868년은 메이지 천황 시절 벌어진 1)왕정복고 쿠데타와 그 이후 벌어진 2)일본판 산업육성을 말한다. **메이지**(명치밝을 명明, 다스릴 치治)는 밝은 곳을 향해 다스린다, **유신**버릴 유維, 새 신新은 낡은 제도를 새롭게 고친다는 의미다. 일본은 서양과 교역을 하며, 처음엔 빗장을 거세게 닫았지만, 몇 차례 두들겨 맞는다. 서양을 이길 수 없다면 차라리 서양처럼 되자며 천황 중심으로 뭉친다. 그동안 변방에 머물던 천황을 교토에서 도쿄로 모셔 온다. 대신에, 그동안 일본 권력의 중심이던 사무라이 시대는 저문다. 이런 일련의 과정이 메이지 유신이다. 유신세력은 **만세일계**萬世一系, 온 세상이 천황의 한 핏줄 사상을 강조했다. 막부만 바뀌었을 뿐, 천황의 핏줄이 2천 년 이상 이어져 왔다는 것이다. 천황 아래 모든 신민은 평등하다며 천황 명령이면 무엇이든 한다는 의식도 심어줬다. 모든 구심점을 천황으로 집결했다. 허수아비였던 천황의 인생 대역전이다. 천황 중심 강력한 국가를 만들기 위해 봉건영주 제도인 번을 폐지했다. 대신에 중앙집권 통치방식인 현으로 개편했다. 현에는 정부관리를 파견해 다스리게 했다. 대신에 기존 다이묘는 도쿄로 불러들인다. 천황은 서양인처럼 머리를 짧게 자르고, 서양식 제복을 입는다. 또한, 육식을 장려하기에 이른다. 원래 불교국가인 일본은 육식을 금지해 왔다. 종교인들 반발에도 불구하고 육식을 밀어붙인다. 저항감을 줄이기 위해 고기전골 요리도 먹기 시작한다. 메이지 유신으로 평민도 성을 갖게 되었다. 그전까지는 귀족, 무사만 성을 가졌었다. 주민등록, 납세, 징병을 위해 성씨를 급조했다. 한꺼번에 수많은 이들의 성을 짓다 보니 대충 지은 경우들이 많았다. 예를 들면, 산 아래 집이 있는 사람은 야마시타(山下), 산기슭에 사는 사람은 야마모토(山本), 밭 가운데 사는 사람은 다나카(田中), 다나카 씨족마을은 나카무라(中村)다. 그 결과 일본은 성씨만 10만 개가 넘는다 한다. 이름 대신 성씨만 불러도 구분이 될 정도다.

존왕양이

메이지 유신의 출발은 **쿠로후네(흑신)**로부터다. 미국 '매튜 페리 제독'의 증기군함이 도쿄만 입구에 도착했다[1852년]. 미국은 최대 포경[고래잡이] 국가였다. 석유가 나오기 전 고래기름은 가로등에 쓰였다. 미국은 포경선 기항지 및 보급기지로 일본이 필요했다. 당시 일본 배는 100톤급 정도가 최대치였는데, 2,500톤급 증기선을 보고 공포감

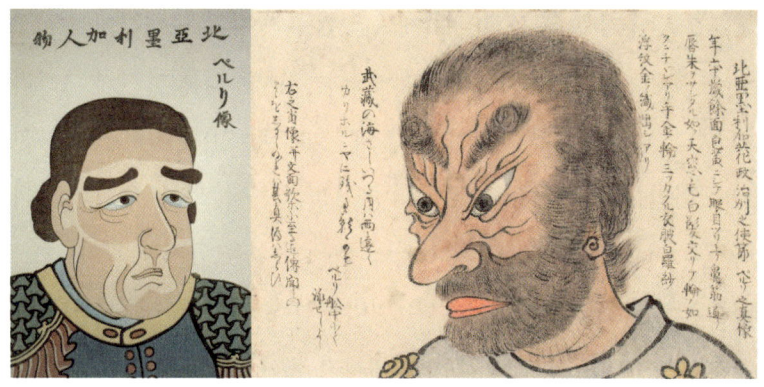

그림 32 미국 페리 제독(상반된 이미지 그림들), 오른쪽 얼굴은 두려움에 그린 얼굴

을 느꼈다. 일본인들이 쿠로후네라 부른 이 증기선에 에도 막부는 힘없이 항복했다. 일본은 최초로 미국과 불평등 통상조약을 맺는다. 1)일본 내 항구를 열고, 2)일본 내 미국 영사재판을 인정하고, 3)일본 관원은 무역에 간섭하지 않는다는 조건이었다. 이후 다른 서양 열강과도 같은 내용으로 통상조약을 맺는다. 서양에 굴복하는 무능한 막부에 대한 반감도 커지게 되었다. 당시 천황은 서양의 일본진입에 반대했었는데, 이런 천황의 의견을 무시했다는 반발도 있었다. 여기에 앞장선 사상가가 **요시다 쇼인**1830~59년이다. 학교를 세우고 자신의 사상을 가르쳤는데 이토 히로부미 등 제자들이 메이지 유신의 주축이 되었다. 그는 일본이 서양처럼 강해져서 해외 정벌을 해야 하고, 그 일환으로 조선을 점령해야 한다는 **정한론**칠 정征, 나라 한韓, 논할 론論을 주장했다. 이 이론은 일본의 식민지 이론의 배경이 되었다. 결국, **존왕양이**尊王攘夷 사상이 싹트게 된다. 천황을 받들어(존왕) 오랑캐서

양를 물리치자는(양이) 것이다. 천황을 너무 받들다 보니 천황이 죽으라면 진짜 죽었다. 잘못돼도 한참 잘못된 생각이다.

일본의 서양화

막부에 대항하는 중심에는 시모노세키가 있는 **조슈번**야마구치현과 가미카제 특공대가 있었던 **사쓰마번**가고시마현이 있다. 에도 막부 시대, 에도에서 멀수록 막부에 대한 충성도가 낮았다. 일부러 도요토미 세력 등을 에도에서 먼 곳의 다이묘로 내보냈다. 그래서일까, 에도에서 먼 조슈와 사쓰마에서 메이지 유신 주도세력이 나왔다. 처음에는

그림 33 조슈번, 사쓰마번

서양을 물리치자는 양이사상攘夷이 중심이었다. 그런데 조슈번과 사쓰마번이 프랑스와 영국 등에 몇 차례 처참히 패하고 나서 생각을 바꾼다. 서양을 이길 수 없다면 서양의 문물과 무기를 받아들이기로 한다. 무능한 막부도 서양식 군대로 무찌르기로 했다. 서양식 총기, 대포, 군함 등을 본받기 위해 노력했다. 제철소도 만들고 서양식 무기 도입은 물론 군사교육, 중공업 육성, 군함 제조에도 힘을 쏟는다. 심지어 막부 눈을 피해 영국 등에 청년들을 보내 서양 문물을 배우고 오게 했다. 메이지 유신 이후에는 **이와쿠라 사절단**1871년을 구성해 미국, 유럽 등을 20개월가량 돌아다니며 서양을 답습했다. 결론은 군사제도를 개혁하고 강한 국가로 커나가는 것이었다. 이를 위해 철도 건설, 광산 개발을 통한 제철소, 조선소, 기계공장 등을 세우고 군수산업을 급속도로 키워나갔다. 이때부터 미쓰비시, 미쓰이 등의 일본 굴지의 대기업들이 군수산업을 기반으로 발전해 나간다. 중국도 **양무운동**큰바다 양洋, 힘쓸 무務을 통해 서양문물을 받아들이려 노력했다. 하지만 일본과 달리 실패한 이유는 정권이 바뀌지 않아서였다. 일본이 메이지 유신을 통해 막부라는 지도층이 사라지고 새로운 정치세력유신세력이 서양식으로 바꾼 반면, 중국은 청나라가 유지된 채 혁신을 시도하다 보니 실패했다.

전쟁 비즈니스

군사 공업화를 이룬 일본은 전쟁 비즈니스에 눈을 뜬다. 전쟁에서 이긴다면 배상금으로 금방 부자 될 수 있음을 알게 된다. 일본의 첫 번째 침략전쟁 희생자는 대만이었다. 대만에 표류한 류쿠 왕국 오키나와인들이 살해당한 걸 핑계로 대만을 침공했다. 침공 결과, 청나라는 일본에 배상금약 67만 엔을 건넸다. 그 후 청일전쟁1894년, 러일전쟁1904년, 세계 1차 대전1914년까지 10년 단위로 큰 전쟁을 치른다. 청일전쟁에서 이긴 일본은 3억 6천만 엔을 배상금으로 받았다. 대만 침공 당시와는 비교도 안 되는 금액이다. 당시 일본 국가 예산의 3~5년 치이니 남는 장사였다. 1억 8천만 엔을 쓰고 투자 대비 200% 수익을 얻은 셈이다. 이 돈을 일본은 전쟁 관련 투자에 또 쓴다. 러일전쟁에는 20억 엔의 돈을 쏟아붓는다. 이 중 외채외화채권는 12억 엔이었다. 전쟁에서 이긴 듯한 일본이지만, 러시아로부터 배상금을 한 푼도 못 받았다. 결국 12억 엔 채무국으로 전락했다. 그 위기를 1차 대전에서 승전국인 영국 편에 서며 만회했다. 일본은 모든 걸 전쟁으로 풀어나간다. 시베리아 주둔1918~22년, 만주사변1931년, 중일전쟁1937년, 대동아전쟁1941년까지 일본 군국주의는 위기마다 전쟁 비즈니스로 해결하려 했다. 군국주의는 강한 군사력을 국가의 주된 목표로 삼는 사상이다. 전쟁에서 이긴다면 배상금으로 금방 부자 될 수 있다는 잘못된 망상이기도 하다.

야스쿠니 신사

야스쿠니 신사는 원래 내전으로 사망한 정부군 군인을 모시는 초혼

사로 시작했다1869년. 이후 평화로운 나라라는 뜻의 야스쿠니로 이름을 바꾼다1879년. 2차 대전 A급 전범 14명을 합사함께 제사하면서 군국주의 상징이 되었다. 그중 한 명이 도조 히데키다. 육군 대장 출신으로 일본 총리까지 올라 태평양전쟁을 일으킨 장본인이다. 2차 대전 난리 속 독일이 프랑스를 점령한다. 독일 동맹군인 일본도 프랑스 식민지인 인도차이나반도베트남를 점령한다1940년 9월. 이전에 일본은 중일전쟁1937년 중 중국 수도 난징에서 30만 명의 민간인을 학살했다난징대학살. 이에 미국은 일본에 **석유 수출 금지조치**를 취했다1941년 8월. 당시 일본은 석유를 미국에 의존했는데, 전쟁을 치를 수 없는 수준에 이른다. 미국은 석유 수출 재개 조건으로 1)인도차이나반도에서 물러날 것, 2)중국과 전쟁 중단을 제시했다. 일본 육군은 미국과 협상하려는 당시 총리고노 후미마로를 암살 시도로 물러나게 하고, 그 자리에 도조 히데키가 앉는다. 그리곤 충격요법으로 하와이 진주만을 기습공격한다. 당시 미국의 경제력이 일본보다 12배나 컸음에도 일본은 도발을 했다. 전쟁 배상금을 받기 위한 무모한 군국주의란 그래서 무서운 거다. 영화 〈미드웨이〉는 2차 대전 당시 태평양전쟁의 전환점이 된 미드웨이 해전을 그리고 있다. 일본의 진주만 공격이 있은 지 6개월 뒤 미드웨이 해전이 발발했다. 바다에서 우위를 점해온 일본 해군은 이 해전 패배 이후 주도권을 미국 측에 내어주게 된다.

2-17

데지마와 나비 부인 그리고 군함도

데지마

에도 막부 초기, 막부는 대외무역 통제를 한다. 무역이 활발해지고 상공업이 발전하면, 농업 기반 봉건제가 무너질 걸 우려했다. 또한 무역에 종사하는 서쪽 지방의 다이묘^{영주}들이 막강한 경제력과 군사력을 보유하는 것도 막아야 했다. 막부의 통제하에 무역을 관리할 필요가 있었다. **에도 막부만이 교역이익을 독점**하길 원했다. 또한 에도 막부는 **가톨릭을 금지**했다. 오나 노부가나가 허용한 '포르투갈 선교사의 가톨릭 포교'를 금한 것이다. 오나 노부가나는 일본 통일에 장애가 되는 기득권 불교세력 견제와, 규슈 지역 가톨릭 다이묘들을 우호세력으로 삼기 위해 가톨릭 포교를 허락했다. 하지만,

그림 34 데지마(오른쪽 상단 네덜란드 국기가 있는 부채꼴 모양의 지역)

가톨릭이 하느님을 믿고 이교도를 반대하면서 문제가 생긴다. 이는 곧 천왕체제를 부정하는 요소이기도 했다. 이를 위해 쇄국의 일종인 '해금바다 해海, 금할 금禁정책'을 취한다. 바다를 막아 체제를 유지코자 함이었다. 선교사 활동에 깊이 관여해 있던 스페인 선박 내항도 금지한다1624년. 정부 허가 선박 외에 일본 상선의 해외 출항을 금지했다1633년. 일본인의 해외 출항과 재외 일본인의 귀국도 금지했다1635년. 유럽 선박의 기항지는 나가사키와 히라도나가사키 북서부 섬로 한정했다. 일본 내 기항지에서는 포르투갈을 시작으로 네덜란드, 영국이 교역을 시도했다. 영국은 상관장콕스이 불화를 일으킨 데다 인도에 집중하기 위해 상관을 폐쇄했다1623년. 일본은 나가사키 항구 입구에 **데지마(出島)라는 인공섬**을 만들었다.¹⁶³⁶년. 일본에게 조총 등을 소개해 준 포르투갈인들을 데지마로 옮기게 해 일본인과 접촉을 제한했다. 데지마는 길이 180m, 폭 60m의 크지 않은 부채꼴 모양의 인공섬이었다. 현재 데지마는 나가사키 항구 근처의 육지 땅이다. 인공섬 근처를 매립해 육지화했다. 막부의 가톨릭 금지에도 가톨릭 신도들의 단결력은 강했다. 결국 가톨릭 신자를 중심으로 **시마바라·아마쿠사 난**이 일어난다. 원인은 '시마바라'와 '아마쿠사' 다이묘의 과도한 세금징수, 가톨릭 신도에 대한 탄압이었다. 3만여 농민의 난을 막부는 진압했지만, 가톨릭에 대한 경계심은 커진다. 결국 가톨릭 포교를 해온 **포르투갈 선박 내항을 금지**하게 된다.¹⁶³⁹년.

포르투갈과 일본의 교역

포르투갈의 일본과 교역은 우연이었다. 중국으로 향하던 포르투갈 상인이 탄 범선이 일본 규슈섬 남쪽 다네가시마種子島에 나타난다 ¹⁵⁴²년. 심한 폭풍에 따른 항로 이탈이다. 유럽인의 최초 일본 방문이기도 하다. 다네가시마 도주는 포르투갈 선원의 **소총**을 처음 접한다. 이후 소총은 다이묘들의 소유 욕구를 자극했다. 일개 다이묘였던 오나 노부나가는 이 소총으로 전국(戰國)시대 일본을 평정해 나갔다. 덕분에 포르투갈은 일본과 무역을 이어 나갈 수 있었다. 포르투갈인들은 **인도 고아, 말라카, 마카오를 거쳐 나가사키**로 이어지는 무역로를 만든다. 하지만, 일본의 문을 처음 연 포르투갈인들의 무역활동을 가톨릭 포교로 인해 막부가 더 이상 용인하지 않게 된 거다.

네덜란드인 데지마

막부는 포르투갈인이 떠난 이후 히라도에 있던 네덜란드 상관을 데지마로 옮기게 한다. 가톨릭으로 인해 신교국가 **네덜란드가 데지마 최종 무역업자**가 된다. 에도 막부는 쇄국정책 속에서도 데지마만은 교역을 위해 열어 놨다. 일본과 무역관계를 맺은 건 네덜란드 국가가 아닌 **네덜란드 동인도회사**다. 수익이 최우선인 '회사'이기에 포교에 관심이 없었다. 유럽과 독점적 교역을 원하되, 가톨릭을 배척하고픈 막부 의중에 딱이었다. 17~19세기 중엽까지 일본의 권력층은 데지마를 통해 세계를 파악하고 근대문물을 받아들인다. 네덜란드는 데지마를 통해 **일본산 은과 도자기** 등을 수입해 갔다. 조선에서 유입한 은 제련술과 도자기 기술을 활용한 것이었다. 데지마는 미일 화친조약 1854년으로 일본이 강제로 개항될 때까지 유럽과의 무역을 독점했다.

난학과 풍설서

데지마에는 유럽 상품뿐만 아니라 **네덜란드 서적**들이 수입되었다. 일본인들은 네덜란드의 다른 이름인 홀랜드(Holland)를 화란화할 화和, 난초 란蘭이라 했다. 네덜란드 학문을 화란의 학문이라 하여 **난학(난가쿠)**蘭學이라고 불렀다. 데지마를 출입하던 일본인들은 서구 의학을 접한다. 일본인 의사 스키타 겐파쿠는 네덜란드 의학서를 보고 해부를 해보곤, 일본어 해부학 책『해체신서』을 낸다. 서구 의학으로부터 시작된 난학의 전파는 점차 일본 사회에 퍼져간다. 에도 막부는 데지마 네덜란드인들을 1년에 한 번씩 불러 국제 정세를 파악하곤 했다. 네덜란드 상관은 막부 우두머리인 쇼군장군(將軍)에게 **화란풍설서**를 전달했다. 풍설서바람 풍風. 말씀 설說. 글 서書는 네덜란드 상인들이 전 세계에서 수집한 국제 정세 보고서였다. 덕분에 에도 막부는 쇄국정책에도 국제적인 흐름을 간파할 수 있었다.

오페라 나비 부인

서양 열강에 의해 개항된 일본 나가사키에는 서양인들이 물밀듯 들어왔다. 일본 게이샤기생들은 이들을 상대로 영업을 했다. 그중 일부는 서양인들과 같이 살고 애도 낳는다. 하지만, 남자가 혼자 자기 나라로 가버린 뒤 버림받는 경우가 생겨 사회문제가 된다. 미국 잡지 〈센추리 일러스트레이드〉에 게이샤 관련 소설이 연재되며 인기를 얻는다. 미국 작가 는존 루터 롱 나가사키 선교사의 아내였던 누나가 전해준 이야기들을 근거로 소설을 썼다. 소설이 인기

그림 35 나비 부인 초연 포스터

를 얻자 연극으로도 만들어지고 연극이 런던까지 진출한다. 런던에서 공연을 본 **자코모 푸치니**Giacomo Puccini, 1858-1924년는 이 연극을 오페라로 만들어 보고자 한다. 푸치니가 활동하던 19세기 말~20세기 초 유럽에선 이국적인 문화에 대한 호기심이 있었다. '오페라 나비부인'은 이탈리아 밀라노라 스칼라 극장에서 첫선을 보인다.

나가사키 항구가 내려다보이는 언덕 위 일본식 집, 미국 해군 장교 **핑커튼은 나비**라는 뜻의 게이샤 **초초와 혼례**를 치른다. 초초는 아버지가 할복자살하고 집안이 몰락해 15살에 게이샤가 되었다. 초초는 같이 살기 위해선 결혼을 고집했다. 핑커튼은 초초의 말을 계약결혼 정도의 장난으로 치부했다. 초초는 진심으로 결혼에 임했고 기독교로 개종까지 한다. 나가사키 영사샤플레스는 핑커튼에게 초초의 진심에 신중하라 충고하나, 핑거튼은 허투루 듣는다. 이윤과 쾌락만을 추구하는 핑커튼은 미국으로 돌아가면 결혼할 미국 약혼자케이트가 있었다. 이후 핑커튼은 미국으로 떠나고 3년이란 시간이 흐른다. 아무런 연락이 없는 핑커튼을 초초는 하염없이 기다린다. 그 사이 **핑커튼은 케이트와 결혼**을 한다. 이 사실을 알려주려 미국 영사는 핑커튼의 편지를 전해주려 하지만 차마 진실을 알려주지 못한다. 핑커튼은 부인인 케이트에게 나가사키에 아들이 있음을 고백한다. 이에 케이트는 아들을 데려와 키우자 한다. 일본에선 부자로부터 초초에게 결혼 요청이 들어온다. 하지만, 초초는 기혼 여성에게 청혼한다며 구애를 거절한다. 드디어 핑커튼이 나가사키에 되돌아온다.

이 소식을 들은 초초는 들떠 그를 맞을 준비를 한다. 하지만 초초에게 나타난 건 핑커튼과 그녀의 아내 케이트였다. 케이트는 친자식처럼 키울 테니 아들을 내놓으라 한다. 이 말을 듣고 초초는 30분 뒤 핑커튼에게 '직접 아이를 데리러 오라'고 말한다. 그리곤 자신의 아들에게 마지막 작별을 고한 뒤, 병풍 뒤로 가서 아버지의 칼로 자결한다. 핑거튼이 돌아와 **버터플라이**나비**를 외치는** 가운데 막이 내린다. 2차 대전 당시 히로시마와 함께 원자폭탄이 떨어졌던 나가사키에는 '글로버 공원'이 있다. 공원 안에는 친일파 스코틀랜드인 토머스 글로버의 주택 등이 있다. 글로버는 메이지 유신을 꿈꾸던 조슈번와 사쓰마번을 지원해 부자가 된다. 이 공원에는 **푸치니의 동상**과 오페라 나비 부인을 담당했던 소프라노미우라 다마키가 오페라 극 중 차림으로 아이를 데리고 있는 동상이 있다.

나가사키 짬뽕

나가사키 하면 짬뽕이 유명하다. 그런데 짬뽕은 일본에는 있지만 중국에는 없는 단어다. 물론 중국에 짬뽕이란 음식도 없다. 짬뽕 어원은 '밥 먹었니?'라는 중국어 치판吃飯의 복건성식 사투리샤번, 챠본에서 유래했다는 의견과, 일본어 찬폰ちゃんぽん, 악기 음이 뒤섞인다는 의미에서 유래했다는 설 등이 있다. 하얀 국물이 특징인 **나가사키 짬뽕**은 19세기 말 일본에서 탄생했다. 나가사키에서 중국음식점사해루, 四海樓을 운영하던 중국 복건성 출신 화교진평순가 만들었다. 그래서 복

건성 요리인 **탕육사면**을 기반으로 한다. 나가사키에 온 가난한 중국 노동자와 유학생들에게 싸고 영양가 있는 음식을 넉넉히 제공하자 했다. 쓰다 남은 채소와 고기 토막에 나가사키 바다 해산물을 볶은 뒤 중화면을 넣고 끓였다. 짬뽕이 우리 인천에서부터 출발했다는 의견도 있다. 중국 산둥성 요리인 **초마면**을 변경시켰다는 것이다. 초마면도 쓰다남은 채소와 고기 토막을 볶다 육수를 부어 국물을 만든다. 임오군란1882년 이후 청나라 군대가 들어올 때 산둥성 상인들이 인천의 중국 조계지에 들어온다. 그들이 초마면을 만들어 먹던 게 짬뽕의 그 시작이라는 것이다. 당시 우리나라 짬뽕도 하얀 국물이었다. 짬뽕에 고춧가루가 들어간 건 1970년대 이후 고춧가루가 보편화 되면서부터다.

라멘

짬뽕과 라멘의 차이 중 하나는 면발 삶기에 있다. 짬뽕은 국물과 함께 면발을 삶는 데 비해 라멘은 면 따로 국물 따로 한다. 라멘의 기원은 중국 **라미엔**(납면끌 납拉, 밀가루 면麵)이다. 납면은 잡아당겨 만든 면이란 뜻이다. 손힘으로만 접어서 반복적으로 길게 면을 늘려 뽑는 수타 방식이다. 17세기 일본에 중국 식문화가 들어오며 라미엔도 알려졌다. 그 이후 점차 일본화 해갔다. 일본 3대 라멘 지역은 후쿠오카 하카타, 삿포로, 기타카타 지역이다. 이 중 하카타 라멘은 돈코스豚骨라고 불리는데, 돼지 국물 베이스다. **쓰케멘**은 국물에 찍어 먹는

라멘이다. 쓰케루つける는 '찍다'라는 뜻이다. 일본 라멘 가게 '다이쇼켄' 직원이 팔고 남은 면을 소바처럼 국물에 찍어 먹던 게 그 시작이었다. 쓰케멘은 국물이 짜므로 살짝만 찍어 먹어야 한다. 반면, 처음에 많은 양의 면을 국물에 넣으면 국물 맛이 싱거워진다.

군함도

군함도의 원래 이름은 하시마끝 端端, 섬 島島다. 멀리서 보면 군함처럼 보인다고 해서 군함도다. 나가사키에서 18km 떨어진 섬이다. 야구장 2개가 조금 넘는 크기다. 원래 작은 섬을 매립해 규모를 더 키웠다. 지금은 폐허가 된 무인도지만 한때는 탄광이었다. **미쓰비시**가 군함도를 사서 바다 밑 석탄을 캐낸다1890년. 석탄이 나오면서 아파트, 학교가 세워지는 등 거주지가 만들어진다. 일본 최초 철근 콘크리트 7층 아파트가 세워지기도 했다1916년. 일본이 군함도를 근대화 상징으로 주장하는 이유다. 미쓰비시는 탄광 개발에 최신 기술을 쏟았고, 석탄 개발 덕에 군함도의 일본 거주자들 삶은 부유했다. '도쿄대 우등생은 하시마로 모인다'라는 말이 나올 정도였다. 1960년 즈음엔 5,000여 명 넘게 살았다. 하지만 석유가 등장하며 석탄산업은 쇠퇴한다. 1974년 탄광이 문을 닫고 섬 주민도 모두 떠나게 된다. 그 뒤 무인도로 방치되고 해풍에 건물이 무너지며 전쟁 폐허처럼 남았다. 일본은 자신들의 산업화 추억의 장소로 군함도를 관광 상품화하고 있다.

2차 대전이 길어지고 일본이 전쟁에 밀리면서 일본 내 탄광, 공장 등에서 일할 노동자가 부족해졌다. 이를 조선의 노동력으로 채웠다. 조선인 강제 노동자들은 군함도에서 지옥 같은 삶을 살았다. 1943~45년 800여 명의 조선인들이 군함도 탄광에서 **강제노동**에 시달렸다. 해저 탄광 일은 위험했다. 1,000m 깊이 해저 갱도를 내려간 뒤 더 깊이 굴속으로 들어갔다. 가장 위험한 일은 조선인들이 맡았다. 12시간 이상 누운 채로 석탄을 캤다. 일본인 광부들은 비교적 안전한 곳에서 일했던 것과 대조적이다. 조선인 노동자는 매몰되거나 질병에 사망하는 경우도 많았다. 임금도 제대로 주지 않아 노예 같은 삶이었다. 섬에서 탈출하려는 시도도 있었고 바닷가에 몸을 던지는 경우도 있었다. 원래는 군함도 섬에 조선 노동자들의 무덤도 있었으나 이를 다른 곳으로 옮겨 없앴다. 일본은 이런 과거사를 감추기 위해 **1850~1910년까지로 한정해 유네스코 세계문화유산 등재**를 신청했다. 일제 말기 일본은 군함도 탄광, 나가사키 조선소, 야하타 제철소기타큐슈 지역 등에 한국인 약 4만 명을 강제 동원했다. 군함도를 포함한 메이지시대 산업유산을 유네스코 세계문화유산에 등재하면서2015년 '한국인 강제노동을 인정하고 희생자 넋을 기리는 전시관을 만들겠다'고 했지만, 이를 제대로 지키지 않고 있다. 1970년 서독 총리빌리 브란트는 폴란드 바르샤바 추모지에서 2차 대전 당시 나치 만행에 대해 무릎을 꿇고 공식 사과한 바 있다. 역사를 잊고 사는 일본인들의 태도에 화가 난다. 섬나라 일본은 왜 과거사에 무릎 꿇지 못하는 걸까!

2-18

영국인과 네덜란드인 간 다이아몬드를 놓고 싸운 보어전쟁

다이아몬드

영국 왕은 매년 가을 영국 의회 개원식에 참석해 연설을 한다. 이때마다 다이아몬드가 2,868개나 박힌 왕관을 쓴다. 그중 압권은 3,106캐럿짜리 원석 조각이다. 1905년 남아프리카 광산에서 발견된 것을 영국 왕 에드워드 7세 생일선물로 보냈고, 9조각으로 나눴는데 그 조각 중 하나다. 참고로 보석 '질량단위'로는 캐럿을 쓴다. 보석 200mg이 1캐럿

그림 36 성 에드워드 왕관

이다. 금의 순도 기준으로도 쓰이는데 24k라 말하는 24캐럿이 순도 100% 순금이다. 1492년 유대인이 스페인에서 추방당할 때 가지고 나온 게 보석류다. 금괴를 가져 나가면 사형당하기에 보석을 들고 나왔다. 유대인들은 스페인을 떠나 **앤트워프**벨기에 땅에 정착하고 보석 장사부터 했다. 이전엔 귀족이나 성직자 예복의 장식품 정도였으나, 유대인들이 거래하면서부터 교환가치가 빛나게 되었다. 유대인들은 당시 유일한 다이아몬드 산지인 인도에서 원석을 가져다가 가공했다. 지금도 앤트워프는 유럽 최대 다이아몬드 유통지이다. 다이아몬드가 예물로 사용된 건 합스부르크 왕가 막시밀리안 1세와 부르고뉴 공국 마리의 결혼식에서부터다. 이후 왕족과 귀족 결혼식에 다이아몬드 반지를 주고받는 문화가 생겼다. 단단한 다이아몬드처럼 결혼생활이 영원하길 빌면서 말이다. 한때 유럽에서는 다이아몬드를 왕족과 귀족만 소유할 수 있도록 규제했다. 17세기 말 다이아몬드 컷팅 기술브릴리언트컷이 발명되고, 가치가 더 빛나게 되었다. 많은 이들이 다이아몬드를 가질 수 있게 된 건 19세기 이후다. 남아프리카 공화국에서 다이아몬드가 발견되고 나서부터다.

케이프 식민지

[1]15세기부터 인도로 가려는 포르투갈인들을 시작으로 유럽인들의 남아프리카 이주가 시작되었다. [2]17세기 중엽부터는 네덜란드인들이 **케이프 식민지**케이프타운 일대를 건설하고, 흑인 노예를 이용한 농장

운영을 했다. 3)이후 18세기 말 영국인들이 케이프 식민지를 점령한다. 영국인 식민정부는 흑인 노예들을 해방하고, '영국인 우대 통치'를 한다. 영국인들 통치에서 벗어나고픈 네덜란드인들은 케이프 식민지 북쪽으로 이주한다. 네덜란드인들은 흑인 차별을 계속 이어갔다. 영국인들도 노예해방을 했다지만 흑인에 대한 통제, 차별은 계속되었다. 이런 흑인 차별이 아파르트헤이트로 발전하게 되었다. **아파르트헤이트**Apartheid는 인종백인, 흑인, 유색인종 간 거주지역을 통제하고, 흑인의 버스나 공공시설 이용을 제한하는 정책이다. 흑인인 넬슨 만델라 대통령이 취임하기 전까지1994년 지속된 인종차별 정책이다.

보어전쟁

남아프리카 정착 네덜란드 백인을 **보어인**이라 했다. 보어Boer는 네덜란드어로 '농장주'를 뜻했다. 케이프 식민지 북쪽으로 이주한 보어인은 '나탈리아 공화국'을 세웠으나 영국 케이프 식민지에 편입되고 만다. 이에 보어인은 더 북쪽으로 이동해 '트란스발 공화국'1852년과 '오렌지 자유국'1854년을 세운다. 그런데 농업이나 하려던 이곳에 다이아몬드와 금이 대량 발견되었다. 보어인뿐만 아니라 케이프 식민지 영국인까지 다이아몬드와 금을 찾아 몰려들게 된다. 당시 영국은 금본위제였기에 다이아몬드와 함께 금은 탐나는 자산이었다. 영국은 보어인의 두 나라를 상대로 전쟁을 일으킨다. 이 전쟁이 **보어전쟁**1899~1902년이다. 초반에는 게릴라 전술을 펼친 보어인이 승리했지만, 1)대규모 군대 투입과 2)보어인 농장과 집을 불태우는 청야작전푪를 청淸, 들 야野, 들판을 깨끗이 한다는 의미덕에 영국이 승리했다. 영국은 여성과 아이를 포함한 민간인을 수용소에 가두고 말살시킨다. 아프리카 종족인 '줄루 왕국'도 영국에게 참패했다. 줄루 왕국이 영국군에 비해 압도적으로 군인수가 많았다만, 영국군의 기관총에 무참히 당하고 만다. 영국은 케이프 식민지, 줄루 왕국, 트란스발 공화국, 오렌지 자유국 전체를 묶어 **남아프리카연방**을 수립했다1909년. 연방은 영국의 지배를 받다가 이후 남아프리카 공화국으로 독립했다1961년. 보어전쟁을 통해 카키색 군복이 개발되었다. 원래 영국인 군복은 빨간색으로 화려했지만, 눈에 잘 띄어 희생이 컸었다.

드비어스

그림 37 세실 로즈

케이프 식민지 총리 출신인 **세실 로즈**는 다이아몬드 광구를 사들였다. 당대 최고 금융회사인 로스차일드 자금을 끌어들여 **드비어스**De Beers라는 광산회사를 세운다. 원래 땅 주인인 남아공 농사꾼 형제가 땅을 팔며 자신들의 성씨를 넣어달라 해 드비어스가 되었다. 세실 로즈는 자신의 권력을 이용해 드비어스에 유리하도록 정책을 펼쳤다. 군대를 동원해 보어주민을 침략하기도 했다. 아프리카 남부 지역을 정복하고 로디지아^{짐바브웨}로 명하기도 했다. 세실 로즈 이후 **어니스트 오펜하이머**가 JP모건의 투자유치를 받아 '앵글로 아메리칸'이라는 광산회사를 설립하고 ^{1916년}, 남아공 다이아몬드 광산을 지배했다. 드비어스 주식도 사모아 드비어스 회장 자리에 올랐다^{1929년}. 드비어스 주식 거의 대부분을 그와 앵글로 아메리칸이 보유했다. 대공황 위기를 넘긴 드비어스는 한때 전 세계 다이아몬드 시장의 90%를 독점하기도 했다.

보석산업은 유통구조^{생산, 유통, 판매}가 독과점 체제를 통해 폐쇄적으로 운영되어 왔다. 수급조절을 마음대로 해서 고가정책을 유지할 수 있었다. 각 유통단계를 거치며 엄청난 마진을 붙여왔다. 드비어스는 **다이아몬드 원석**을 등급별로 분류해 파는 회사다. 드비어스가 가공 직전 단계의 원석을 내놓지 않으면 따로 원석을 구할 수가 없었다. 드비어스는 원석을 1년에 10번만 판매했다. 그것도 150여 **고정 지정 고객**^{사이트 홀더, Sight holder}에게만 이다. 가격 선택권은 오직 드비어스에만 있었다. 가격에 대해 반발하면 지정고객에서 제외해 버렸다. 그럼에도 지정고객에 들어가고 싶어 했다. 원석만 받아내면 이후 마진을 충분히 챙길 수 있어서였다. 드비어스는 거의 100여 년간 전 세계 다이아몬드 생산과 유통을 장악해 왔다. 하지만, 영원한 독점을 유지하긴 어려운가 보다. 드비어스 독점에 금이 간 그 출발점은 러시아 공산정권 붕괴부터다^{1991년}. 러시아는 1980년부터 본격적으로 다이아몬드 원석을 생산해왔고, 그 모두를 드비어스가 가져갔다. 그런데 공산당 붕괴로 드비어스가 아닌 회사에도 공급하기 시작했다. 이후 경쟁회사들의 등장, 호주와 캐나다 광산 개발, 미국과 EU의 반독점 규제, 중국 정부의 다이아몬드 원석 수입 노력 등으로 드비어스의 독점적 시장 지배력은 약화되었다.

랩그로운 다이아몬드

보석산업의 독과점 고가정책을 깬 혁명적인 사건이 발생했다. 인공 다이아몬드인 랩그로운 다이아몬드 발명이다. **랩그로운**Lab Grown **다이아몬드**는 실험실Lab에서 기른Grown 다이아몬드다. 천연 다이아몬드는 암석 수십 톤에서 겨우 1g 정도밖에 구할 수 없다. 그 희소성 덕분에 높은 가격을 유지할 수 있었다. 반면, 랩그로운은 천연 다이아몬드와 동일한 환경에서 만들어지는데, 만드는 시간도 몇 주면 되고, 가격은 천연 대비 10~20% 수준이다. 만들어지는 환경이 동일하다 보니 웬만해선 전문가들도 천연 다이아몬드와 구별해내기가 힘들다. 랩그로운으로 인해 천연 다이아몬드 가격이 하락하게 된다. 드비어스는 '다이아몬드는 영원하다A Diamond is Forever.'라는 문구를 마케팅에 활용해 왔다. 그러나 세상에 영원한 건 없나 보다. 랩그로운 다이아몬드 영향 등으로 드비어스 실적이 하락했다. 그 결과 앵글로 아메리칸드비어스 모회사은 드비어스를 매각 또는 분리할 계획을 발표했다2025년 초.

그림 38 베네룩스 3국 지도

2-19

비스마르크 독일 통일과 1차 대전 발발

비스마르크 철혈정책

독일 지역은 나폴레옹에 의해 신성로마제국이 사라지고 **라인동맹**이 결성된다[1806년]. 라인동맹도 나폴레옹이 몰락하며 해체되고, **빈체제**가 설립된다[1815년]. 빈체제는 유럽 절대군주들이 나폴레옹 이전 상태로 유럽을 되돌려 놓자는 것이다. 빈체제 이후에도 독일 지역은 통일된 나라가 아니었다. 중

그림 39 비스마르크

앙정부 기능을 하는 **독일연방**Deutscher Bund 아래 모인 크고 작은 38개 나라의 느슨한 연합체였다. 독일어 쓰는 나라끼리의 친목 모임 정도랄까. 오스트리아, 프로이센, 바이에른, 작센 등은 연방 소속이면서 독자적인 국가이기도 했다. 오스트리아가 아버지뻘 큰 형님, 프로이센이 작은 형님이었다. 하지만, 프로이센에서 **빌헬름 1세**1797~1888년가 즉위하며 그 위상이 역전된다. 빌헬름 1세는 비스마르크를 수상으로 임명한다. 비스마르크는 무력을 중요시하고, 의회의 다수결을 무시했다. 오직 **철(군대)과 피(군사의 희생)를 통해서 독일 통일**을 하고자 했다. 비스마르크가 **철혈재상**으로 불리는 이유다.

프로이센-오스트리아 전쟁

합스부르크 가문이 통치한 오스트리아는 한때 독일 지역을 넘어 스페인, 포르투갈, 네덜란드, 벨기에까지 거대한 영토를 지배했었다. 350여 년간 신성로마제국 황제도 세습하고 가톨릭 내 유일한 황제국이기도 했다. 발칸반도를 차지하고 오스만제국의 서진을 막아낸 가톨릭의 방패 역할도 했다. 빈체제 이후 오스트리아는 예전 신성로마제국 시절처럼 **게르만족의 큰 어른 노릇**을 하고자 했다. 반면, 독일 북부에서 힘을 키운 프로이센은 프랑스, 영국에 맞먹는 강력한 통일국가를 원했다. 즉, 오스트리아는 주변 이민족까지 아우르는 느슨한 큰 독일을, 반면 **프로이센은 게르만족 통합인 작은 독일**을 원했다. 오스트리아는 게르만족이 아닌 이민족 비중이 60%가 넘는 상황에서 프로이센의 작은 독일 주장을 받아들이기 어려웠다. 게르만족 통일을 위해 이민족을 분리하는 것은 오스트리아 제국의 해체이기 때문이었다.

통일 방법론을 두고 양국의 대립은 격화되고 전쟁으로 이어지게 된다. 프로이센은 큰 형님 오스트리아와 7주간 전쟁을 벌인다. '**프로이센-오스트리아 전쟁**1866년'이다. 철혈정책으로 근대화된 프로이센 군대는 오스트리아를 격파하기 시작했다. 그런데 맹렬히 진격하던 프로이센군은 진군을 멈추고 오스트리아와 평화협정을 맺는다. 독일 지역 내에서 집안싸움을 해서 프랑스, 러시아 좋은 일만 시키기보다, 힘을 비축하는 게 나으리란 판단에서였다. 프로이센은 오스트리아를 독립국이자 동맹국으로 남겨둔다. 프랑스 입장에선 두 나라의 힘이 빠지길 원했지만 아쉬울 뿐이었다. 하지만, 오스트리아의 패배 여파는 컸다. 오스트리아가 지배해 온 이민족들이 동요했기 때문이다. 이에 오스트리아는 제국 내에서 두 번째로 큰 헝가리에 제국의 공동 운영을 제안한다. 과거 오스트리아는 오스만제국과 전쟁에서 승리하면서 헝가리 지배자가 되었다1699년. 이제는 헝가리에 자치권과 외교, 군사 공동 협력이라는 특혜를 주면서, **오스트리아-헝가리 제국**이 탄생하게 된다. 그럼에도 19세기 말부터 대두된 민족주의로 인해 세르비아계 등의 분리독립 의지가 불타오르게 된다.

프로이센-프랑스 전쟁

스페인에서 반란이 일어나, 스페인 여왕 이사벨 2세가 프랑스로 도망을 가는 사건이 발생했다1868년. 스페인은 프로이센의 빌헬름 1세의 사촌형레오폴트 왕자에게 **스페인 왕위를 제안**했다. 유럽 왕가가 친인척으로 얽히다 보니 가능했던 일이다. 빌헬름 1세는 이에 반대 입장을 표명한다. 그런데 프랑스 왕 나폴레옹 3세나폴레옹 조카가 공식 항의를 한다. 스페인과 독일이 힘을 합하면 가운데 낀 프랑스에 위협이 되니, 문서로써 반대 입장을 명확하게 확답하라는 것이었다. 프랑스 대사가 빌헬름 1세를 찾아와 이런 요구를 하게 되는데 이 사

그림 40 독일 제국 선포

건이 언론에 부풀려진다. 기사 내용은 '프랑스 대사가 휴가 중인 프로이센 왕에게 무리한 요구를 했고, **프로이센 왕은 프랑스 대사를 쫓아냈다.**'라는 것이다. 이 소식에 정작 격분한 건 프랑스 국민들이었다. 대사가 쫓겨난 데에 대한 응징을 하자는 분위기가 달아올랐다. 거대 영토를 보유한 프랑스에 독일연방의 일개 약소국이 할 행동은 아니라는 것이었다. 프랑스가 프로이센에게 선전포고를 하며 **프로이센-프랑스 전쟁**이 발발했다1870년. 프랑스는 여론에 급조된 전투를 벌인 반면, 프로이센은 이미 만반의 전투태세가 되어 있었다. 이미 4년 전 오스트리아와 실전 경험도 쌓은 군대이기도 했다. 전쟁은 2개월도 안 되어 파리가 함락되고 프랑스의 완패로 끝난다. 나폴레옹 3세는 포로로 잡히기까지 한다. 승전국 프로이센은 전쟁 발발 다음 해1871년 프랑스 베르사유궁전 **거울의 방**에서 독일 통일을 선언한다. 빌헬름 1세는 통일독일 황제로 취임한다. 독일의 통일을 패전국 프랑스의 궁전에서 하니 프랑스 국민의 자존심에 금이 간다. '**거울의 방**'은 베르사유궁전 중앙 본관의 2층 정면 전체를 차지하고 있다길이 73m, 너비 10.4m. 정원을 향해 17개의 창문이, 반대편에는 17개의 거울이 배치되어 있다. 북쪽 끝은 전쟁의 방, 남쪽 끝은 평화의 방이 있다.

삼제동맹과 명예로운 고립

통일독일 재상 비스마르크는 프랑스 고립을 위해 노력한다. 프랑스가 힘이 커져 독일에 보복할 수 있기 때문이다. 독일은 러시아, 오스트리아와 동맹을 맺는다. 이를 **삼제동맹**1872년이라 한다. 세 나라 황제가 서명한 동맹이란 의미다. 독일 국경을 왼쪽 프랑스, 오른쪽 러시아, 아래 오스트리아랑 맞대고 있는데, 두 나라러시아, 오스트리아와 평화유지는 중요했다. 이제 남은 건 독일 위쪽 영국이었다. 당시 영국은 중국, 인도 등 해외 식민지 건설에 바쁜 상황이었다. 비스마르크는 독일은 유럽 집중, 영국은 해외집중 전략을 제시한다. 독일은 유럽에 집중하는 대신에, **해외 식민지 건설을 하지 않겠다**는 것이다. 반대로 영국은 유럽 상황에 신경 쓰지 말라고 요청한다. 그 결과 영국은 유럽대륙의 전쟁에 개입하지 않는 '**명예로운 고립정책**Splendid Isolation'에 힘을 쏟는다.

삼국협상

비스마르크 정책을 지지하던 빌헬름 1세가 사망한다. 이어 젊은 빌헬름 2세1859~1941년, 빌헬름 1세 손자가 왕에 오르고 **비스마르크를 해임**한다. 식민지 건설을 멀리한 대신에, 유럽 내 외교적 안정을 택한 비스마르크 정책이 퇴보한다. 빌헬름 2세는 강한 독일에 걸맞은 힘 있는 독일 육성을 원했다. 해군력 강화를 통해 식민지 건설도 하고자 했다. 여기에 러시아와 우호적 관계도 끊는다. 비스마르크가 우려하던 **최악의 고립 상황**을 맞이하게 된다. 식민지 건설이 영국의 심기를 건드리고, 러시아와 관계 단절로 독일은 프랑스와 러시아 사이 샌드위치 신세가 된다. 열받은 러시아는 프랑스와 **러불동맹**을 맺는다1892년.

영국은 독일에게 서로 간 해군력 강화 경쟁을 그만두자고 제안했지만 거절당한다. 열받은 영국도 프랑스와 동맹을 맺는다. 이를 **영불협상**Entente Cordiale이라 한다1904년. 이후 영국, 프랑스, 러시아는 빌헬름 2세를 견제하기 위해 **삼국협상**Triple Entente 동맹을 맺는다1907년. 독일과 오스트리아 vs. 영국, 프랑스, 러시아 이렇게 유럽의 권력이 나뉘지게 된다.

삼국간섭과 칭다오

빌헬름 2세의 식민지 정책으로 독일이 얻은 곳은 중국 칭다오(청도)다. 청일전쟁1894년에서 승리한 일본은 만주 지역을 포함한 랴오둥반도요동반도를 넘겨받기로 한다. 이에 독일, 러시아, 프랑스가 결사반대하고 나선다. 일본의 만주 진출이 껄끄러웠기 때문이다. 세 나라가 일본에 압력을 가해 랴오둥반도를 도로 토해내게 한다. 이를 **삼국간섭**이라 한다. 삼국간섭을 통해 러시아는 만주 철도부설권을, 프랑스는 광저우만을 차지한다. 독일은 **칭다오** 지역을 99년간 조차하기로 한다. 조차조세 조租, 빌릴 차借는 일정 기간 다른 나라 영토를 빌리는 행위다. 독일인들이 칭다오에 거주하게 되고 맥주 공장을 건설한다. 이후 칭다오는 맥주로 유명세를 떨치게 된다. 하지만, 1차 대전에서 독일이 패전하자 칭다오는 일본 차지가 된다. 당시 일본이 칭다오 맥주 제조 기술을 베껴왔다는 이야기도 있다.

1차 대전 발발

보스니아 헤르체코비나(이하 보스니아)는 오스트리아 식민지였다. '보스니아' 인구의 절반 이상은 세르비아계였다. 보스니아 옆 '세르비아'는 독립국으로 인구 대부분이 세르비아계였다. [1]세르비아와 [2]보스니아 세르비아계는 서로 합치고자 했다. 세르비아 민족은 독립에 대한 열망이 컸다. 그런 상황에서 **오스트리아 황태자**페르디난트 대공 부부가 보스니아를 방문하게 되고, **암살**을 당한다1914년. 보스니아 독립을 원하던 청년이 쏜 총에 의해서다. 황태자를 잃은 **오스트리아는 보스니아 독립을 들쑤신 세르비아에 선전포고**를 한다. 이에 러시아가 총동원령을 내린다. 러시아가 왜 전쟁에 뛰어든 걸까? 러시아가 국경인 흑해를 통해 지중해로 나가기 위해서는 발칸반도를 거쳐야 했다. 세르비아계는 러시아와 같은 슬라브 민족이다. 러시아는 발칸반도의 같은 슬라브 민족인 세르비아와 보스니아에 관심을 두고 있었다. 러시아의 진출을 막기 위해 오스트리아는 세르비아에 선전포고한 셈이다. 여기에 큰 형님 독일의 지원도 기대했었다. 아니나 다를까, 러시아 동원령에 독일은 러시아에 선전포고를 한다. 이에 프랑스가 독일에 대항해 총동원령을 내린다. 독일이 벨기에를 점령하자 영국도 전쟁에 참전한다. 벨기에는 영국이 중립을 보장해 주던 나라였기 때문이었다. 독일이 프랑스를 차지하면 다음 차례는 영국이 되리란 위기의식도 작용했다.

슐리펜 계획

독일은 단기간 전쟁을 끝낼 생각이었다. 이를 위해 **슐리펜 계획**독일 장군 슐리펜이 세운 계획을 세웠다. 독일은 프랑스, 러시아와 동시에 싸우는 양면전을 피하고자 했다. 방법은 먼저 서쪽 프랑스를 점령한 뒤, 동쪽 러시아에 대응하자는 것이었다. 산업화를 이룬 독일은 철도망에 자신이 있었다. 철도 부설이 빈약한 러시아가 넓은 땅에서 병력을 동원하는데 약 8주 정도 예상했다. 약 6주 이내에 프랑스를 차지하고 철도로 동쪽으로 이동하면 되었다. 허나, 프랑스를 가기 위한 첫 관문인 벨기에가 너무나도 잘 싸워줬다. 벨기에 통과에 많은 시간을 지체하고 프랑스와의 전투도 마른강에서 지체되었다. 반면, 러시아 병력동원이 생각보다 빨리 진행되었다. 결국, 독일은 서부 전선 주력부대 2개 사단을 동부 전선에 투입해야만 했다. 슐리펜 계획은 실패하게 된다. 서부 전선은 독일과 연합군 모두 결정적 승기를 잡지 못하고 교착상태에 빠진다.

서부 전선 참호전

1차 대전 초반 독일은 승기를 잡은 듯했다. 파리 약 50km 앞 **마른강**Marne River까지 돌진했지만, 전쟁 양상이 바뀐다. 1)영국의 전쟁 참여, 2)러시아의 전면전 개시 소식이 들리면서다. 프랑스로 진격하던 독일 병력이 분산되며 마른강에서 공격이 정체된다. 그 사이 프랑스는 병력을 택시에 태워서까지 마른강에 보낸다. 독일은 마른강에서 프랑스, 영국 연합군에 패하고 만다. 마른강 전투 이후 서부 전선은 고착 상태에 빠진다. 4년여간 **서부 전선 참호전**의 시작이다. 영·프 연합군과 독일군은 서로 상대의 후방을 치고자 프랑스 북부해안으로 움직였다. 하지만, 서로 비슷하게 도착하게 되고 이후 참호를 파며 대치한다. 참호 길이만 약 1,000km로 양측 참호 간 거리는 불과 500m 정도였다. 양측 간 약 500m를 무인지대라 했는데, 무인지대에 들어서는 순간 기관총 발포로 전진이 어려웠다. 프랑스 북부지역은 비가 많이 와 참호 안은 물이 쌓였다. 발이 썩고 전염병이 도는 참혹한 현실이었다. 참고로 〈서부 전선 이상 없다〉는 1차 대전 중 서부 전선에 합류한 17살 소년의 참호전쟁과 암울한 전쟁 경험을 그린 영화다. **트렌치코트**는 레인코트^{비옷}다. 트렌치^{Trech}는 기관총을 피하기 위해 땅을 판 참호를 뜻한다. 트렌치코트는 1차 대전 중 영국 군대에서 착용하기 시작했다. 명품 버버리를 설립한 영국 발명가 '토머스 버버리'가 처음 만들었다. 방수코팅을 한 개버딘^{Gabardine}이란 직물을 만들면서다.

유보트

1차 대전 중 동부 전선 러시아에선 **볼셰비키 공산혁명**이 일어난다. 정권을 장악한 공산당은 전쟁 불참을 선언한다. 독일은 쾌재를 부르고 서부 전선에 집중할 수 있게 된다. 하지만, 1차 대전 초기부터 영국 해군의 해상 보급로 차단이 독일의 숨통을 막는다. 막강한 영국 해군력에 독일은 속수무책으로 당한다. 먹을 게 부족해진 독일군은 '순무'로 연명하는 지경에 이른다. 영국의 해상봉쇄를 해결하기 위해 독일은 잠수함을 개발하게 된다. 일명 **유보트**Undersea Boat다. 독일 잠수함은 민간 선박까지 공격했는데, 문제는 미국 선박들도 공격당했다. 이는 미국 참전의 빌미를 제공하게 된다. 특히, 독일이 멕시코에게 미국 공격을 비밀리에 제안하면서 화를 돋운다. 독일의 제안 내용은 멕시코가 미국을 침략하면 멕시코가 미국에 빼앗긴 땅텍사스, 애리조나 등을 되찾아 주겠다는 것이다. **미국의 1차 대전 참전**으로 독일은 패망의 길로 들어선다.

2-20

1차 대전과 독일의 하이퍼인플레이션

막대한 전쟁 보상금

1차 대전1914년 7월~1918년 11월이 끝나고 **파리 강화회의**1919년가 열렸다. 전승국27개 연합국 대표가 프랑스 외무부에 모였다. 파리 강화회의는 1년간 계속되었는데, 프랑스, 영국, 이탈리아, 미국이 회의를 주도했다. 2차 대전 패전국 이탈리아는 1차 대전에선 승전국이었다. 파리 강화회의는 세계대전이 또다시 일어나지 않도록 패전국을 응징하는 게 목표였다. 독일에 군사력 축소와 함께 엄청난 전쟁 배상금을 내도록 했다. 프랑스 전후 복구 비용에 대해 독일이 모든 책임을 져야 한다고 주장했다. 독일과 승전국 간 5개월이 넘는 협의 끝에 조약이 체결되었다1919년. 프랑스는 승자로서 50년 전 프로이센에게 당

그림 41 베르사유조약

한 굴욕을 갚아줄 차례다. 프랑스는 독일을 굴복시키는 **강화조약(베르사유조약)**을 베르사유 궁전 '**거울의 방**'에서 맺는다. 베르사유조약으로 독일은 영토의 15%를 잃었다. 해외 식민지에 대한 권리도 연합국에 넘겼다. 독일 조차지였던 칭다오도 잃는다. 독일은 징병제도가 폐지되고, 육군 10만 명, 해군 1만 5,000명만 보유해야 했다. 막대한 전쟁 배상금도 물어야 했다.

최고민수 경제사 특강 2 **169**

베르사유조약으로 프랑스는 막대한 전쟁 배상금과 함께 알자스·로렌을 돌려받는다. **알자스·로렌**은 라인강 서쪽 비옥한 평원으로 철광석 등도 풍부했다. 1)중세까지 신성로마제국 땅이었다가 2)이후 프랑스 영토였다. 3)프로이센독일과 프랑스 간 전쟁1870년으로 프로이센 땅이 되었다. 4)베르사유조약으로 그 땅을 프랑스가 돌려받았고 현재도 프랑스 영토다. 프랑스는 철광석이 풍부한 자르와 와인 고장인 란다우도 요구했다. 하지만, 프랑스가 너무 강해지는 걸 원치 않은 미국과 영국이 반대해 받지 못했다. 이에 프랑스 국민들은 베르사유조약이 독일에 관대한 조약이라며 반발했다. 하지만, 막대한 전쟁 배상금 요구는 독일에 적절한 처방이 아니었다. 불과 20년 만에 2차 대전1939년 9월~1945년 8월이 발발했으니 말이다.

독일 한해 세입은 60~70억 마르크였는데, 승전국에 대한 배상금은 1,320억 마르크였다. 22년 치 독일 세입에 해당했다. 승전국은 이 돈을 장기 분할 상환하라고 결정했다. 독일은 너무 가혹한 조치라고 주장했다. 당시 영국 재무성 대표로 참여한 경제학자 케인스존 메이너드 케인스도 독일 경제를 파탄 낼 거라며 경고했다. 엄청난 배상금을 물리면 전쟁을 일으킬 것이라고도 했다. 그는 베르사유 조약 수정을 요구했으나 영국 정부가 받아들이지 않자, 대표 자리에서 물러났다. 케인스의 예언대로 독일 경제는 파탄 난다. '배상금을 지불할 능력이 없었던 **독일 정부는 화폐를 마구 발행했다**. 그 결과 물가는 엄청나게 올랐고 대규모 실업 사태와 극심한 불황에 빠졌다.' 경제적 공황은 히틀러 나치당의 1당독재를 낳았다. 나치 독일은 배상금 지급을 거부하고 2차 대전을 일으키게 되었다. 히틀러는 1차 대전에서 빼앗지 못한 프랑스 파리를 점령했다.

독일 금본위제 폐지

독일의 물가상승은 배상금 요구1921년 이전부터 불거졌다. 1차 대전 발발과 함께 독일제국은 금본위제를 포기했다. 금본위제는 국가가 보유한 금 범위 내에서만 화폐를 발행한다. 화폐 발행에 제한을 두는 셈이다. 금본위제 폐지로 이론상으로는 무한정 화폐를 찍어낼 수 있었다. 독일 중앙은행제국은행은 화폐를 찍어내 재무부가 발행한 전쟁채권을 사들였다. 전쟁을 치른 4년 반 사이 동안 지폐 유통량은 9배나 늘었다. 독일이 전쟁 초기 채권 발행을 늘린 건 믿는 구석이 있었기 때문이다. 단기간 전쟁을 끝내고 패전국에게 배상금을 받아 갚으면 된다는 생각이었다.

화폐 발행과 인플레이션

정부가 쓸 돈을 마련하려고 세금을 올리면 민심이 나빠진다. 프랑스 대혁명도 루이 14세부터 이어진 재정적자지출〉수입를 메우고자, 루이 16세가 세금을 올리려다 발생했다. 당장의 민심을 잠재우면서 부족한 자금을 마련하는 방법은 화폐를 찍어내는 것이다. 하지만, **화폐**

를 찍어낼수록 인플레이션^{물가상승}이 발생한다. 화폐가치는 하락하고, 물가는 상승한다. 화폐 발행에 따른 인플레이션이 보이지 않는 세금이라 불리는 이유다. 화폐가 많아지면 좋을 것 같지만 물가가 올라 서민들 삶이 팍팍해진다.

재정 부족 ⇒ 화폐 발행 ⇒ 화폐량 증가 ⇒ 화폐가치 하락 ⇒ 물가상승(인플레이션)

마르크화 무한 발행

전쟁 배상금^{1,320억 마르크}에 대해 승전국은 마르크화 대신에 1)금 또는 2)금 태환^{교환} 가능한 '외국 화폐'로 갚도록 했다. 마르크화 가치가 급격하게 하락했기 때문이다. 독일은 전쟁 비용을 대느라 금이 남아있지 않았다. 방법은 한 가지, 독일 마르크화를 **금 태환 가능한 외국 화폐**로 바꾸는 것뿐이었다. 프랑스와 영국도 전쟁으로 금본위제를 이탈했었다. 유일하게 금본위제를 유지한 국가는 '미국'이었다. 배상금 지급을 위해 마르크화를 '미국 달러'로 바꿔야만 했다. 독일 정부는 마르크화를 엄청나게 찍어댔다. 처음엔 제국은행 조폐창에서 찍어냈다. 하지만, 찍어야 할 양이 늘어나자 민간 인쇄업자에게도 맡겼다. 마르크화가 늘어나는 만큼 환율은 급격히 무너졌다. 환율 상승^{미국 달러 가치상승}으로 화폐를 더 찍어내야 하는 악순환이 계속되었다. 전쟁 전 1달러당 4.2마르크였던 환율이 1923년엔 1달러당 120억 마르크가 되었다. 마르크화 가치하락에 '수입품 가격이 오르고' 물가상승인플레이션을 부채질했다.

환율 상승(상대방 국가의 화폐가치 상승): 미국 1달러 100마르크 → 200마르크

하이퍼인플레이션

인플레이션은 가난한 사람들의 부를 빼앗는다. 1921년 0.3마르크였던 신문 1부 가격이 1923년 9월에는 1,000마르크, 10월 말에는 100만 마르크가 되었다. 독일 국민은 더 이상 마르크화를 보유하려 하지 않았다. 은행에 있는 마르크화를 모두 빼내 물건 사재기에 나섰다. 화폐가치가 급락하자 급여를 매일 지급해야 했고, 급여를 수레에 싣고 다녀야 했다. 지폐를 만들기 위한 잉크 비용이 지폐 액면가보다도 높아졌다. 마르크화는 휴지보다도 못했다. 독일인들은 지폐를 난로 땔감으로 썼다. 나중에는 액면가격이 1조 마르크인 지폐가 발행될 정도였다. **하이퍼인플레이션**Hyper Inflation이 발생한 결과다. 하이퍼인플레이션은 화폐가치 하락에 따른 급격한 물가상승인플레이션이다. 일반적으로 한 달 물가상승률이 50%를 넘으면 하이퍼인플레이션으로 본다. 교환가치로써 마르크화는 더 이상 의미가 없어졌다. **실물자산을 보유**하려 하고 물물교환이 일상이 된다. 하이퍼인플레이션은 급여나 연금 생활자들을 가난하게 만든다. 돈을 모으는 저축이 의미 없어진 반면, 빚을 낸 채무자는 갚을 빚이 줄어들어 좋다. 대출로 기업을 운영한 사람들과 금과 같은 실물을 들고 있던 부자

들만 더 부자 된다. 금본위제에서는 보유한 금 범위 내에서만 화폐를 찍어내니, 화폐를 무한정 찍어내기 어렵다. 전후 독일이 금본위제를 유지했더라면 하이퍼인플레이션은 일어나지 않았을 거다. 독일은 1922년 8월 물가상승률이 50%를 넘어선 이후 1923년 11월까지 물가가 100억 배나 올랐다. 월평균으로 322%에 달했다.

재정적자와 화폐 발행

금본위제가 폐지된 이후 종이조각뿐인 불태환금 교환 불가능 지폐를 사용하는 건 '정부 신뢰'가 있기 때문이다. 정부 신뢰가 유지되는 한 지폐를 추가 발행할 수 있다. **지폐를 발행해 국채를 매입하면서 재정적자**지출〉수입**도 메울 수 있다.** 미국은 2008년 금융위기 때 중앙은행 Fed이 국채를 매입했다. 유럽 재정위기 때도 일부 국가의 국채가 시장에서 소화되지 않자, 유럽 중앙은행이 이를 인수했다. 다만, 정부 재정적자를 화폐 발행으로 해결하는 건 인플레이션으로 귀결된다. 인플레이션 정도가 심해지면 결국 하이퍼인플레이션이 온다. 하이퍼인플레이션은 비단 과거 일만은 아니다. 1980년대 아르헨티나, 2000년대 이후 짐바브웨, 베네수엘라에서도 나타났다. 무가베가 장기 통치한 **짐바브웨**는 영국과 독립전쟁에 참전한 군인들에게 막대한 보상과 연금을 약속했다. 이를 위해 백인들의 토지를 강제 매수해 흑인들에게 재분배하는 정책도 발표했다. 불안감에 해외투자자들이 빠져나가며 짐바브웨 통화가치는 급락했다. 선진국의 원

그림 42 100조 짐바브웨 달러

조 중단과 외화 부족에 시달린 짐바브웨 중앙은행은 화폐를 마구 찍어댔다. 짐바브웨의 2008년 7월 월간 물가상승률은 2,500%였다. 2009년 7월에는 1,000조 짐바브웨 달러로 겨우 계란 3개를 살 수 있었다.

리디노미네이션과 달러라이제이션

디노미네이션Denomination은 액면가다. **리디노미네이션**은 액면가 Denomination를 다시Re 산정한다는 의미로, 화폐 액면가를 바꾸는 거다. 보통 화폐 숫자 뒤 0을 몇 개 지운다. 예를 들면, 1,000원을 10원으로 만드는 식이다. 짐바브웨도 1,000억 짐바브웨 달러에서 0을

10개나 지웠다. 그 결과 1,000억 달러가 10달러가 되었다. **달러라이제이션**은 자국 화폐 대신 미국 달러를 공식 통화로 사용하는 경우다. 중남미 국가인 파나마, 에콰도르, 엘살바도르 등이 채택하고 있다. 짐바브웨도 미국 달러를 공식통화로 채택했다. 북한과 아르헨티나 등은 정부가 인정하지 않으나 미국 달러가 법정통화처럼 통용되기도 한다. 대부분 하이퍼인플레이션을 겪어 본 나라다. 오죽하면 남의 나라 화폐인 미국 달러가 통용될까. 미국 달러의 발행 주체는 미국 중앙은행이다. 미국 달러를 공식 통화로 쓰면 물가상승의 원인이던 **마구잡이식 화폐 발행을 못 한다.** 환율 급락 위험도 막아 해외 투자유치를 늘릴 수 있다. 다만, 중앙은행의 통화정책 기능을 기대하긴 어렵다. 경기변동에 대해 중앙은행이 화폐를 풀거나 덜 푸는 대응도 할 수 없다. 금융위기 시에 중앙은행이 시중은행에 화폐를 푸는 유동성 공급자 역할_{통화량 증가}도 어렵다.

2-21

헨리 포드 컨베이어벨트 시스템, 자동차 대중화

컨베이어벨트 시스템

미국 자동차왕 '헨리 포드^{1863~1947년}'가 자동차 회사를 세운 1903년 당시에 자동차는 사치품이었다. 그런데 비싼 데 비해 고장이 잦고 시끄럽기까지 했다. 포장도로도 거의 없었고 20마일^{32km} 이상 속도는 위협적으로 느껴졌다. 이런 자동차 푸대접에 포드 자동차 회사는 은행 대출을 거절당하기도 했다. 이후 포드는 미국 시카고 **소 도축장**에서 영감을 얻어 자동차 공장에 **컨베이어벨트 시스템**을 도입한다^{1913년}. 소 도축장은 도축 후 포장까지 6개 구역^{도축, 절단, 분류, 세척, 손질, 포장}으로 구분했고, 모든 과정은 컨베이어벨트로 처리되고 있었다. 포드는 컨베이어벨트 시스템으로 자동차 완성품을 만들어 가

그림 43 포드의 자동차, 모델 T

는 과정을 구현했다. 포드의 컨베이어벨트 시스템은 움직이는 생산라인을 따라 기계적으로 조립하는 과정을 거친다. 컨베이어벨트 옆에 근로자를 배치해 일괄생산 방식Assembly Line이라는 **분업화**를 이뤘다. 이를 통해 전체 제작공정을 대폭 단순화하고, 숙련공 수도 줄였다. 단순 조립을 통한 **대량 생산 방식**이다. 이를 '포드주의'라고도 한다. 이렇게 대량 생산된 첫 포드 자동차가 **모델 T**다. 제작에 긴 시간이 걸리던 자동차 한 대 조립 시간이 획기적으로 줄어들었다. 한 대당 800~1,000달러대인 자동차 가격도 원가절감을 통해 1924년 290달러대까지 내렸다. 차량 생산량도 1910년 1만 9천대에서 1914년 27만대로 늘었다. 모델 T는 1927년 생산이 중단될 때까지 약 1,500만대를 생산했다. 포드의 가솔린 자동차가 대중화되면서 석유산업의 발전도 가져왔다. 고속도로 건설, 교외 도시의 발전 등도 이뤄졌다. 이후 포드의 컨베이어벨트 시스템은 모든 산업 공정에 적용되게 된다. 포드는 경영자로서 당시로선 혁신적인 조치도 취한다. 포드는 하루 평균 2달러 30센트였던 임금을 5달러로 2배 이상 올렸다. 그로 인해 블루칼라(생산직)가 자동차 구매자가 될 수 있게 된다. 포드는 전 세계 최초로 주5일 근무제를 도입했다. 덕분에 노동자에게 자동차를 즐길 시간을 제공했다.

모던 타임스

분업은 경제학의 아버지 애덤 스미스에 의해 학문적인 개념이 세워졌다. 애덤 스미스가 분업의 장점을 체계적으로 정리하면서 실제 경제에도 활용되기 시작했다. 애덤 스미스가 말한 분업의 장점은 1)근로자가 똑같은 일을 반복하면서 그 일에 익숙해져 생산성이 증가한다. 2)한 사람이 모든 과정을 혼자 할 경우 오랜 시간이 걸렸다. 하지만, 분업으로 인해 시간을 절약할 수 있게 된다. 3)업무를 분업화함에 따라 업무 단위별 효율을 높일 수 있는 기계를 발명할 수 있다. 그러나 분업화된 대량 생산은 **단조로운 일의 반복**을 낳았다. 지루함을 느꼈고 무표정, 무기력함으로 인간다움을 잃어갔다. 인간이 기계 부속품과 같아짐을 느꼈다. 그 결과 분업 효율이 떨어지기까지 했다. 여기에 신경쇠약으로 정신병원에 입원하거나, 음주나 마약 중독에 빠지는 일도 생겼다. **찰리 채플린**1889~1977년은 영화 〈모던 타임스〉 1936년에서 공장 노동자의 현실을 보여줬다. 영화 속 채플린은 나사 못을 하루 종일 조였다. 공장을 나와서도 계속 나사 죄는 동작을 멈 추지 못했고 정신병원에 가게 된다. 채플린만의 유머로 웃음을 주는 영화였으나, 당시 분업의 폐해를 생각하게 하는 내용이었다.

Just In Time

JIT(Just In Time), **적기공급 생산 시스템**은 원가절감을 위한 부품 조 달 시스템이다. 일본 자동차회사 도요타가 처음 도입했다1950년대. 일 본식 **재고 최소화** 시스템이다. 차량 부품을 필요한 시간에 딱 맞춰 납품해 부품 재고비용을 줄이는 게 핵심이다. 도요타는 이 생산방 식으로 효율성을 높였고 대부분 완성차 업체들도 JIT를 도입했다. 문제는 공급망이 붕괴될 경우다. 부품 공급망이 불안정한 시기에는 JIT 효율성이 힘을 못 쓴다. 세계의 공장 역할을 하던 중국이 '제로 코로나19' 정책으로 폐쇄되면서 공급망 차질이 생겼다. 차량용 반도 체 부족으로 완성차 생산이 중단되기도 했다. 부품 소비가 많은 내 연기관차 업계에선 비용 최소화에서 **위험 최소화**로 적정 재고에 대 한 고민도 나타나고 있다.

도요타는 섬유회사 '일본방적'으로 시작했다. 초등학교 졸업이 전 부인 창업자 도요타 사카치는 자동방적기를 만들었다. 방적회사 수 익을 바탕으로 도요타는 자동차 산업을 시작했다. 1933년 태평양전쟁 때 트럭을 판매하며 기반을 다졌다만, 2차 대전 후 군수 차량 수요 급감으로 파산 신청을 하게 된다. 1950년 당시 경영 위기로 창업자까지 사망하면서 도요타 자동차의 미래는 없는 듯했다. 도요타의 기사회생은 한국전쟁 덕이었다. 미국이 도요타 트럭을 대량 주문하면서다. 이후 1970년대 석유파동으로 도요타의 뛰어난 연비, 저렴한 가격이 부각되며 글로벌 넘버 1 자동차 기업으로 커나갔다. 하지만, 전기차 시장으로 패러다임이 변화하며 전기차 시장에 미온적이던 내연기관차가솔린차, 디젤차 1위 도요타에게 위기가 감지되고 있다.

컨베이어벨트 없는 시대

인공지능AI, 로봇, 스마트 팩토리지능형 공장가 확산되면서 자동차 생산에도 혁신이 이뤄지고 있다. 전기차 회사 테슬라는 전기차 부품을 레고블록처럼 '모듈 형태'로 만든 뒤, 이를 조립하고 있다. 가솔린 자동차가 2만여 개 부품이 들었던 것에 반해, 전기차는 부품 수가 1만 3천여 개로 크게 줄며 **모듈화**가 가능해졌다. 모듈화는 제조 과정에서 각 부품을 큰 덩어리로 뭉치는 작업이다. 부품 수가 적어지면 공급망 관리도 쉬워지고 조립도 편리해진다. 자동차 업계도 '소품종 대량 생산'을 하던 컨베이어벨트 시스템에서 탈출하기 위한 노력을 하고 있다. 고객이 원하는 다양한 차종을 주문 즉시 공급하는 체계를 갖추려 한다. 벤츠는 '팩토리56'이라는 첨단공장을 열었다2020년. 컨베이어벨트는 최소한만 남기고, 대부분의 조립 작업에 무인 운송시스템을 도입했다. 무인 운반차는 필요하면 경로를 마음대로 바꿀 수도 있다. 자동차 업계가 컨베이어벨트를 없애려는 이유는 수익성이다. 수요를 예측한 뒤 생산을 할 경우 예측이 잘못되면 1)제품 인기로 고객 대기가 길어지거나, 2)안 팔려 재고가 쌓이는 단점이 있었다. 재고를 쌓는 계획생산 체계에서 **재고 없는 주문생산 체계**로 바꿔 비용을 줄일 수 있다. 아마존전자상거래 기업의 물류창고도 로봇을 활용하는 변신을 시도하고 있다. 이제 점점 컨베이어벨트가 필요없는 시대가 되고 있다.

니콜라 테슬라

전기차 기술은 1830년대 처음 개발된다. 하지만, 포드의 가솔린 자동차 모델 T가 대중화되며 전기차는 사라진다. 그러다 일본 닛산자동차가 2010년 전기차 리프Leaf를 내놓으며 전기차가 재등장하게 된다. 그 이후 테슬라가 전기차 시대를 본격적으로 연다. 현재도 전기차 열풍의 선두는 **테슬라**Tesla다. 테슬라가 처음 만든 전기차는 2인승 오픈 스포츠카인 '로드스터'다2008년. 그동안 전기차가 친환경 기능성에만 맞춰졌었는데, 전기차의 이미지 변신이다. 2012년 머스크는 테슬라 주력인 '모델

그림 44 니콜라 테슬라

S'를 내놓았다. 한번 충전에 647km를 주행하고 시동 후 2.4초 만에 시속 100km로 달릴 수 있는 혁신차였다. 테슬라의 매력은 소프트웨어다. 차 안에는 태블릿PC 모양의 디스플레이가 달려있는데, 각종 차량 기능을 제어한다. 초고속 인터넷에 연결되어 있어 많은 설정이 실시간 업데이트된다. '자율주행 오토파일럿' 기능도 있는데, 관련 소프트웨어가 원격으로 차량에 설치된다. **자율주행**은 운전자가 직접 운전하지 않고 차량 스스로 도로를 달리게 하는 기술이다. 자율주행은 레벨 0에서 레벨 5까지 총 6단계로 구분한다. 레벨 2(부분 자동화)까지는 운전자가 전방을 주시하고 운행 방향을 바꾸는 등 개입해야 한다. 레벨 3(조건부 자동화)부터 운전자 개입이 많이 줄어든다. 레벨 3는 돌발 상황이 발생해 자율주행 모드 해제가 예상되는 경우만 시스템이 운전자의 운전을 요청한다. 레벨 4(고도 자동화)는 위험 상황이 발생해도 시스템이 안전하게 대응한다. 운전자는 출발 전에 목적지, 이동 경로만 입력하면 된다. 레벨 5(완전 자동화)는 탑승자가 목적지를 말하면 사람 개입 없이 알아서 시스템이 운전해 준다. 운전자를 위한 운전석, 액셀이나 브레이크, 운전대 등이 필요 없다.

테슬라 CEO는 괴짜 **일론 머스크**다. 남아프리카 공화국 태생^{1971년}으로 펜실베니아대학교에서 물리학과 경제학을 공부했다. 그의 첫 번째 성공은 1999년 만든 인터넷 간편결제 시스템인 페이팔이다. 페이팔은 이베이^{온라인 상거래} 업체에 15억 달러에 팔렸다. 머스크는 페이팔 성공 자금으로 민간 우주 탐사기업 스페이스 엑스^{Space X}를 세웠다. 사실, 테슬라 창업자는 머스크가 아니다. 마틴 에버하드, 마크

타페닝이란 엔지니어가 2003년 공동으로 창업했다. 머스크가 지분을 사들여 2007년 CEO최고경영자에 올랐다. 테슬라란 회사 이름은 발명가 **니콜라 테슬라**1856~1943년에서 따왔다. 그는 세르비아계 미국인으로 교류전기AC 시스템을 개발했다. 더 싼 가격에 전기를 멀리 보낼 수 있는 기술이다. 교류전기는 에디슨의 직류전기DC 시스템과는 라이벌 관계였다. 오늘날의 냉장고, TV 등은 테슬라의 교류전기 방식이 적용되고 있다. 파산 신청을 한 수소 트럭회사 **니콜라**도 그의 이름을 따왔다.

전기차 회사 테슬라는 **자율주행** 회사이자 **로봇** 회사이기도 하다. 테슬라는 인간형 로봇휴머노이드 **옵티머스**를 개발 중이다. 옵티머스란 이름은 영화 〈트랜스포머〉에 등장하는 로봇 '옵티머스 프라임'에서 따왔다. **휴머노이드**Humanoid는 인간과 비슷하게 생긴 로봇이다. 사람을 뜻하는 Human에 '~와 닮은' 뜻의 oid가 합쳐졌다. 최초의 휴머노이드는 일본 와세다대학교팀의 '와봇 1'이다1973년. 휴머노이드의 장점은 사람의 눈높이와 신체 구조에 최적화되어 있다는 것이다. 사람만이 할 수 있는 세밀한 일들을 똑같이 할 수 있다. 머스크는 위험하거나 반복적인 작업 등에 사람 대신 투입하겠다는 구상을 밝힌 바 있다. 로봇은 근로자 임금의 절반 이하에도 아프지도 않고 24시간 일하면서 불만도 없다. 옵티머스는 개발이 완료되면 일반에게 시판될 예정이다. 이미 공개된 바 있는 옵티머스 외형은 신장 175cm, 몸무게 56kg이다.

미슐랭가이드

미쉐린 가이드 Michelin Guide는 프랑스 타이어 회사인 미쉐린사에서 발간하는 여행 정보 안내서다. 프랑스식 발음으로 **미슐랭가이드**라고도 한다. 자동차 여행 정보를 제공하면 자동차 판매가 늘 거란 생각에 무료 여행안내 책자를 만들었다1900년. 지도, 타이어 교체 방법, 주유소 위치, 먹을 곳과 잘 곳 등을 담았다. 처음 발간할 때에는 식당 정보 비중이 크지 않았다. 20년이 지나고 창업자 '앙드레 미쉐린'이 한 타이어 가게를 방문했을 때 가이드북이 작업대 받침으로 쓰이는 걸 보게 된다. 그는 돈을 내고 산 물건만 가치를 인정받는다는 원칙을 깨닫고, 유료 가이드북을 7프랑에 판매하기 시작했다1920년. 유료 판매 전환 후에는 유료광고를 싣지 않기로 한다. 미쉐린 가이드는 1)레스토랑에 별점을 부과하는 **레드 시리즈**, 2)여행 정보 소개용 그린 시리즈로 나뉜다. 레스토랑 섹션의 영향력이 커지자, 미쉐린 가이드는 '비밀 평가단'을 모집했다. 오늘날 미쉐린 평가단도 신분을 숨긴 채 익명으로 활동한다. 최고의 레스토랑에는 등급에 따라 **별을 1개부터 3개**까지 부여할 수 있다. 별을 줄 정도는 아니나 합리적 가격미국 40달러 등에 훌륭한 음식을 제공하는 경우는 **빕 그루망**이다. 별이나 빕 그루망은 아니나, 좋은 요리를 맛볼 수 있는 레스토랑에 부여하는 더 플레이트The Plate도 있다.

2-22

보호무역주의, 스무트-홀리 관세법과 대공황

보호무역주의

국가 간 필요한 물건을 거래하는 활동을 무역이라 한다. **보호무역주의**는 자국 산업과 일자리 보호를 위해 국가가 대외무역에 개입한다. 자국 산업이 경쟁력을 갖출 때까지 국가가 보호하고 육성한다. 수입은 최대한 줄이고, 수출은 최대한 늘리는 무역정책이다. 자유롭게 다른 나라와 무역을 하는 **자유무역주의**와는 정반대 개념이다. 보호무역 장벽은 **관세 장벽과 비관세 장벽**으로 구분된다. 관세 장벽은 상품이나 서비스 교역에 관세, 특별소비세 등 세금을 부과한다. 원래 가격에 세금이 더해져 수입 물건 가격이 오른다. 역사적으로 통행세를 받던 것이 관세로 발전했다. 중세 장원과 도시에선 교통요지마다 세관을 설치해 통행세 등을 받았다. **상계관세**는 외국 정부가 자국 기업에 보조금을 지원할 경우 그 '보조금만큼' 관세로 부과한다. **반덤핑관세**는 저가 수입을 막으려는 조치다. 외국 물건과 국내 물건 간 '가격 차이만큼' 관세를 부과해 가격 키 높이를 맞춘다. **할당관세**는 '일정량'의 수입품 관세를 '일정 기간' 한시적으로 낮추거나 높이는 제도다. 가령, 식료품 가격이 오르면 물가상승을 고려해 식료품 관세를 낮춰준다. 감귤 생산기간 동안 미국산 오렌지 관세를 올리는 식이다. **보편적 관세**는 모든 수입품에 **동일하게 추가 관세**를 부과하는 것이다. **상호관세**란 '특정 국가'가 자국 제품에 높은 관세를 부과할 경우, '동일 수준의 관세'를 해당 국가에 부과하는 방식이다. **세이프가드**Safeguard는 특정 물품의 수입이 급증할 경우 해당 품목의 수입을 임시로 제한하거나 관세를 올리는 **긴급 수입제한 조치**다. **비관세 장벽**은 관세 이외의 방법을 사용한다. 1)수입량을 제한하는 쿼터수입 할당제, 2)위생 규제 등 복잡한 수입절차, 3)국내 산업 보조금 지급, 4)기술 장벽 제도 등의 보호조치를 취한다. 1)쿼터는 미리 수입량을 정해두고 그 범위 내에서만 수입이 허락되는 수입 할당제다. 2)농산물의 경우 세균과 농약 등을 까다롭게 점검해 수입을 막기도 한다. 3)보조금은 정부가 자국 기업에 낮은 금리로 돈을 빌려주거나 현금을 지원해 준다. 세금을 깎아주기도 한다. 4)기술 장벽은 기술 표준, 안전 인증 등을 달리해 수입을 제한한다. 국가 경제가 불황에 빠지면 보호무역을 강화하려는 경향이 있다. 역사적으로 볼 때 경제위기 시 보호주의, 국수주의는 위기극복을 더 지연시켰다. 보호무역으로 수입을 적게 하고 수출을 늘리면 좋을 듯하지만 부작용도 있다. 국가 보호 덕택에 국내 기업들의 '품질 향상 노력'이 덜할 수 있다. 관세에 관세로 대응하는 **보복관세**로 인해 상호 교역이 어려워지기도 한다. 기업 파산, 실업 증가 등과 함께 국가 간 전쟁이나 장기간 경기침체가 오기도 한다. 한편, 1)관세가 오른 만큼 자국 내 생산 제품 가격을 올리기도 한다. 또한, 2)관세로 인해 수입 물품 가격이 올라 **물가상승**인플레이션을 자극하기도 한다.

15세기 이후 유럽은 보호무역주의가 강했다. **중상주의**는 대표적인 보호무역주의다. 중상주의는 상업을 중시하는 의미이나 주된 목적은 국가의 부(富)를 늘리는 정책이다. 국가가 보유한 금과 은을 늘리고, 이를 위해 해외 식민지 개척도 추진했다. 대표적인 중상주의 학자 콜베르프랑스 재상는 국내 제품 수출을 장려하고 외국 제품 수입을 억제했다. 중상주의는 서로 수입을 억제하다 보니 국가 간 교역이 잘 이루어지지 않았다. 『국부론』을 쓴 영국 경제학자 애덤 스미스는 **중상중의를 비판**했다. 국가 간 분업을 통한 자유무역을 강조했다. 무역에 국가가 간섭하지 않아야 경제가 더 발전한다는 것이다. 두 나라 간 잘 만들 수 있는 물건을 생산해 거래하면 모두 이득을 볼 수 있다고 주장했다. 당시 자유무역주의는 영국처럼 일찍 **산업혁명을 겪은 나라에 유리**했다. 품질과 가격 경쟁력에 앞서 있고, 해외 식민지도 있어 물건을 팔 시장도 많았다. 하지만, 산업혁명에 뒤처진 미국은 보호무역을 주장할 수밖에 없었다. 2차 대전이 끝나고 미국이 세계 최강 경제국이 되면서는 입장이 바뀐다. 세계 경제의 주도권이 16세기 이전 포르투갈, 스페인, 17세기 네덜란드, 18~19세기 영국이었다면 20세기 들어서는 미국이다. 경쟁력을 지닌 물건을 미국이 생산할 수 있다 보니 **미국은 자유무역 중심으로 바뀐다**. 하지만 20세기 후반 개발도상국이 값싸고 품질 좋은 물건을 만들어 내자, 미국 등 선진국들이 보호무역주의를 들고나온다. 이를 **신(新)보호무역주의**라고도 한다. 한때 세계 최고 품질이었던 미국의 자동차 산업은 일본, 우리나라, 유럽 등의 저렴하고 품질 좋은 자동차에 밀리게 되었다. 대규모 실직자 양산, 러스트벨트 지역경제 붕괴 등을 겪었다. 그로 인해 미국 정부는 강력한 자동차 보호 대책들을 쏟아냈다. 현대에 와서는 경제적으로 힘 있는 나라가 **힘없는 나라에 보호무역을 강요**하고 있다. 미국도 무역적자(지출)수입 해소를 위해 강한 보호무역 정책을 내세우고 있다.

스무트-홀리 관세법

미국의 스무트-홀리 관세법Smoot-Hawley Tariff Act은 리트 스무트상원 재무 위원장와 윌리스 홀리하원 세입세출 위원장에 의해 추진되었다1930년. 법안 명도 그들의 이름을 따서 만들었다. 원래 글로벌 과잉생산으로 농산물 가격 하락에 힘들어하던 농민 보호를 위한 법이었다. 미국 후버 대통령의 공약 사항으로 **농산물 관세를 인상**하자는 것이었다. 하지만 입법과정에서 2만여 개가 넘는 **공산품까지 확대**되었다. 평균 관

그림 45 스무트 의원(오른쪽), 홀리 의원(왼쪽)

세율이 이전 40%에서 59.1%로 올라갔다. 최고 400% 관세를 물리기도 했다. 1830년 이후 최대치 관세율이었다. '외국에서 만든 물건에 높은 세금을 매기면 가격이 비싸진다. 외국산 대신 국내산 물건을 많이 사게 되고, **국내 산업이 보호**된다'라는 논리였다. 어빙 피셔 등 경제학자들은 이 법안에 반대했다. 미국이 무역 장벽을 높이면 유럽이 미국에 상품 수출을 못하게 된다는 것이다. 세계대전 후 최대 채권국인 미국에게 채무국가 유럽이 빚을 못 갚는 상황을 우려했다. 미국 기업인들도 **보복관세**로 수출길이 막힐 걸 우려했다. 법안이 통과되자 캐나다, 영국, 프랑스 등이 미국산 수출품에 대해 관세 등 무역장벽을 높였다. 미국의 관세 허들이 '보복관세'로 이어지는 악순환이 된 거다. 특히, 자유무역 기조를 이어오던 영국마저 모든 상품에 25% 관세를 부과하는 일반관세를 도입한다. 그 결과 미국의 수출량이 절반 아래로 급격히 줄어들었다. 미국 산업 보호를 위해 만든 법이 부메랑으로 미국 수출을 막는 장애가 되었다. 미국 기업들이 무역 장벽을 피하기 위해 해외에 공장을 세우게 된다.

관세법이 악화시킨 대공황

스무트-홀리 관세법으로 인한 글로벌 무역 감소는 결국 1930년대 **미국 대공황** 악화로 이어졌다. 대공황의 원인으로 과잉생산, 실업자 문제 등을 꼽지만, 스무트-홀리 관세법의 영향도 컸다. 보복관세 등으로 생산한 물건이 팔리지 않아 재고가 쌓이고 기업 파산, 노동자 해고로 이어졌다. 비단 미국뿐만 아니라 유럽까지 동반해 대공황으로 글로벌 경제가 망가졌다. 미국의 실업률은 1929년 3%에서 1933년 25%까지 늘었다. 전 세계 무역량은 1929년부터 1933년까지 1/3로 줄었다. 스무트-홀리법 법안을 추진 했던 공화당 3인방 후버

그림 46 대공황 당시 뱅크런

대통령, 스무트 의원, 홀리 의원은 모두 다음 선거에서 지거나 나오지 못했다. 공화당 후버 대통령은 1932년 대선에서 대공황 해법인 뉴딜정책을 앞세운 프랭클린 루스벨트 민주당 후보에게 졌다. 대통령이 된 루스벨트는 **호혜통상협정**Reciprocal Tarriff Act을 만들었다. 미국에 관세를 낮춰주면 미국도 최대 50%까지 기존 관세를 낮춰주겠다는 내용을 담았다.

GATT, WTO, FTA

2차 대전 막바지인 1944년 7월, 연합국 44개국이 미국 브레튼우즈에 모인다. 국제통화기금IMF과 국제부흥개발은행IBRD 출범에 합의한다. 국제무역을 담당하는 **국제무역기구**ITO(International Trade Organization) 출범도 결의한다. 53개국이 ITO 설립조약인 아바나 헌장에 서명한다1948년. 하지만, 미국 상원에서 아바나 헌장 비준 동의가 거부되며 ITO는 출범하지 못한다. ITO 설립이 실패하였지만, 2차 대전 이후 대공황을 막기 위한 논의가 시작된다. 국가 간 무역 활성화 공감대가 형성되고, 미국 주도하에 **GATT(관세와 무역에 관한 일반협정)**를 통해 자유무역을 추구했다1947년. 국가 간 협상인 '라운드Round'에서 무역 전반에 대한 합의를 이끌며 무역 질서를 잡아간다. GATT 체제에서는 각종 무역 차별을 철폐하고자 했다. 1)관세를 낮추고, 2)수출입량 제한을 없애며, 3)수출 보조금 폐지 등을 주장했다. 대표적인 원칙이 최혜국 대우와 내국민 대우다. 즉, 교역에서 동등한 기회 부여다. '**최혜국 대우**'는 특정 국가에만 차등적인 특혜를 부여하지 않는다는 원칙이다. 모든 회원국들이 '수출 관련' 가장 좋은 조건을 동등하게 부여받는다. '**내국민 대우**'는 수입품에 대해서도 국내 제품과 동일한 대우를 해야 한다는 의미다. 세금과 규제에서 '수입품'을 차별해선 안 된다는 것이다. GATT 체제는 1960년대 케네디 라운드, 1970년대 도쿄 라운드, 1980년대 후반부터 1994년까지 우루과이 라운드를 통해 자유무역을 확산시켰다. 자유무역 확대는 우리나라, 대만, 홍콩 등 **신흥국의 발전**으로 이어졌다. GATT는 자유무역을 지향하는 **세계무역기구 WTO**World Trade Organization 설립으로 이어졌다1995년. GATT는 정식 국제기구가 아니어서 권한이 적었다. 이에 우루과이 라운드에서 WTO를 창립하게 된다. WTO는 국제 무역 질서, 관세 및 무역에 관한 규범 준수 등을 감시하는 역할이다. 국가 간 무역 갈등을 조정하고 제재 조치를 한다. GATT와 WTO는 여러 나라 간 의견 일치에 많은 시간이 소요된다. 그 결과 두 나라 또는 권역 간 협상을 하는 **FTA**Free Trade Agreement(**자유무역협정**)가 확산되었다. 대표적인 게 1990년대 초 NAFTA(북미자유무역협정)다. 미국, 캐나다, 멕시코 간 다자 무역 협상이다.

관세와 환율

미국이 관세를 높이면 미국에 수입되는 상품 가격이 오른다. 수입 물품 가격이 오르면 사려는 수요가 줄어든다. 수입 물품이 덜 팔리니, 수입 상품 대금 지급을 위한 달러 유출도 감소한다. 미국 밖으로 달러 공급이 줄어들면서 달러 부족 현상에 **달러 가치는 상승**한다. 달러 가치 상승은 환율 상승이다. 환율은 **다른 나라 돈 기준** 우리나라 돈의 가치다. 즉, 환율 상승은 다른 나라 돈의 가치 상승이다. 미국 1달러(다른 나라 돈 기준)=1,100원(우리나라 돈)에서 1달러=1,400원으로 바뀌는 게 달러 가치 상승 즉, 환율 상승이다. 미국 달러 가치가 높아졌기에 우리나라 돈을 더 줘야만 한다.

> 환율 상승(상대방 국가의 화폐 가치 상승) 미국 1달러 1,100원 → 1,400원

중국 희토류 보복

'희소자원'이 비관세 대응카드로 유용하게 활용될 수 있다. **희토류**드물 희稀, 흙 토土, 무리 류類는 희귀한 광물이란 뜻이다. 흙 속의 희귀 금속 17종을 말한다. 가전제품, 스마트폰 등 일상 IT 제품 등에 광범위하게 쓰인다. 전 세계 물량의 **90%가량을 중국이 독점 생산**하고 있다. 미국이 경제보복을 하면 중국은 희토류 카드를 검토하곤 한다. 관세 맞불로는 미국을 이길 수 없기 때문이다. 중국이 미국에 수출하는 물량보다 미국산 수입 물량이 적어서다. 중국은 희토류를 전략 무기화 하고 비관세 대응 카드로 활용하고 있다. 2010년 센카쿠열도 영유권 분쟁 당시 중국이 희토류 수출 중단을 선언하자 일본이 백기를 들기도 했었다. 요소수는 디젤차 운행에 꼭 필요하다. 우리나라

는 **요소수** 주원료인 요소를 중국에서 90% 이상 수입해 왔다. 중국이 요소수 수출을 중단하자 요소수 대란이 발생하기도 했다. 1)미국이 중국을 견제하는데 호주가 동참하자, 2)중국은 호주산 석탄 수입을 중단했다. 3)석탄 공급이 줄어들자, 중국 내 석탄 가격이 급등했다. 4)석탄에서 추출하는 요소 가격도 급등했다. 5)중국이 자국 내 요소 확보를 이유로 수출을 중단해 6)우리가 피해를 입었다. '관세론자' 트럼프 대통령 재임 시절 2017~2021년 미·중 무역 갈등이 극에 달했다. 중국은 트럼프 지지층 밀집 지역에서 생산되는 상품을 보복 대상으로 삼기도 했다. **미국산 콩, 목화, 돼지고기 등에 대한 수입 중단 카드**를 쓰기도 했다. 3~4시간이면 끝나던 미국산 체리 통관을 일주일 이상 지연시키면서 일부러 썩히기도 했다. 중국이 미국산 콩 수입을 금지하면서 국제 콩 가격이 하락하기도 했다.

2-23

대공황을 극복하게 한 케인스

유효수요 진작

그림 47 존 메이너드 케인스

존 메이너드 케인스1883~1946년, 영국 경제학자는 **미국 대공황 해법**을 제시한 학자다. 그 해법은 '**유효수요 진작**'이다. 과잉생산초과생산에 대한 충분한 소비가 없으니, 정부가 나서서 유효소비를 진작하라. 불황에 빠지면 투자자가 현금유동성을 쟁여두고 투자를 자제한다. 케인스는 이를 **유동성 함정**이라 했다. 유동성 함정이 경제회복을 방해하고, 더 심한 불황을 초래한다. 유동성 함정을 탈출하기 위해선 '**정부 재정지출**'을 통한 **유효수요 진작**이 필요하다. 1)유효수요 부족을 시장이 자동조절 할 때까지 기다리지 말고, 2)정부가 적극적으로 재정을 지출해 3)**단기간에 경기를 살려내라**는 것이다. 이를 위해 **저축의 역설**(저축하고 소비 안 하면 경기가 죽는다)을 주장할 만큼 소비를 중요시했다. 애덤 스미스로부터 미덕으로 여긴 자유주의 시대는 가고, **수정자본주의**가 대세가 되었다. **정부의 간섭과 규제, 복지 정책 확대**가 케인스의 주된 생각이다. 미국 대통령 프랭클린 루스벨트는 영국사람 케인스의 제안을 적극 수용했다. 이름하여 **뉴딜 정책**New Deal을 펼쳐 대공황 위기를 극복하려 했다. 물론, 2차 대전이 대공황을 이겨낸 더 큰 원인이라는 주장도 있다만.

미국 대공황

1차 대전 직후 미국은 유럽에 돈을 빌려줄 정도로 부유했었다. 해마다 엄청난 무역흑자를 올려 세계 최고 재력을 과시했다. 사람들은 뉴욕 증권시장으로 흘러들었고, 주가는 연일 사상 최고가를 기록했다. 여자들은 유행에 맞춰 패셔너블하게 옷과 신발을 바꿨다. 재즈 음악에 모두들 흥청거리고, 할리우드 영화는 세계 문화산업을 장악했다. 기계는 끊임없이 움직이고, 공장에선 물건이 넘쳐날 정도로 만들었다. 이런 풍요로움과 여유로운 일상이 영원할 줄 알았다.

하지만, 전쟁이 끝나고 미국에선 대공황이 찾아왔다. **미국 대공황**은 1차 대전 이후 미국의 경제호황이 어느 순간 불황으로 바뀐 대변화다. 1차 대전은 막대한 군수물자 공급을 원했다. 정부가 물건을 사서 전쟁터에 일단 쏟아냈다. 전쟁 비용은 전쟁에 이겨서 패전국에게 받아내면 되니까. 문제는 전쟁이 끝난 직후였다. 미국은 전쟁 직후에도 전쟁 당시와 동일한 물량을 생산했다. 하지만, 더 이상 물건을 쏟아낼 전쟁터가 없어졌다. 어느 순간부터 **과잉 생산**된 물건이 팔리지 않게 되었다. 그런데 노동자 월급은 그동안 호황에도 그리 오르지 않았다. 쥐꼬리만 한 월급으로 과잉 생산된 물건을 여유롭게 사 줄 수가 없었다. 물건은 남는데 **살 수 있는 사람이 적었던 거다**. 결국 물건이 안 팔려 공장은 문을 닫는다. 그로 인해 실업자도 대량 양산되었다. 공장에 돈을 빌려준 은행들도 같이 망하고, 은행에 예금을 넣어둔 부자들도 돈줄이 막힌다. **뱅크런**(대규모 예금 인출) 사태가 발생했다. 주식시장에서도 주식들이 휴지가 되었다. 검은 목요일1929년 10월 24일이라 칭하는 뉴욕증권거래소 대폭락은 그리 시작되었다. 미국 대공황은 바다 건너 유럽에도 영향을 미쳤다. **영국**이 국제수지 악화에 따른 금 유출을 못 견디고 **금본위제를 포기**했다1931년. 뒤이어 **미국도 금본위제를 포기했다**1933년. 각국이 보호무역을 강화하다 보니 불황은 더 오래 지속되었다. 대공황으로 인한 불황은 2차 대전 발발1939년 전까지 계속되었다.

우리 모두는 죽고 없다

케인스는 과잉생산을 해소하기 위해선 실업을 해결해야 한다고 주장했다. 물건을 사줄 여력유효수요을 만들어 줘야 한다는 것이다. 시장에 맡겨서는 해결되지 않고, **단기적이며 강력한 정부의 정책적 지원**이 중요하다고 말했다. 바로, **정부가 돈을 들여(재정지출) 유효수요를 일으키라는 것이다.** 유효수요는 1)사려는 의지와 2)살 수 있는 능력이다. 국민들이 살만한 능력이 되어야 한다. 이를 위해 기업에 돈을 풀기보다는 소비계층인 **노동자가 부자**가 되는 직진 길을 택한다. 구체적인 방법으로는 1)**공공사업**을 통한 일자리 창출, 2)**노동자 급여 수준을 올려주고**, 3)**노동자 복지를 강화**하는 것이다. 그러기 위해선 **강한 정부**가 필요했다. 노동자가 잘사는 나라가 되기 위해 기업들에게 이것저것 간섭도 하고 말이다. 독점기업 규제나 가격담합 등도 케인스에겐 척결 대상이었다. 더 이상 '보이지 않는 손'이 알아서 시장을 자율 조정하게 내버려두진 않았다. 기존의 경제학인 고전 경제학에선 수요는 중요하지 않았다. 공급만 잘되면 시장은 자율 조정을 통해 적정량이 팔리고, 실업도 발생하지 않고, 잘 먹고 잘살 테니까. 잠깐 균형을 잃고 위기가 와도 시장이 스스로 해결할보이지 않는 손 테니까 말이다. '장기적으로' 시장은 안정적으로 움직일 거라는 것이다. 고전학파의 자율적 시장 조정 기능에 '성미 급한' 케인스는 이렇게 답했다. 장기적으로 보면 **우리 모두 죽고 없다고.** 지금 당장 죽게 생겼는데, 장기적인 해법은 대공황에 답이 아니라는 것이다. 정부가 강력한 인공호흡으로 불황인 시장을 살려내라는 거다. 바로 당장 라잇 나우! 정부의 재정지출 등을 다루는 케인스 이론이 나온 이후, 자유방임 고전학파 경제학은 **미시경제학**으로 축소된 반면, 케인스 이론은 **거시경제학**으로 불리게 되었다. 미시는 작은 개념, 거시는 큰 개념이다. 미시경제학은 가계, 기업, 정부 각 경제주체 하나하나에 주목한다. 반면, 거시경제학은 가계, 기업, 정부를 모두 모은 국가(국제) 경제 전체를 분석한다.

루스벨트 정책

케인스의 주장 덕분에 정부는 강력해졌다. 정부가 노동자 계급의 요구도 잘 반영해 주고, 경기침체를 방어하며 강력한 대책들을 내놓는다. 미국 **루스벨트 대통령**은 1)정부가 남는 농산물을 사들여 농산물 가격 하락을 막았다. 2)**테네시강**을 막아 **발전소로 쓸 댐**도 만들었다. 댐을 만드는 데 많은 사람들이 동원되고, 그들이 월급을 받아 소비를 시작했다. 댐이 완공되어 전기료가 싸진 건 덤이다. 물론, 케인스의 요구를 잘못 반영한 나라들도 있다. 바로, 독일, 이탈리아, 일본이다. 너무 강력하게 정부를 꾸리다 보니 군대가 강해진 전제주의독재 국가가 되었다. 결국 2차 대전을 일으키고, 전쟁 비즈니스로 돈을 벌고자 했다. 그로 인해 덕 본 건 바다 건너 미국이다. 유럽에서 전쟁용 군수물자 유효수요가 많이 늘어났기 때문이다.

케인스와 마르크스

마르크스와 케인스는 자본주의가 발전해, 과잉생산과 과소소비로 대공황이 발생한다는 점에선 의견이 일치했다. 하지만, 대공황에 대한 해결법이 다르다. 케인스는 유효수요를 확대해 노동자들이 소비하게 만드는 정책이라면, 마르크스는 자본가의 생산력을 빼앗아 노동자들이 공동소유 하자는 것이다. 이를 위한 노동자 혁명은 필수다. 보다 급진적인 해결 답안이 마르크스다.

재즈

재즈는 1900년경 미국 루이지애나 **뉴올리언스**에서 탄생했다. '루이지애나'는 루이 14세의 땅에서 유래했다. '뉴올리언스'는 누벨 오를레앙새로운 오를레앙이다. 오를레앙은 100년 전쟁에서 잔 다르크가 영국과 전투를 벌여 구한 프랑스 도시다. 프랑스에선 부르봉 왕가 차남 작위를 오를레앙이라고도 했다. 루이 15세는 5살에 왕위에 오르고, 그를 대신해 섭정 오를레앙공 필립이 성년이 되기 전까지 통치했다. 누벨 오를레앙은 '섭정 오를레앙공 필립의 땅'이었다. 재즈는 아프리카계 1)미국 흑인의 노동요에 2)블루스, 미국 흑인 춤곡인 3)래그타임Ragtime, 4)흑인 브라스 밴드 행진곡, 5)흑인 가스펠, 6)유럽 클래식 등이 합해졌다. 거친 음색, 불규칙한 리듬, 즉흥연주 등이 더해지며 재즈가 발전했다. 1920년대 재즈는 미국 호황과 더불어 유럽에 전해지며 크게 유행하게 되었다. 1930년대부터는 '스윙Swing'이

그림 48 재즈 오케스트라

라는 경쾌한 리듬의 재즈가 미국 국민음악으로 번성하게 되었다. 개인적으로 영화 〈화양연화〉에 나온 '퀴자즈 퀴자즈 퀴자즈^{글쎄요, 글쎄요, 글쎄요}'란 재즈를 좋아한다. 왕가위 감독이 좋아했던 것처럼.

2-24

공짜 점심은 없다, 밀턴 프리드먼

정부개입 최소화

밀턴 프리드먼1912~2006년은 케인스와 정반대 주장을 펼친 경제학자다. 케인스는 대공황 시절1930년대 정부의 적극적인 재정 개입을 통해, 불황에 빠진 경제를 살리는 데 역점을 뒀다. 소비자의 유효수요를 늘리기 위한 정부 재정정책이 가장 중요하다. 소비 여력이 생기도록 정부가 적극적으로

그림 49 밀턴 프리드먼

돈을 풀라는 의미다. 반면, 프리드먼은 **정부 개입의 최소화**와 경제적 자유를 주장한 **자유주의자**다. 강력한 정부의 역할보다 **자유주의 시장경제**를 옹호했다. '과감한 감세 정책, 복지 축소, 노동시장 유연화 등'을 통해 자유로운 시장 기능 활성화를 원했다. 부활한 애덤 스미스라고나 할까. 자발적이고 합리적인 경제주체들이 의사결정을 하고, 시장이 원만히 조정하도록 **내버려 두라!** 괜히 정부가 나서서 인위적으로 간섭하려 하지 말고 말이다. 스태그플레이션1960~70년대을 해명하며, 그의 주장이 힘을 받는다. **스태그플레이션**Stagflation은 스태그네이션Stagnation과 인플레이션Inflation의 합성어다. 1)경기후퇴와 실직실업률 증가+2)물가상승이 동시에 나타난다. 경기후퇴이므로 케인스 조언대로 **정부가 돈을 풀면** 1)**물가는 더 상승하고**인플레이션 2)물건 값이 더 비싸진 결과 **소비는 더 줄어들게 된다**. 케인스의 돈 풀기식 처방은 틀렸다는 것이다. 프리드먼은 그동안 대세였던 케인스 주장의 한계를 증명해 냈다. 프리드먼은 시카고대학교 교수를 오래한 덕에, **시카고학파**의 지도자로도 통했다. 노벨경제학상1976년을 받았다.

세상에 공짜 점심은 없다

프리드먼의 유명한 말로는, "**세상에 공짜 점심은 없다**"가 있다. 미국 서부개척시대 어느 술집에서 술을 일정 한도 이상 마시면 공짜 점심을 줬다. 공짜라 생각하지만 밥값 이상 술값을 내야 했다. 어떤 것을 선택하면얻으려면 상응하는 대가를 치러야 한다. 이를 경제학에서는 **기회비용**포기비용이라 한다. 이솝우화 『개미와 베짱이』처럼 여름날 즐겁게 논 베짱이는 추운 겨울 혹독한 굶주림을 겪는다. 선택에 따른 대가다. 지금 당장 어렵다고 1)국가가 채권 발행을 남발하거나, 2)무상보육(급식) 복지 파티를 열면 **빚의 지연**일 뿐이라는 것이다. 언젠가 갚아야 할 부채이기에 바람직하지 않다는 것이다. '**정부야 가만히 있어!**'다. 여기에 한술 더 떠 **정부를 믿지 말라**고도 했다. 일관성 없는 관료의 갈팡질팡 정책을 비판했다. **샤워실의 바보**Fool in the shower 이야기다. 바보는 샤워할 때 뜨거운 물과 차가운 물을 번갈아 바로바로 틀다 망한다. 뜨거운 물이 나오면 바로 찬물로, 차가운 물이 나오면 바로 뜨거운 물로 확 돌린다는 것이다. 예를 들면, 경기가 바닥을 벗어나 회복하려는데 경기부양책을 펼침으로써 경기과열을 만든다. 반대로, 경기과열이 진정되고 있는데 경기안정책을 내놓아 경기침체로 만든다는 것이다. 정부 정책에 절대적 우호감을 보인 케인스와 정 반대 생각이다. 정부가 하는 정책은 틀릴 수 있다는 것이다. 엘리트 집안 출신 케인스와 달리, 프리드먼은 가난한 유대인 이민자우크라이나 집안이라 정부에 의구심을 가졌던 걸까. 정부는 최소한의 역할만 하는 **작은정부**를 주장했다. 정부 규제(간섭) 결과 빈익빈 부익부부의 불평등가 늘어날 뿐이다. 자유시장 예찬론자답게 자유평등이 최고의 미덕이다. 대기업 문제도 스스로 해결해야 한다. 정부가 규제를 가하면 일자리 창출과 소득 성장에 방해될 뿐이다. 두려운 건 국가권력이지 시장 문제가 아니라는 것이다.

재정 준칙주의

프리드먼과 그를 추종하는 경제학자들을 **통화주의 학파**라고 한다. 정부 재정 지출케인스 보다 통화정책을 중요시해서다. 미국 대공황 원인은 유효수요 부족케인스이 아닌 **통화 공급 부족**에 따른 극심한 금융경색에서 찾았다. 프리드먼은 정부가 통화정책을 잘했다면 대공황이 없었을 것이라 말했다. 그는 인플레이션물가상승은 화폐적 현상이라고 했다. 화폐를 늘리면 화폐 가치가 떨어지고, 물가상승이 뒤따른다. 화폐 발행이 고용과 경제성장에 강력한 영향 요소라는 것이다. 케인스처럼 정부가 화폐를 풀면 인플레이션물가상승만 유발한다고 경고했다. **재정정책=화폐 증가=인플레이션!** 정부가 통화량 증가를 통해 자의적으로 경제에 개입하면 경제적 자유만 위협할 뿐이다. 정부의 재량적 통화정책 대신 **준칙주의 정책(원칙을 세워라)**을 도입하라고 했다. 화폐 공급량을, 경제성장률을 감안해 일정 기준(준칙)에 따라 **매년 완만하게 증가**시키는 게 최선이라는 것이다. '통화 준칙주의!' 프리드먼은 인플레이션과 알코올 중독 해결책이 비슷하다고 했다. 술을 줄이듯, 화폐 증가율을 줄여라! '중앙은행 독립성'을 보장해 정치 논리에 의해 재정정책이 좌우되는 것도 방지해야 한다고 주장했다.

구축효과, 항상소득

유동성은 '현금화할 수 있는 정도'다. 쉽게 유동성=현금 보유량통화량이라 하자. 케인스는 대공황 시절 **유동성 함정**을 이야기했다. 불황에 빠지면, 투자자들이 현금을 쟁여두고 투자를 자제한다. 유동성 함정이 경제회복을 방해하고 더 심한 불황을 초래한다. 유동성 함정을 탈출하기 위해선 정부가 재정정책을 통해 유효수요를 촉진해야 한다고 주장했다. 반면, 프리드먼은 **구축효과**를 이야기했다. 일종의 '감소효과'다. 구축몰 구驅, 쫓을 축逐은 '쫓아낸다'는 의미다. 정부가 개입하면 구축효과만 나타난다는 것이다. 정부가 내수진작을 위해 지출을 확대하면 민간투자가 오히려 위축된다. 정부지출은 세금이나 민간에서 빌린 돈으로부터 나오는데, 이로 인해 민간소비가 줄어든다 민간의 돈 부족 때문. **정부 지출 증가=민간 소비 감소**다. 또한, 정부가 나서서 가격, 이자율 등에 규제를 하게 되면 부작용만 커진다. 프리드먼에게 있어 **정부는 가만히 있으라!**

항상소득가설은 프리드먼이 주장한 소비함수 이론이다. 실질소득은 항상소득정기적, 확실한 평균수입과 임시소득변동적, 비정상적, 예측 불가능으로 나뉜다. **항상소득이 늘면 소비가 늘어나고, 임시소득이 늘면 저축이 증가한다**. 항상소득은 매월 받는 월급, 임시소득은 복권당첨이나 보너스 정도 되겠다. 항상소득이 소비 결정의 열쇠라는 것이다.

정부 실패 vs. 시장 실패

보이는 손(케인스)과 보이지 않는 손(고전학파) 싸움을 종합하면 프리드먼은 **정부 실패**(작은 정부 원해), 케인스는 **시장 실패**(큰 정부 원해)에서 출발했다. **정부 실패**는 시장에 대한 정부의 지나친 개입이 시장경제의 효율성을 떨어뜨리는 경우다. 반면, **시장 실패**는 시장에 자율적으로 맡겨 둘 경우 효율적 자원배분이 어려운 상태를 말한다. 즉, 애덤 스미스가 말한 보이지 않는 손이 제대로 작동하지 못하는 상황이다. 프리드먼은 단기 경기변동은 장기적으로 **시장이 자율적**으로 제자리로 돌아오게 한다는 것이다. 정부가 인위적으로 개입하면 효율성만 떨어트릴 뿐이다. **애덤 스미스, 프리드리히 하이에크, 밀턴 프리드먼**은 자유주의 경제학자다. 작은 정부, 규제 완화, 민간의 자유를 원했다. 호황 시기에 잘 들어맞는 정책이다. 반면, **케인스**는 경기침체에 **적극적으로 정부가 개입**해야 한다는 것이다. 대량 실업, 기업 파산에 정부가 뭐라도 해야 하지 않는가. 장기적으로 모두가 죽기에 불황기 정부가 단기적으로 나서야 한다고 말했다. 케인스는 큰 정부의 불황 해결법을 원했다. 보조금 정책, 세금 완화, 정부 재정지출로 유효수요를 늘린다. 미국 대학도 자유주의적 주장과 케인스적 주장이 나뉜다. [1]미국 시카고대, 미네소타대 등은 자유주의적 주장을, [2]미국 하버드대, MIT대 등은 케인스적 주장을 펼친다.

2-25

미국 대공황이 불러온 히틀러의 부활

히틀러 연설 재능

히틀러는 오스트리아에서 태어났다1889년. 오스트리아 최고의 미술학교인 '빈 미술 아카데미'에 입학하려 했지만 거절당한다. 이후 건축을 공부하려 독일 뮌헨으로 간다1913년. 하지만 건축학도 꿈을 이루지 못하고 어렵게 생활한다. 그러던 중 1차 대전이 발발하고1914년, 히틀러는 독일군에 자원입대한다. 연락병으로 전쟁에 참여해 죽을 위기를 넘기고 부상을 입기도 한다. 독일은 1차 대전에서 패배하고 히틀러는 계속 군 생활을 이어간다. 군 생활 중 히틀러는 독일 노동자당에 잠입해 첩보활동을 하란 지시를 받는다. 노동자당 모임에 참석한 히틀러는 우연히 일장 연설을 하게 되고, 자신이 **연설에 재능**

이 있음을 발견한다. 또한, 노동자당은 히틀러의 연설을 듣고 입당을 권유하게 된다. 군 생활을 정리하고 노동자당에 입당한 히틀러는 특유의 연설 능력으로 당수 자리까지 오른다. 당 이름도 '국가사회주의 독일 노동자당(나치당)National Socialist German Worker's Party'으로 바꾼다. **나치는 National이 독일어로 나치오날Nazional이라 읽는 데서 유래**했다. 히틀러는 뮌헨 지방정부를 전복하려 쿠데타를 일으키는 무모함을 보였으나 실패한다. 반역죄로 구속되고 재판을 받던 중 그의 연설 능력이 또 한 번 빛을 발한다. 재판이 오히려 전국적인 인지도를 올리게 되고 13개월 만에 가석방돼서 풀려난다. 수감생활 중 자신의 자서전인 『나의 투쟁Mein Kampf』을 쓰기도 했다.

대공황 기회

감옥에서 나온 히틀러는 **미국발 대공황**1929년을 잘 이용한다. 미국의 경기침체로 1차 대전 패전국 독일 경제는 손쓸 수 없는 지경에 이른다. 그럼에도 바아마르 공화국당시 독일 군소정당은 권력다툼에만 힘쓸 뿐이었다. 독일이 구심점 없이 흔들리는 상황이었다. 히틀러가 구심점이 되겠다며 그의 장기인 연설로 여론을 잡는다. '독일의 높은 실업률, 인플레이션, 경기침체는 계속될 것이다. 이를 해소하기 위해선 **사회주의자, 유대인이 사라져야 한다**'라고 주장했다. 미국 대공황 여파로 독일 노동자의 30%가 실업자가 된 상황이었다. 독일 국민의 절망과 분노가 극에 달했다. 대공황 이전1928년 2%대 지지율이던 극우 정당 나치당은 대공황 상황에선1930년 18%대 지지율을 얻는다. 히틀러는 대선까지 나가 2위36.8%로 선전한다. 1위53% 당선자는 고령의 전쟁영웅 힌덴부르크 장군이었다. **대공황 경제 위기가 히틀러에겐 전화위복 기회**였다.

레벤스라움

히틀러는 2인자 총리 자리에 오르게 된다. 이후 **수권법**전권위임법을 만들어 이를 의회에 통과시킨다. 삼권분립인 나라에서 원래 법률 제정은 의회가 담당한다. 그런데 수권법은 모든 **법률 제정 권한을 행정부에게 위임**하는 법이다. 행정부 마음대로 법을 만들 수 있으니 히틀러 독재가 가능해졌다. 히틀러는 나치당만을 유일한 정당으로 인정하는 법안을 만든다. 독일 의회 100%를 나치당이 차지하는 1당 독재가 가능해진다. 이후 힌덴부르크 대통령이 사망하자 수권법을 통해 **대통령과 총리를 합친 총통** 자리를 만든다1934년. 그 자리는 당연히 히틀러 차지였다. 히틀러는 1차 대전 후 체결한 **베르사유조약 파기**를 선언한다. 패전국으로서 배상의무를 하지 않겠다는 것이다. 여기에 독일군대 재무장을 선언한다. 그리곤 **라인란트 지역을 점령**한다. '라인란트' 지역은 1차 대전 이후 프랑스와 독일 간 비무장 완충지대였다. 라인란트 점령에도 영국, 프랑스는 대응을 제대로 못 했다. 전후 복구로 모두 힘든 시기였기 때문이다. 자신감이 붙은 히틀러는 **레벤스라움**살공간 구상을 계획한다. '게르만인의 대규모 영토 확장' 야심을 드러낸 거다. 히틀러는 오페라 작곡가 **바그너**1813~83년 음악을 좋아해 나치 선전도구로 이용하기도 했다. 바그너의 글이나 오페라에는 반(反)유대인 감정과 독일정신 찬양이 담겨 있다. 그래서일까 이스라엘에서는 바그너 음악 연주는 금기에 가깝다.

전체주의 극우 정당은 극단적 우파 성향을 가진 정당이다. 극단적 전체주의 우파를 **파시즘**Fascism이라고도 한다. 민족이나 국가 이익을 위해서는 개인의 자유를 희생해야 한다는 생각을 추구한다. 자유, 평등, 인권 등을 무시하고 국제법이나 국제질서도 거부한다. 자기 민족이나 자기 국가 우월주의에 빠져 다른 민족, 인종, 국가를 배척하거나 공격하기도 한다. 독일 히틀러, 이탈리아 무솔리니, 일본 군국주의가 그 예시다. 견제세력이 없는 1당 독재는 그래서 위험하다.

전쟁의 시작

독일 침공 첫 희생지는 히틀러의 고향 오스트리아였다. 독일은 오스트리아를 침공했지만 별다른 저항 없이 차지한다. 이후 체코슬로바키아 서쪽 지역인 '주테덴란드' 지역을 노린다. 이에 영국, 프랑스 대표는 '주테덴란드'까지만 차지하고 멈추라 요청한다. 독일은 이를 순순히 받아들이는데 이를 **뮌헨협정**1938년이라 한다. 하지만 6개월 뒤 독일이 체코슬로바키아 나머지 지역을 침공하면서 뮌헨협정은 휴지가 되고 만다. 히틀러의 다음 목표는 폴란드였다. 폴란드 침

공에 앞서 독일은 소련에게 제안을 한다. 폴란드를 같이 공격해 반
반씩 나눠 갖자는 것이다. 소련과 **독소불가침조약**1939년을 맺고 협력
을 다짐한다. 결국 소련과 독일 협공에 폴란드는 너무 쉽게 무너지
고 만다. 그렇게 2차 대전1939~45년은 시작되었다.

마지노선

마지노선은 최후방어선 의미로 쓰인다. 1차 대전 후 프랑스가 독일
공격에 대비해 만든 요새다. 프랑스 국방 장관 '앙드레 마지노' 이
름을 붙였다. 마지노선은 **프랑스와 독일 국경지역**북서부 벨기에 국경~남동
부 스위스 국경 **800km 지하 요새**였다. 10년간1927~36년 구축했지만, 독일
기갑부대가 '아르덴 숲' 쪽
으로 침공하면서 무용지물
이 되었다. 마지노선 중간
'아르덴 숲' 7km 정도는 요
새를 만들지 않았다. 1)경
비 절감과 함께 2)빽빽한 숲
을 통과해서 오긴 쉽지 않
다 판단해서였다. 독일은
이 점을 노려 아르덴 숲을
전차부대로 통과한다. 당시
프랑스는 1차 대전처럼슐리

그림 50 파리에서의 히틀러

펜 계획 독일이 벨기에를 지나올 걸로 예상했다. 프랑스와 영국 연합군은 군대를 프랑스 북쪽 벨기에 국경에 배치했다. 아르덴 숲을 통과한 독일군은 벨기에 쪽으로 북상해 연합군을 앞뒤로 포위해 버린다. 연합군은 고립된다. 다행히도 연합군33만 명(프랑스 14만, 영국 19만)은 **덩게르크** 지역프랑스와 벨기에 접경 해안 도시에서 민간 선박까지 동원해 군인들을 구출한다. 하지만, 독일은 진격을 거듭해 프랑스 **파리를 점령**한다. 비스마르크 프로이센의 파리 점령 이후 두 번째 파리 점령이었다. 1차 대전에선 독일이 파리 점령에 실패했지만 4주 만에 파리를 점령했다. 한편, 러시아에선 스탈린이 정권을 차지하는 과정에서 3만여 군 간부를 숙청했다. 프랑스를 점령한 독일은 러시아 침략을 결정한다. 군 간부가 없는 러시아는 침략할 만하다는 판단에서였다. 이는 폴란드를 공격하며 맺은 **독소불가침조약 파기**다. 독일은 우크라이나를 점령했지만 겨울 추위로 인해 모스크바 점령은 실패한다. 대신에 러시아 남서쪽 유전지대인 **스탈린그라드**현재 볼고그라드를 침략하지만 또 실패한다.

노르망디 상륙작전

노르망디 상륙작전1944년 6월 6일은 2차 대전 연합군 승리의 발판이 되었다. 연합국 대표들은 이란 테헤란에 모여 프랑스 북부 상륙작전을 결의했다1943년 11월. 무솔리니의 이탈리아는 이미 항복했고1943년 9월, 독일과의 마지막 전쟁만 남아 있었다. 상륙 후보지는 네 군데(브르타뉴, 코탕탱반도, 파드칼레, 노르망디)였다. 연합군은 거짓 정보를 흘렸고 독일은 상륙지를 파드칼레 지역으로 오판했다. 상륙작전 직전일 강풍과 높은 파도가 일어 작전을 전개할 수 없게 되었다. 이에 상륙작전이 물거품 된 줄 알고, 독일군 고위 지휘관들은 휴가를 가기도 했다. 하지만, 연합군 측은 작전을 강행한다. 공식 작전명 '넵튠Neptune(포세이돈 영어식 이름)' 상륙작전이 시작되었다. 노르망디 해안 80km를 5개 구역으로 나눠 진행했다(유타미국, 오마하미국, 골드영국, 주노캐나다, 소드영국). 노르망디로 침투한 연합군은 그해 8월 프랑스 파리를 점령한다. 그 이후 독일 본토로 진격해 들어간다. 동부 전선에선 소련의 공격도 더해진다. 그 결과 전세는 연합군 측으로 기울어가게 된다. 엄청난 사상자를 낸 2차 대전도 독일의 패배로 끝난다. 히틀러는 독일 패망 직전 그의 연인에바 브라운과 결혼식을 올린다. 그리곤 지하 벙커에서 둘은 자살한다. 스티븐 스필버그 감독의 〈**라이언 일병 구하기**〉1998년작는 노르망디 상륙작전에 성공한 미군들이 프랑스에 있는 라이언 일병을 구해오는 과정을 그린 영화다. 영화 초반 노르망디 오마하 해변 전투 장면이 30여 분간 나온다.

폴크스바겐

히틀러는 자동차 공학자 '**페르디난트 포르셰**'에게 국민차 프로젝트를 진행시켰다. 저렴하고 안전한 자동차를 만들라는 것이다. 조건은 1)성인 2명과 어린아이 2~3명이 탈 수 있어야 한다. 2)시속 100km

속도로 달리며, 3)연비가 좋아야 한다. 4)가격이 1,000마르크 이내로 저렴해야 한다는 것이었다. 자동차는 동글동글한 귀여운 모습으로 탄생한다1938년. 국민차라는 뜻의 독일어 **폴크스바겐**Volkswagen이란 이름도 얻는다. 히틀러는 실업자 구제, 병참 활용 등을 위해 **아우토반 고속도로** 건설에도 힘을 쓴다. 2차 대전 전까지 3,000km가 넘는 고속도로망이 건설된다. 히틀러는 국민들에게 '900마르크 우표를 사면, 자동차를 한 대씩 받을 수 있다'라고 선언했다. 그로 인해 독일 국민들은 우표를 사 모았다. 하지만, 그 돈은 2차 대전 전쟁비용으로 쓰였다. 히틀러의 국민차 약속은 결국 지켜지지 못했다.

콩피에뉴 숲 열차

1차 대전 휴전협정은 프랑스 북부 **콩피에뉴 숲속 열차 객실**에서 체결되었다. 당시 연합군 본부는 '상리스'라는 도시에 있었다. 패전국 독일군을 상리스로 불러 협정을 할 수도 있었다. 하지만, 연합군 총사령관 페르디앙 포슈 장군은 상리스 주민들의 마음을 고려했다. 상리스는 독일군 공격에 큰 피해를 입은 곳이었다. 상리스 주민들에게 독일군 얼굴을 보여주는 건 무리라 판단했다. 또한 독일군에게 모멸감을 덜 느끼게 하려는 배려도 있었다. 휴전협정1918년 11월 11일은 대중에게 노출되지 않고 핵심 인사들만 참석한 채 진행되었다. 이후 프랑스 정부는 이 열차를 **파리로 옮겨 전시했다**. 전시된 열차는 녹일로선 항복 문서에 서명한 굴욕의 장소였다. 이 열차는 **22년 뒤 다**

시 콩피에뉴 숲으로 옮겨졌다. 히틀러가 굴욕을 되갚기 위해 '프랑스 항복 서명식'을 똑같이 연출했다1940년 6월 22일. 히틀러는 프랑스 포슈 장군이 앉았던 그 자리에서 항복을 지켜봤다. 이후 이 열차는 연합군과 독일군 간 전투 과정에서 불타버렸다. 지금은 콩피에뉴 숲의 '프랑스 국립전쟁기념관'에 열차 객실을 재현해 놓고 있다.

그림 51 1918년 콩피에뉴 1차 대전 휴전 협정

2-26

간디의 소금 행진, 그리고 인도와 파키스탄 분리

간디와 소금 행진

간디1869~1948년는 인도의 지방 고급 관리 아들로 태어났다. 본명은 '모한다스 카람찬드 간디'다. 인도의 세계적 시인인 타고르가 **마하트마**위대한 영혼라고 찬양하면서 '마하트마 간디'로 불린다. 간디는 영국에서 교육받고 영국 변호사가 된다. 변호사 업무를 위해 방문한 1893년 남아프리카공화국에서 그의 인생이 바뀐다. 내성적이고 말주변 없던 간디는 남아공에서 유색인종으로 차별받는 인도인의 삶을 겪으며 인권운동에 나선다. 남아공 인도인과 함께 **비폭력, 불복종 투쟁**에 나서고 인도인의 인권을 회복해 나간다. 이후 간디는 인도의 독립을 위해 20여 년간 머물던 남아공을 떠나 인도로 돌아간

그림 52 간디의 소금 행진

다1914년. 1차 대전1914~18년 때 영국 정부는 인도에 자치권을 주겠다는 약속을 하고 인도인을 전쟁터에 동원했다. 하지만 1차 대전이 끝나고도 영국은 가혹한 통치를 이어갔다. 영국이 인도인을 재판 없이 투옥할 수 있도록 한 **로울라트법**이 만들어지자1919년 인도인들의 저항이 일어난다. 영국에 대한 희생의 대가가 탑압이라니! 간디는 영국 지배체제에 대한 불복종 투쟁에 나선다. 간디는 인도 분열 원인이 인도인의 지역감정과 종교적 분쟁에 있다고 생각했다. 제국주의영토 확장 침략주의에 대한 비난과 종교 간 화합, 민족의식을 불어넣기 위해 앞장선다. 하지만 폭력에 저항하기 위한 폭력에는 반대했다. 어떠한 경우에도 **폭력을 사용하지 말자**며 호소했다. 비폭력 저항을 이끌며, 영국 제품 불매운동, 세금 납부 거부, 공립학교 불(不)취학, 물레 장려 등 범국민 운동을 펼친다. 물레 장려는 착취적 산업화에 대한 저항이었다. 단식, 파업, 행진 등 비폭력 저항주의는 간디 독립운동의 근간이 되었다. 1930년 1월 26일 인도 독립선언서가 선포되고, 간디 등 정치인들의 저항운동이 거세졌다.

영국은 소금 생산을 정부가 독점하고 **소금에 비싼 세금**을 물렸다. 간디는 소금세 폐지를 위해 자신의 제자 70여 명과 함께 행진을 시작했다. 인도 서부 아마다바드에서 바닷가가 있는 단디까지 25일간을 걸어간다1930년. 비폭력 저항운동이었다. 바다에 도착했을 때에는 수많은 인도인이 그를 따랐다. 간디는 도착한 바닷가에서 소금을 만든다. 이는 인도 독립운동의 중요한 시발점이 되었다. 인도인들은 **소금 행진** 같은 비폭력 저항운동을 '진리에 대한 헌신'이란 뜻의 **사티아그라하**Satyagraha 운동이라 불렀다. 결국 인도는 1947년 8월 15일 영국으로부터 독립한다. 하지만 종교갈등으로 인해 인도에서 파키스탄이 분리독립 한다. 힌두교 광신자들은 간디를 못마땅해했다. 간디가 카스트 계급제도를 부정하고, 이슬람교를 인정한다는 이유에서였다. 간디는 반이슬람 극우파 교도가 쏜 총에 맞아 세상을 떠난다1948년. 하지만 지금도 간디는 인도인들에게 '인도 독립의 아버지'로 불리며 존경받고 있다.

파키스탄 독립

파키스탄은 '청정한 나라'라는 뜻이다. 간다라 미술의 발상지이기도 하다. 불교 지역이었으나 이슬람의 무굴제국^{지배계급 이슬람}이 들어서면서 이슬람화되었다. 영국 식민지 시절, 인도 내 이슬람인들은 파키스탄 독립운동을 펼친다^{1906년}. 힌두교를 벗어나 이슬람교인 만의 나라를 세우려 했다. 그 중심에는 '무함마드 알리 진나'가 있다. 인도 독립운동 3명의 영웅으로는 **간디, 자와할랄 네루, 무함마드 알리 진나**가 있다. 셋 다 영국에서 법학을 공부한 법률가이면서 민족주의자다. 간디는 비폭력 저항운동을 했다면, 네루는 사회주의 계급투쟁을 한 좌파다. 진나는 무슬림으로 힌두교와 이슬람교 간 단결을

그림 53 무함마드 알리 진나(왼쪽), 자와할랄 네루(오른쪽)

추구했다. 하지만, 힌두교도, 좌파 정치인과의 화합이 잘 되지 않았다. 결국 그는 **파키스탄 분리독립 노선**을 택했다. 1947년 파키스탄은 영국, 인도와 합의해 영국연방 내 자치령으로 독립하게 된다. 독립 후 진나는 파키스탄 초대 총독과 제헌의회 의장을 역임했다. 12월 25일은 진나의 생일로 파키스탄 국가공휴일이 되었다.

방글라데시 독립

파키스탄 독립 후 **동파키스탄**벵골 지역**과 서파키스탄이 서로 분리**하게 된다. 동파키스탄과 서파키스탄이 지리적으로 멀리 떨어져 있던 게 문제였다. 파키스탄의 권력, 군대, 예산 주도권을 서파키스탄이 쥐면서 동파키스탄이 소외되었다. 역사, 문화, 언어도 서로 달랐다. 서파키스탄은 우르두어를, 동파키스탄은 벵골어를 썼다. 파키스탄은 독립 직후 우르두어와 영어만을 공용어로 채택했다. 벵골어는 배제되었다. 파키스탄 이름에도 각 지역의 첫 글자 또는 마지막 글자가 들어갔는데, 동파키스탄 벵골 지역은 빠졌다. 서파키스탄은 종교와 정치 간 분리를, 동파키스탄은 정교일치를 원했다. 결정적으로 총선에서 동파키스탄 지역정당이 과반 의석을 차지하고, 총리 지명을 요청했지만, 거절당한 게 도화선이 된다. 당시 인구는 동파키스탄이 서파키스탄보다 약간 많았다. 동파키스탄벵골 지역이 독립을 요구하며 서파키스탄과 갈등이 생긴다. 동파키스탄은 인도와 국경분쟁에서 승리한 후, 서파키스탄에서 독립해 **방글라데시를 만든다**. 식민지 시절의 인도 영토가 인도, 파키스탄, 방글라데시 세 나라로 나누어지게 된다.

카슈미르 분쟁

카슈미르는 히말라야 산맥 서남쪽 끝자락 계곡 지대_{인도, 파키스탄, 중국 경계}다. 한반도만 한 면적22만㎢이다. 카슈미르 주민들은 인도와 파키스탄 분리독립 당시 파키스탄에 편입되길 바랐다. 주민 다수가 **이슬람교도**여서다. 하지만, 당시 카슈미르 영주가 힌두교도여서 인도에 편입을 요청했다. 그로 인해 파키스탄 지원을 받은 이슬람 무장 집단 침공이 있었고, 인도와 파키스탄 간 전면전이 벌어졌다. 카슈미르는 **파키스탄령**(서북쪽 아자드 카슈미르)**과 인도령**(동남쪽 잠무 카슈미르)으로 분리된다. 인도령 카슈미르 이슬람인들은 파키스탄 편입을 원하며 분리독립 운동을 하고 있다. 카슈미르 갈등은 두 나라의 핵무기 개발로 이어졌다._{인도 1974년, 파키스탄 1998년} 파키스탄엔 수자원 확보 측면에서 카슈미르가 중요하다. 티베트로부터 흐르는 **인더스강**이 인도령 카슈미르_{상류}를 거쳐 파키스탄_{하류}으로 흐른다. 인도가 파키스탄과 관계가 틀어지면 제재 수단으로 '수자원 공유 차단'을 압박하는 이유다. 두 나라 간 분쟁은 정치적 요인도 크다. 인도 모디 총리는 '힌두교인 민족주의'를 강조하고 있다. 이슬람에 강경할수록 정치적 입지가 커진다. **미국은 인도 편, 중국은 파키스탄 편**을 들고 있다. 미·중 간 서로를 견제하기 위해 양 국가를 밀고 있다. 파키스탄은 중국산 재래무기 중요 판매처다. 또한, 중국의 일대일로一帶一路:, 육해상 실크로드 사업의 전략요충지이기도 하다. 파키스탄과 중국 간 협업은 파키스탄 과다르항에 도착한 원유를 중국까지 운송하는 사업이다. 이를 위해 가스관, 철도, 도로망 구축 협력도 이뤄지고 있다.

크리켓 외교

인도와 파키스탄은 분리독립 이후1947년 갈등을 겪었다. 종교분쟁인도 힌두교 vs. 파키스탄 이슬람교, 카슈미르 갈등, 동파키스탄방글라데시 독립 등을 둘러싸고 갈등하며 전쟁도 한 사이다. 두 나라 간 공통점이 있는데 바로 **크리켓이 국민 스포츠**라는 점이다. 두 나라 간 크리켓 경기는 우리 한일전 못지않은 자존심이 걸려 있기도 하다. 크리켓은 야구와 비슷하다. 공을 방망이로 치고 달린다. 영국에서 시작되어서인지 영연방 국가영국 옛 식민지에서 인기가 높다. 1986년에도 인도와 파키스탄은 전쟁까지 갈 뻔했다. 다행히 전쟁을 피하면서 파키스탄 대통령이 인도에 친선 크리켓 경기를 제안한다. 인도에서 두 나라 간 친선경기를 했고 1987년엔 월드컵을 공동 개최하기도 했다. 이후 사이가 좋으면 크리켓 친선경기를, 사이가 틀어지면 해당 나라에서 개최하는 크리켓 경기 불참을 반복하고 있다.

<크리켓> 야구는 9회까지만 크리켓은 **공격 한 번, 수비 한 번 1회가 전부**다. 경기 시간은 보통 3시간으로 야구만큼 걸린다. 월드컵은 ODI^{One Day International}, 아시안게임은 트웬티20 방식으로 한다. 1오버는 6회 투구로 ODI는 50오버^{300개 투구}, 트웬티20은 20오버^{120개 투구}가 끝나면 공수교대다. 크리켓은 11명 중 10명을 아웃시키거나 50오버 또는 20오버가 끝나면 이닝이 끝난다. 아웃카운트 하나가 무척 소중하다. 볼러(투수)가 던지고 배트맨(타자)이 치는 사각형 구간을 '피치'라고 한다. 볼러(투수)가 던진 공이 배트맨(타자) 뒤 '위킷(나무 막대기)'을 맞추면 배트맨(타자) 아웃이다. 야구의 삼진아웃과 비슷하다. 배트맨이 친 공이 땅에 떨어지기 전에 잡혀도 아웃이다. 배트맨이 친 공이 땅에 닿지 않고 원형 바운더리(경계선)를 넘기면 6점, 땅볼이 바운더리를 넘기면 4점이다. 공이 바운더리 안쪽에 떨어지면 현재 배트맨과 다음 배트맨이 피치 안에서 서로 자리를 바꾸는 런^{Run}을 해야 1점, 자리를 2번 바꾸면 2점, 3번 바꾸면 3점이다.

인도 시크교도 갈등

시크교는 인도 북서부 펀자브주에서 이슬람교와 힌두교 영향을 받아 창시되었다^{15세기 초}. ¹⁾머리에 터번 두르고, ²⁾수염 기른 남자가 시크교도다. 인도 14억 인구 중 시크교도는 3,000만 명 정도다. 시크교는 카스트 신분제도를 인정하지 않는다. 사제가 따로 없어 성인이면 종교의식을 행할 수 있다. 세례를 받은 시크교도 남자는 사자를 뜻하는 싱^{Singh}, 여자는 공주를 뜻하는 카우어^{Kaur} 성을 받는다. 시크교도들은 파키스탄 분리독립^{1947년}에 영향을 받아 분리독립을 주장해왔다. 시크교도를 모아 '칼리스탄'이란 독립 국가를 세우겠다는 계획이었다. 1970~80년대 독립운동이 확대되자, 당시 인도 총리^{인디라}

간디는 무장 진압을 했고 독립 열기는 식게 되었다. 시크교도들은 인디라 간디자와할랄 네루의 딸 총리를 암살하기도 했다. 많은 시크교도가 미국, 캐나다 등으로 떠나기도 했다. 시크교도 출신 **만모한 싱 총리**는 10년간 인도 총리를 지내기도 했다. 그는 힌두교, 시크교 반목 등 종교갈등을 조율했다. 중국과 파키스탄 국경 마찰도 없이, 연간 8% 이상 경제성장률을 달성한 성공한 총리이기도 하다.

간다라 미술

마케도니아 알렉산드로스 대왕은 이집트, 페르시아를 정복하고 인도까지 진출한다. 유럽, 아시아, 아프리카에 이르는 대제국이다. 그리스 문화 거점으로 '알렉산드리아'라는 도시를 70여 개 세운다. 알렉산드로스는 정복지 융화책을 펼쳤기에 헬레니즘 문화가 만들어진다. 알렉산드로스가 죽은 뒤 그 후손들이 인도 캘커타 등을 정복했고, 인더스강 유역에도 동서양 문화가 융합해 **간다라**Gandhara 미술이 탄생한다. '그리스 로마풍 불교미술'이다. 동방의 불교와 서방의 고전미술이 만났다. '간다라'란 파키

그림 54 간다라 양식의 불상

스탄 '페샤와르 지역 일대'를 가리킨다. 기원전 5세기엔 페르시아, 기원전 3~4세기엔 그리스인이 이 지역을 지배했다. 덕분에 간다라에 페르시아와 그리스 문화가 전해졌다. **인도 쿠샨 왕조**기원전 78년~기원 후 225년 시기 헬레니즘과 로마미술 영향을 받아 간다라 불교미술이 싹튼다. 초기 불교에는 불상을 만들지 않았다. '형체가 있는 것에 집착하지 말라'는 석가의 가르침 때문이다. 불교 이전 고대 인도 종교나 철학에도 신상을 만드는 문화가 없었다. 반면, 그리스는 '**신의 모습을 신상화**' 하는 문화가 발달했다. 그리스 지배를 받으며 간다라 불상이 만들어지게 된다. 간다라 미술은 인도 본토의 문화와 다르다. 불교가 인도 태생이지만, 미술 양식은 헬레니즘과 조화된 혼합 미술이기 때문이다. 초기 간다라 불상에선 서구형 이목구비 등 헬레니즘 또는 로마 초기 조각상과 유사함을 보인다.

반달리즘

탈레반아프가니스탄 이슬람 무장 단체은 '**바미안 지역**아프가니스탄 중부 지역'의 **동서대불**을 폭파했다2001년. 바미안 계곡은 고대 실크로드의 핵심지였고, 간다라 불교미술의 중요 기록지였다. 1,500년이나 된 바미안 석불은 인도 쿠샨 왕조 때 만들어졌다. 동대불이 38m, 서대불이 55m 높이로 세계 최대의 입불상서있는 불상이었다. 탈레반은 반(反)이슬람 유물을 파괴하겠다 경고했고, 이를 실천했다. 미국 메트로폴리탄 박물관은 돈을 지불하고 불상을 옮기겠다 했지만 실패했다. 이전에도 아프가니스탄을 침공한 구소련 병사들의 총탄에 동서대불이 구멍 나기도 했었다1979년. 아프가니스탄 내전에선 폭격으로 머리와 다리 부분이 망가지기도 했다1998년. 중국의 석불들도 문화대혁명1966~76년 시기 많이 훼손되었다. **문화대혁명**은 전근대적인 문화와 자본주의를 타파하자며 마오쩌둥이 주도한 사회주의 운동이다. 지식인 등 수백만 명이 목숨을 잃고 낡은 풍속이라며 문화재가 파괴되었다. 예술 작품이나 문화재 파괴행위를 **반달리즘**Vandalism이라 한다. 반달리즘은 로마제국을 침략한 게르만족인 반달족Vandals이 로마제국을 파괴한 데서 유래했다5세기. 종교적이거나 정치적인 이유로 반달리즘은 인류 문명과 함께 했다. 반달리즘 중 종교적 우상 등을 파괴하는 행위를 **우상파괴**Iconoclasm라고도 한다. 프랑스대혁명 당시 한 주교가 군중들이 가톨릭 건축물과 예술품을 파괴한 걸 보고 로마를 침략한 반달족과 다름없다고 외친 뒤부터 쓰였다는 설이 있다.

2-27

분서갱유와 문화대혁명 그리고 흑묘백묘론

진시황제

550여 년간 지속된 춘추전국시대를 끝내고, 중국을 최초로 통일한 이는 진(秦)나라기원전 221년 진시황제다. **진시황제**는 중국 역사 최초로 **황제**皇帝 타이틀을 단다. 황제란 이름은 중국 신화에 등장하는 삼황오제三皇五帝에서 가져왔다. **삼황오제**는 고대 중국 전설 속의 제왕으로 3명의 황임금 황皇과 5명의 제임금 제帝를 뜻한다. 임금을 뜻하는 황과 제를 합쳐 황제 명칭

그림 55 진시황제

이 만들어졌다. 여기에 처음 황제를 단다고 하여 시처음 시始를 붙였다. 진시황제는 길이, 무게, 부피의 단위인 **도량형과 화폐 그리고 문자를 통일**했다. 반란이 일어나면 즉시 제압하기 위해 **전국의 도로를** 건설했다. 흉노족의 침입에 대비해 **만리장성을 축성**하기도 했다. 또한 중앙집권 국가를 만들려 했다. 이를 위해 기존 제후들이 지방을 나눠 다스리는 봉건제를 폐지하고, **군현제**를 실시했다. 군현제는 전국을 36개의 군으로 나누고, 그 아래 여러 개의 현을 두었다. 황제가 직접 지방인 군과 현에 관리를 파견했다. 봉건제봉할 봉封, 세울 건建는 황제가 토지를 제후에게 나누어주고, 그 지역을 통치토록 하는 분권제도다. 진나라는 공자의 유가사상 대신에 **법가 사상**(법치주의)을 국가통치 이념으로 삼는다. 유가사상의 도덕정치는 위험한 것으로 간주해 금지했다.

분서갱유

일부 유학자들은 진시황제의 정책에 불만을 제기했다. 유학자들은 과거 전례들을 들어 봉건제를 주장했다. 이에 승상국무총리인 '이사李斯'가 '비판적인 학자들의 책을 없애라'고 건의한다. 사사건건 책을 근거로 비판하는 유학자들을 봉쇄하기 위함이었다. 유학사상 등이 책을 통해 전해지니 이를 통제하려면 책을 태워야 했다. 이에 진나라는 **협서율**낄 협挾, 글 서書, 법률 률律을 만들었다. 민간에서 책을 사적으로 소유 못 하도록 금하던 법률이다기원전 213~기원전 191년. 나라에서 허용하는 학문 이외에는 세상을 혼란스럽게 한다며 책을 불살랐다(분서불사를 분焚, 글 서書). 이를 위반하면 얼굴이나 팔에 죄명을 새기거나, 성을 쌓는 일에 동원시켰다. 여럿이 금서를 읽다 적발되면 처형하고 시신을 길거리에 버렸다. 다만, 실생활과 밀접한 실용서들은 예외로 했다. 즉,

그림 56 분서갱유

의약(의학, 약학), **종수**(식물을 심고 가꿈, 농사일), **복서**(점치는 일) 등의 책은 예외로 했다. 진시황제는 죽음에 대한 두려움이 컸다. **불로장생**不老長生(늙지 않고 오래 삶)약을 구하려 했다. 서시徐市라는 자에게 어린 소년, 소녀 3,000명과 많은 보물을 실은 배를 준다. 동해에 있다는 신선이 사는 섬에 가서 불로장생 약초와 약을 구해오도록 했다. 그러나 서시 일행은 약을 구하지 못한 채 일본 쪽으로 도망쳐 버린다. 이후 진시황제는 신선이라 자칭하는 방술사方術士 노생과 후생이란 자를 불러 불로장생약을 구하고자 했다. 하지만 이들은 약을 구하지 못하고 진시황제를 비난하며 도망친다. 화가 난 진시황제는 자신을 비방한 460여 명의 유생들을 붙잡아 구덩이에 산 채로 묻었다(갱유구덩이 갱坑, 선비 유儒). 분서와 갱유를 합쳐 **분서갱유**焚書坑儒라 한다. **분서**는 책을 불사른다, **갱유**는 선비를 구덩이에 묻는다는 의미다. 분서갱유는

학문과 사상을 탄압한다는 의미로 쓰인다. 불로장생을 꿈꿨지만, 진시황제는 49세에 사망한다.

대약진운동과 문화대혁명

현대판 분서갱유가 문화대혁명 사건이다. 중국 국가주석인 마오쩌둥모택동에 의해 주도된 운동이다. 전근대적인 문화, 자본주의를 타파하고 사회주의를 실천하자는 운동이다. 문화란 가면 뒤에 폭력으로 얼룩진 극좌 운동이다. 문화대혁명의 출발점은 대약진운동 실패다. **대약진운동**은 중국 국가주석 마오쩌둥이 주도한 경제성장 정책이다. 1958년부터 1960년대 초 사이 3년여간 추진했다. 마오쩌둥은 중국 공산화 이후 모든 것들을 국유화하고, 공동경작 해서 공동으로 나눠 갖는 정책을 추진했다. 하지만 공산주의 경제 방식의 비효율과 부패로 인해 실패했다. 이를 만회하기 위해 대약진운동을 펼치게 된다. 그는 영국과 미국을 따라잡자며 공업 생산력을 높이려 했다. 7년 내 영국, 8년 혹은 10년 내

그림 57 문화대혁명, 홍위병 집회

미국을 따라잡자는 목표를 설정했다. 방법은 노동력을 대규모 투입하는 방식이었다. 농촌에서 강제로 인력을 뽑아 도시로 보냈다. 그로 인해 농촌의 노동력이 붕괴되고 농산물 생산이 대폭 줄었다. 반면, 인구 폭발 도시는 생필품 부족에 시달렸다. 공동생산과 배급제는 생산 의욕을 떨어트렸다. 자연재해까지 겹쳐 흉작으로 수천만 명이 굶어 죽는다. **기술개발 없이 노동력만으로 덤볐던** 공업 추진은 실패하고 만다. 농업과 경공업생필품 생산 쇠퇴, 중화학공업 과다 발전 결과만 남겼다. 마오쩌둥은 대약진운동 실패로 국가 주석직에서 밀려난다. **마오쩌둥**은 중국 공산당 건국의 아버지이자 독재자다. 장제스의 국민당과 싸우던 공산당은 몰락 위기에 처한다1934년. 마오쩌둥은 공산당을 이끌고 1년여간 약 1만 2,500km를 이동도망하는 **대장정**을 펼친다. 하루 40km 이상을 행군해 국민당 추격을 따돌린다. 이후 마오쩌둥의 공산당은 국민당과 내전 끝에 승리한다1945년. 대장정 때 포섭한 농민, 노동자의 지지를 받으면서다. 이후 베이징에서 중화인민공화국을 수립하고 최고 자리인 주석에 오른다.

대약진운동 실패 이후 중국 공산당은 두 갈래로 나뉜다. 마오쩌둥1대 중국 주석의 사회주의 대중노선과 류사오치2대 중국 주석, 덩샤오핑등소평의 **실용주의 노선**이다. 마오쩌둥 다음으로 주석이 된 류사오치는 실용주의 노선을 추진했다. 경제발전을 위해선 능력에 따른 대우를 받아야 한다는 것이다. 이는 모든 이가 똑같이 평등한 대접을 받아야 한다는 마오쩌둥 사상과 반대되었다. 경제를 살리기 위해 자본주의를 도입한 정책들이 성공하면서 실용주의자들이 지지를 받는다. 개인의 토지 소유와 농산물 판매를 인정하면서 생산력이 올라갔다. 이에 위기를 느낀 마오쩌둥은 **자본주의 타파**를 주장한다. 자본주의를 도입한 수정주의를 비판하며 청년들에게 들고 일어나라 주장한다. 낡은 것들을 몰아내고 기존 체제 권위에 대항하라. 마오쩌둥의 지시로 **홍위병**붉을 홍紅, 지킬 위衛, 병사 병兵(마오쩌둥을 보위하는 붉은색 병사)이 만들어진다. 홍위병은 나이 어린 중, 고, 대학생으로 구성되었는데 그 수가 1,000만 명이 넘었다. 그들은 마오쩌둥 사상을 따르며 중국 고유전통과 유교문화를 거부했다. 붉은 완장을 차고 무리 지어 다녔다. 학교를 폐쇄하고 실용주의 당관료, 교사, 지식인층을 무차별적으로 공격했다. 공산주의 체제를 비판할 가능성이 있는 인물들의 싹을 잘랐다. 부르주아가 키우는 짐승이라며 고양이들을 죽이기도 한다. 문화대혁명으로 마오쩌둥은 다시 권력을 회복하게 된다. 자신의 반대 세력을 모두 몰아냈다. 류사오치, 덩샤오핑도 권력에서 물러난다. 문화유산 피해도 심각했다. 문화재, 유교경전 등 문화유산도 파괴해야 할 구시대 물건이었다. 홍위병 중심으로 전국적으로 일어났던 극좌 사회주의 **문화대혁명**1966~1976년은 마오쩌둥이 사망하면서1976년 막을 내린다. 전체주의 정권의 청소년 이용은 비단 중국만의 역사는 아니다. 나치 독일의 **히틀러 유겐트**, 파시스트 이탈리아의 **바릴라**, 소련의 **콤소몰** 등이 있다.

넷플릭스 드라마 〈삼체〉에서도 문화대혁명을 다루고 있다. 물리학 교수예저타이는 아인슈타인의 상대성 이론을 제자들에게 가르쳐 왔다. 홍위병들은 아인슈타인이 미국 제국주의에 부역했다는 내용을 문제 삼는다. 예저타이는 홍위병들에 의해 사망하고 만다. 물리학도인 그의 딸 '예원제'는 아버지의 사망을 목격한 뒤, 거대한 안테나가 있는 중국 군사기밀 시설로 끌려간다. 그곳은 중국이 미국보다 외계문명과 먼저 접촉하려는 목적으로 만든 곳이었다. 전파를 태양으로 쏘는데 그 메시지가 외계문명에 도달하게 된다. 외계문명은 답신을 하고, 예원제가 그 메시지를 확인한다. 외계문명 중 평화주의자 외계인의 답신은 '회신하지 말라는 것'이었다. 회신하면 지구 위치가 노출되고 외계문명이 지구를 점령하러 온다는 것이다. 아버지가 처형되는 현실에서 예원제는 평화주의자 외계인의 말을 무시하고 외계문명에 답신을 하고 만다.

흑묘백묘론

문화대혁명 당시 덩샤오핑은 주자파走資派(자본주의 추구 세력)로 지목되어 권력에서 밀려난다. 그는 문화대혁명 기간 공장 노동자로 일했다. 하지만, 마오쩌둥 사망으로 문화대혁명이 끝나고 중국의 최고 실력자가 된다. 실용주의자 덩샤오핑은 개혁·개방 정책을 펼친다. 공산주의에 자본주의 시장경제를 더했다. 정치는 공산주의, 경제는 자본주의다. 그의 실용주 사상은 **흑묘백묘론**과 **선부론**에 녹아 있다. 흑묘백묘론黑猫白猫論의 묘(猫)는 '고양이 묘'다. **검은 고양이든 흰**

그림 58 덩샤오핑

고양이든 쥐만 잘 잡으면 된단다. 자본주의든 공산주의든 중국 인민을 잘살게만 한다면 된다는 정책이다. 덩샤오핑은 시장경제를 도입해 생산력을 높이려 했고, 덕분에 중국은 높은 경제성장률을 기록했다. **선부론**先富論은 **일부 사람을 먼저 부유하게 하라**는 뜻이다. 부자가 될 '투자 대상과 투자 지역' 우선순위를 정했다. 모두가 균등하게 부를 나눠 갖는 공산주의 기본개념과 반대다. 일부 엘리트가 먼저 부자가 되고, 그들이 가난한 이를 도와주라는 것이다. 지역적으로는 무역하기 쉬운 중국 동남 해안 도시부터 개발을 추진한다. 주요 지역을 경제특구로 만들고, 상하이, 광저우 등 도시를 개방해 해외투자를 유치했다. 공산주의식 공동생산, 공동분배 정책을 없앤다. 농민들도 의무 할당량을 넘어서는 수확물을 가질 수 있게 했다. 자본주의 경제를 배우도록 인재를 보내기도 하고, 덩샤오핑 스스로도 자본주의 선진국을 방문하기도 했다. 덩샤오핑은 미국 대통령지미 카터과 만나 양국 간 국교를 수립하기도 했다1979년.

덩샤오핑은 마오쩌둥과 같은 독재자를 막기 위해 헌법으로 국가주석 임기를 10년으로 제한했다. 하지만 2018년 시진핑 국가주석은 헌법 개정을 통해 그 제한을 풀고 10년 넘게 국가 주석직을 유지하고 있다2025년 기준. **일대일로**한 일一, 띠 대帶, 한 일一, 길 로路는 시진핑 주석이 제시한 중국의 대외 팽창 정책이다2013년. 21세기판 육·해상 실크로드를 만들어 만들려는 계획이다. 아시아, 아프리카, 유럽을 중국과 연결한다. 주로 경제적으로 어려운 개발도상국을 노린다. 미국이 힘쓰지 않는 국가에 기반 시설을 깔아주고, 군사기지 또는 보급 거점으로 활용한다. 차이나머니를 활용한 중국 중심의 세계질서 구축이다. 물론 공짜가 아니다. 일부 개발도상국들은 과도한 빚으로 인해 재정 악화 등을 겪기도 했다. 이자 등을 제대로 갚지 못한 기반 시설을 중국이 자산화하기도 했다.

양회두 량兩, 모일 회會는 해마다 중국에서 열리는 최대 정치행사다. 2가지 회의를 뜻하는 양회는 **전국정치협상회의(정협)와 전국인민대표회의(전인대)**를 통칭한다. 중국 정부의 한 해 경제, 정치 운영 방침이 정해진다. 특히, 경제성장 목표, 경기부양을 위한 경제정책 방향 등을 정하기에 주목해야 한다. 양회는 매년 3월에 개최되며 통상 일주일가량 진행한다.

NEW AND MAGNIFICENT
MERCHANTS' EXPRESS
Loading none but First-Class Vessels and
THE SPLENDID NEW C

CALIF

HENRY BARBER, Comman

his elegant Clipper Ship was built expressly for this trade by
RPRISE," "GAMECOCK," "JOHN GILPIN," and others. She
a very quick trip may be relied upon. Engagements should
Agents in San Francisco,
DE WITT KITTLE & CO. } RANDO

2-28

과도한 세금이 불러온 미국의 독립전쟁

보스턴 차 사건

세금 폭정에 대항한 시민혁명이 미국에서 일어났다. 영국은 7년 전쟁1756~63년을 통해 프랑스를 이기고 미국 중부 지역미시시피 동쪽을 차지했다. 영국은 7년간 전쟁 비용을 미국 식민지 세금으로 해결하려 했다. 영국은 미국 식민지가 수입하는 설탕, 커피, 포도주 등에 관세를 붙였다. 1)특히 **설탕세**1764~65년는 미국과 서인도제도 간 무역을 영국령 서인도제도로 제한하고, 여기서 수입하던 당밀과 설탕에 높은 관세를 부과한 제도다. 설탕세로 인해 미국인들이 럼주, 디저트를 먹기 어려워졌다. 2)이어서 **인지세법**1765~66년을 통해 미국 내 모든 인쇄물신문, 팜플렛, 계약서, 대학교 졸업장 등에 세금을 물렸다. 3)미국인들의 강

그림 59 보스턴 차 사건

한 저항으로 설탕세와 인지세를 폐지한 영국은 **타운센드법**당시 영국 재무 장관 찰스 타운센드와 연관을 제정했다. 영국으로부터 수입하는 여러 물품종이, 유리, 차, 납, 페인트 등에 관세를 부과하는 제도다. 미국인들은 '**의회 대표 없는 곳에 과세가 없다**'라고 주장했다. 당시 미국 식민지는 영국 의회에 미국대표대의원가 없었다. 미국인들의 동의 없이 통과된 법률은 불법이라며 저항했다. 영국 제품 불매운동이 거세졌고, 영국은 차^茶차를 제외한 모든 품목의 관세를 없앴다. 4)그런데 영국 동인도회사에 차 재고가 쌓여 경영부실이 심화되었다. 이에 영국은 **차조례**1773년를 통과시킨다. 차조례로 미국 내 차 거래는 오직 영국 동인도회사만 독점적으로 할 수 있게 했다. 차 밀무역으로 수입을 올렸던 미국인들이 파산하면서 불만이 고조되었다. '영국 차 불매운동'

이 일어났다. 차 대신에 커피를 마시기 시작했다. 커피를 마시는 것을 애국으로 여겼다. 그 결과 미국을 상징하는 음료가 커피가 되는 계기가 되었다. 여기에 더해 미국인들이 인디언으로 변장해 보스턴항의 영국 차 운반선을 습격했다. 차 300여 상자를 바다에 던지는 **보스턴 차 사건**이 발생하게 된 거다. 보스턴 차 사건은 미국 독립전쟁의 출발점이 되었다. 7년 전쟁에서 영국에 패한 프랑스는 미국 독립을 지원했다. 미국이 독립하면 영국의 힘이 약화될 걸로 기대했기 때문이다. 프랑스 도움 덕분에 미국은 독립을 거둔다만, 프랑스는 재정이 악화되고 만다. 결국 루이 16세가 삼부회를 소집해 세금 인상을 추진하다 프랑스대혁명을 맞는다.

다양한 세금

세금세금 세稅, 쇠금金의 한자 세금 세(稅)는 벼 화(禾)와 바꿀 태(兌)가 합쳐져 있다. 수확 곡식 중 일부를 나라에 바친다는 의미다. 농경사회가 시작되면서 공동체 운영을 위해 곡식을 걷게 되었다. 메소포타미아기원전 4,000년경 점토판에는 곡식 모양의 세금이 그려져 있다. 이집트 상형문자 해석 열쇠인 **로제타석**에도 세금 관련 내용이 담겨있다. 기원전 200년경 이집트 지배층인 그리스인들이 무거운 세금을 물리자, 군대가 반란을 일으켰다. 궁지에 몰린 왕이 세금을 면제해 주겠다고 약속하고 그 내용을 돌에 새겨 남겼다. 참고로 역사상 재미있는 세금들이 있다. 영국 찰스 2세는 벽난로 기준 **난로세**를 내도록 했다. 부자일수록 벽난로가 많아서 부자증세였다. 하지만, 난로 개수를 세려면 집 안으로 들어가야 하는 게 문제였다. 네덜란드 출신 윌리엄 3세는 사생활 침해 논란이 생긴 난로세를 없애고, **창문세**를 도입했다. 창문 개수에 따라 세금을 내는 방식이었다. 부자일수록 창문이 많으니 이 역시 부자증세였다. 창문세가 도입되자 세금을 줄이려 창문을 막아버렸다. 그 결과 집안에 숨 쉴 공기가 부족해지고, 우울함을 호소하는 경우가 늘었다. 영국은 **모자세**도 도입했었다. 세금을 낸 모자에 납입 증서를 찍었다. 그 관행이 모자 안쪽에 문자를 새기는 습관이 되었다. 프랑스 루이 16세는 '창문 폭'을 기준으로 **창문세**를 도입했다. 그 결과 창문 폭을 줄여 좁고 기다란 프랑스식 창문이 만들어졌다. 네덜란드는 **도로에 면한 면적 기준** 세금을 냈다. 그 결과 도로에 면하지 않은 면이 긴 직사각형 집이 탄생하게 되었다. 러시아 표트르대제는 **수염세**를 도입했다. 러시아인들은 수염을 자르는 건 신의 형상을 훼손하는 것이라 여겼다. 하지만, 결국 세금을 줄이려고 수염을 자르게 되었다. **독신세**는 고대 로마제국에서 만들었는데, 이탈리아 무솔리니, 독일 히틀러가 우수한 유전자 확산 목적으로 도입하기도 했다. 고대 로마제국은 **오줌세**를 내게도 했다. 양모 가공업자가 공중화장실의 오줌을 쓰는 대신에 세금을 냈다. 양모 기름을 빼는 데 오줌이 유용해서였다. 현대에는 국민 건강 보호 목적으로 술, 담배, 도박, 경마, 설탕 등에 **죄악세**를 물리고 있다. 낙농 강국 덴마크는 2030년부터 농민들에게 일명 **방귀세**인 탄소세를 부과한다. 이산화탄소 배출량에 따라 세금을 내는데 소한 마리당 연간 약 100유로의 세금이 책정되었다. **횡재세**는 뜻하지 않게 얻은 초과이윤에 대한 과세다. 'Windfall Tax'라고 하는데, 바람에 떨어진 과일처럼 운 좋은 소득에 세금을 물린다. 전쟁으로 에너지 가격이 치솟는 경우 에너지 기업, 기준금리가 가파르게 오르는 경우 은행이 그 예다. 원래 1차 대전 당시 영국에서 맨 처음 도입했다. 전쟁으로 이득을 많이 본 기업에게 횡재세란 명목으로 더 많은 세금을 내게 했다.

벨기에 초콜릿 **고디바**Godiva 명칭은 11세기 영국 코번트리 영주 부인인 '고디바 부인'에서 따왔다. 당시 남편인 영주는 무리한 세금을 거뒀는데, 부인이 세금 감면을 요청했다. 남편은 '아내가 옷을 벗고 성을 한 바퀴 말 타고 돌면 감면해 주겠다'고 약속했다. 부인은 이를 받아들였고 주민들은 여인의 나신을 보지 않기로 결의했다. 이에 감동한 영주는 세금을 감면해 주었다고 한다. 초콜릿도 고디바 부인이 준 감동처럼 감동을 주고 싶었다나.

래퍼곡선

래퍼곡선은 미국 공급주의 경제학자 '아서 래퍼'가 주장했다. 세수와 세율 간 관계를 나타낸 그래프다. 핵심은 **세율이 일정률 이상으로 올라가면 세수가 감소한다**는 것이다. 즉, 세금을 더 받으려고 세율을 올리면 세금이 덜 걷힌다는 것이다. 반면, 세율을 내리면 경기가 살

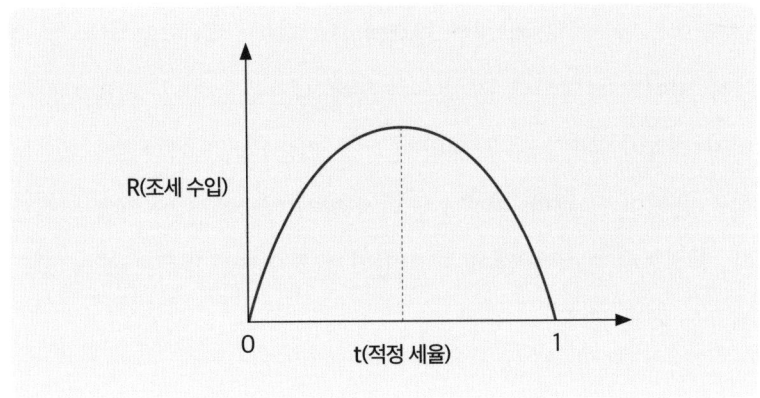

아나서 세금을 더 많이 걷게 된다. 공급주의 경제학자들은 세금은 '열심히 투자하고 사업하려는 의지'를 위축시킨다고 말한다. 높은 세율→의욕 저하→경제활동 위축→정부 세수 수입 정체다. 래퍼의 영향을 받아 1980년대 미국 레이건 대통령은 세금을 줄이는 '감세정책'을 실시하게 되었다.

자유의 여신상

맨해튼 인근 허드슨강 입구 **리버티섬**에는 **자유의 여신상**이 있다. 프랑스가 미국 독립 100주년 기념으로 선물했다[1886년]. 작가 바르톨디가 자신의 어머니를 모델로 조각했다고 한다. 내부 철골 구조물 설계는 파리 에펠탑 설계자 구스타브 에펠이 맡았다. 여신상은 잠시 프랑스 파리에 서 있다가 배로 미국으로 옮겨졌다. 에펠은 미국으로 옮기기 위해 여신상을 분해, 조립하기도 했다. 구리로 만들어져 건립 당시에는 짙은 갈색이었다. 지금의 청록색은 구리가 녹이 슬어 변한 것이다. 여신상 오른손에는 자유를 상징하는 횃불을, 왼손에는 1776년 7월 4일이 적힌 독립선언서를 들고 있다. 여신상 왕관은 7개 대륙을 상징한다. 동상 바닥에는 끊어진 쇠사슬과 족쇄가 있는데 미국의 독립과 억압의 종식을 의미한다. 여신상 오른발 뒤꿈치가 올라가 있는데, 앞으로 걸어간다는 의미다. 자유를 향해 나아가는 모습을 보여준다. 뉴욕에 여신상이 세워진 뒤 3년 후 **프랑스 파리 시뉴섬**에도 자유의 여신상이 세워졌다. 미국에 세워진 여신상보다는 작은 크기로 미국이 답례로 프랑스로 보냈다. 프랑스대혁명 100주년을 기념해 주기 위해서였다. 이 여신상은 뉴욕 여신상을 바라보는 방향으로 세워져 있다. 일본은 1998년을 프랑스의 해로 정하고 파리의 여신상을 1년간 도쿄 오다이바 지역에 옮겨 전시했다. 여신상이 사람들의 사랑을 많이 받자, 일본은 프랑스 허가를 받아 복제품을 **오다이바**에 세우게 된다. 여신상 크기는 뉴욕93.5m - 파리22m - 오다이바12.25m 순이다.

2-29

미국 서부 골드러시와 대륙 횡단 열차의 탄생

골드러시

멕시코와 미국은 전쟁을 벌인다1846~48년. 캘리포니아 지역에서 미국과 멕시코 간 국경분쟁이 원인이었다. 미국은 국경선을 리오그란데강으로 주장하고, 멕시코는 그 위쪽 누에세스강으로 주장했다. 그러자 미국은 뉴멕시코, 캘리포니아를 멕시코로부터 구입하겠다고 나선다. 멕시코는 이를 거절하고 두 나라 간 전쟁이 벌어졌다. 결과는 미국의 승리로 **과달루페 이달고 조약**이 체결된다1848년. 두 나라의 국경은 미국 측 주장대로 리오그란데강으로 된다. 미국은 멕시코 땅이었던 **캘리포니아**를 비롯한 서부 지역뉴멕시코, 콜로라도, 애리조나, 네바다, 유타 광대한 영토를 얻는다. 정확히 하자면 1,500만 달러를 주고 산다.

캘리포니아는 미국 내 알래스카, 텍사스 다음으로 넓은 땅이다. 대략 한반도 3배 크기다. 원래 땅 주인 스페인은 캘리포니아 지역에서 금을 찾지 못했다. 그런데 캘리포니아가 미국 땅이 되기 바로 직전 과달루페 이달고 조약 체결 9일 전 금이 발견된다. 샌프란시스코 근처 마을콜로마 제재소 직원 '제임스 마샬'은 아메리칸강에서 **자연금**사금**을 발견**한다. 제재소 주인 '존 셔터'는 이 일을 함구토록 했다. 하지만 소문은 퍼져나가고 미국 동부에까지 전파된다. 당시 미국 내 가장 영향력 있는 신문인 〈뉴욕 헤럴드〉에도 기사화된다. 미국 동부뿐만 아니라 미국 밖까지 그 소식이 전해진다. 미국령이 된 지 얼마 안 된 소유주 없는 땅, 먼저 가서 발견하면 그 금이 내 것이 된다는 일확천금 환상에 모두들 사로잡힌다. 미국 동부는 물론, 유럽과 남아메리카에서 **골드러시**Gold Rush 붐이 인다. 캘리포니아 영토가 미국으로 넘어가던 시기이니 치안이 부재했다. 기초 시설도 없어 텐트나 목재로 가건물을 지어 살게 된다. 판자촌에는 술집, 도박장이 생겨났다. **1849년**에 많은 이들이 캘리포니아로 가게 되는데 그들을 **포티나이너**Forty Niner라고 했다. 당시 철도나 도로가 없었으니 서부로 가는 길은 험난했다. 마차를 타고 떼 지어 이동했다. 미국 원주민(인디언)을 만나기도 하고 병들어 죽기도 했다. 바닷길도 파나마 운하가 뚫리기 전이라 배로 남미 최남단을 돌아야만 했다. 또는 파나마 지협 정글을 빠져나가 태평양 쪽에서 배를 타고 가기도 했다. 금을 찾기 위해 황량한 촌구석 **샌프란시코**에 사람들이 몰려들었다. 인구가 늘어나자, 생활필수품이 배로 수송되었다. 배가 샌프란시스코에 도착하면 선원들이 금광으로 탈출하는 바람에 배가 버려지곤 했다. 수많은 이들이 한꺼번에 서부로 몰리며 금은 금세 바닥을 드러냈다. 극히 일부는 부자가 되었지만, 많은 이들은 가난을 벗어나지 못한다. 급격한 인구 팽창으로 캘리포니아는 미국 영토 편입 2년 만에 미국의 31번째 주(州)가 된다.

리바이스 청바지

리바이 스트라우스는 독일의 가난한 유대인 가정 출신이다. 10대 시절 아버지를 잃고 미국으로 건너가 '천과 의류' 행상 등을 했다. 골드러시 시대에 샌프란시스코에 도착했지만, 금광은 먼저 온 이들의 차지였다. 원래 하던 대로 천과 의류 행상을 했다. 마차 지붕으로 쓰이던 튼튼한 천으로 **광산 작업용 바지**를 만들었는데 그게 대박이 났다. 우리에게 친숙한 청바지의 탄생이다. 스트라우스는 구리로 만든 징리벳으로 재봉선 터짐도 막고, 인디고라는 자연염료로 청색 물도 들인다. 인디고는 독사들이 싫어하는 염료였다. 청바지를 진Jeans이라 하는데 이는 제노바를 뜻하는 프랑스어 Gênes에서 따왔다. 이탈리아 제노바 선원들이 청바지를 많이 입어서였다. 이후 1차 대전 당시 미군이 청바지를 즐겨 입으며 세계적인 상품이 되는 계기가 된다. 청바지는 1950~60년대 제임스 딘 등 스타들이 입으면서 유명세를 탔다. **제임스 딘**은 〈이유 없는 반항〉 영화에서 청바지를 입고 우수에 찬 눈빛을 보여줬다. 그로 인해 청바지는 자유와 반항의 상징이 되었다.

소 사육과 카우보이

비록 금은 소멸했지만, 미국 서부의 금을 소가 대체한다. 당시 유럽 1860년대은 동물 전염병탄저병이 유행해, 소고기 가격이 급등했다. 남북전쟁 중 미국은 **홈스테드법**Homestead Act을 제정했다1862년. 법안은 이민자들에게 무상으로 땅을 주는 내용을 담았다. 미국 서부 지역에 대한 신속한 개발을 위해서였다. 정부로부터 땅을 받은 이민자들이 소나 돼지를 키울 수 있게 된다. 덕분에 축산을 목적으로 한 유럽인들의 미국행도 이어진다. 신대륙에 가면 '소고기를 마음껏 먹을 수

그림 60 서부의 카우보이

있다'는 꿈을 꾸며 말이다. **카우보이**Cowboy는 원래 영국에서 '암소를 돌보는 소년'이란 뜻이었다. 이 말이 미국으로 건너가며 다른 뜻으로 쓰였다. 카우보이는 미국 독립전쟁 당시 '영국 왕실 지지파'를 비아냥거린 말이 된다. 1860년대 후반부터 미국 평원에서 대규모 소떼를 모는 사나이들이 나타나면서 카우보이란 용어가 대중화되었다. 미국 북부에서 소 가격이 오르자, 남부 목장의 카우보이들이 소떼를 몰고 철도역 근처로 모였다. **로데오**Rodeo는 '말 타고 오래 버티기' 경기다. 방목하던 소들을 1년에 한 번 숫자를 세거나, 송아지에 낙인을 찍기 위해 불러 모았는데 이를 스페인어로 로데오라 했다. 이후 로데오는 카우보이들의 말타기 시합을 뜻하게 된다. 캘리포니아주 비벌리힐스에선 최고급 쇼핑가를 '로데오 드라이브Rodeo Drive'라 했다. 이후 로데오는 **유명 쇼핑가**를 의미하게 된다. 힘으로만 밀어붙이는 미국식 정책들을 빗대어 **카우보이 외교**라고 한다. 미국의 외교적 행동들이 서부개척시대 총잡이 같다는 거다. 콜럼버스의 신대륙 발견 이후 신대륙의 감자, 옥수수, 고구마 등 구황작물기근해소 작물과 담배가 유럽에 전해졌다. 한편, 밀, 사탕수수, 커피 등은 신대륙으로 전해졌다. 무엇보다 신대륙에서 소 사육이 시작되었다. 미국, 아르헨티나 등이 세계적인 소고기 공급지가 되는 계기였다. 원래 신대륙에는 소가 없었다. 양 대륙 간 문물 교환을 후대에 '**콜럼버스의 교환**'이라 명했다.

미국 대륙 횡단 철도

미국 대륙 횡단 철도는 서부 캘리포니아주 새크라멘토에서 동부 네브라스카주 오마하를 연결하는 총 2,826km 철도다. 철도 덕분에 마차로 6개월 걸리던 대륙 횡단 이동 거리가 6일로 줄었다. 철도 공사는 미국 동쪽과 서쪽에서 각각 시작한 뒤 6년 만에 서로 연결되었다 1869년. 이 철도로 대서양과 태평양이 이어지게 되었다. 동쪽은 **연합태평양 철도**Union Pacific Railroad, 서쪽은 **중태평양 철도**Central Pacific Railrod가 맡았다. 동쪽과 서쪽은 유타주 '프로먼토리 서밋'에서 만나게 되었다. 철도 레일을 고정하는 마지막 스파이크못인 골드 스파이크를

그림 61 미국 대륙 횡단 열차, 마지막 스파이크 행사

박은 이는 '릴런드 스탠포드'였다. 오늘날 스탠포드대학교의 창시자다. 철도의 동쪽은 퇴역군인과 아일랜드 이민자들이 참여했다. 서쪽은 주로 중국 이민자들이 맡았다. 평지인 동쪽과 달리 서쪽은 시에라 네바다 산맥을 관통해야 했다. 난구간에서 수많은 이들이 목숨을 잃기도 했다. 동쪽 구간은 인디언들과의 충돌이 있었다. 생존권을 위해 인디언들은 저항했고 미국 정부는 이들과 폭력 충돌을 벌였다. 철도를 따라 전봇대가 세워지며 전보가 등장했다. 전보의 등장으로 금융 등 정보를 활용한 산업들이 급속히 발전하게 되었다.

미국 영토 확장

미국은 세계에서 세 번째로 넓은 국토를 가졌다. 처음 영국으로부터 독립할 당시 동부 13개 주에서 전쟁과 영토 구입으로 넓힌 결과다. 지금 미국의 38%가 돈을 주고 구입한 땅이다. 현재 미국은 50개 주로 구성되어 있다. 미국은 프랑스 나폴레옹에게 1,500만 미국 달러를 주고 프랑스령 **루이지애나**를 사들인다[1803년]. 지금의 루이지애나는 미국 남부의 1개 주에 불과하지만, 당시 루이지애나는 미국 중부 대부분으로 크기가 214만km^2인데 한반도[22만km^2]의 9배 정도 된다. 당시 미국은 미시시피강의 최대 도시 **뉴올리언스**만을 구입 대상으로 삼았었다. 그런데 나폴레옹은 루이지애나 전체 땅을 다 넘겨버렸다. 프랑스 경제 상황이 좋지 못했고, 전쟁 자금이 필요했기 때문이다. 또한 미시시피강 서쪽은 잉글랜드 점령지를 지나가야 했다. 영국과 싸움에서 이길 자신도 없었다. 영국에게 빼앗기느니 차라리 파는 게 나을 거라 판단했다. 루이지애나는 루이(루이 14세)의 땅이란 뜻이다. 루이지애나 매입으로 미국 영토는 2배 가까이 늘어난다. 이후 미국은 스페인과 **대륙 횡단조약**을 맺는다[1819년]. 텍사스 주권을 스페인에 인정하는 대신에 플로리다를 넘겨받는다. 이후 멕시코가 스페인으로부터 독립하고[1821년], 멕시코 땅인 텍사스에 미국인 불법 체류자들이 늘어났다. 멕시코는 미국인 불법 체류자들을 쫓아내려 했다. 이에 텍사스 내 미국인들은 멕시코 정부군과 교전을 벌여 텍사스 땅을 차지한다. 그리곤 **텍사스 공화국**이란 독립국을 세운다[1836년]. 이후 미국에 편입되어 28번째 주가 된다[1845년]. 이후에도 미국은 멕시코 땅이던 캘리포니아, 애리조나·뉴멕시코주 남부 등을 돈 주고 사들인다. 캘리포니아를 차지하게 되면서 미국은 태평양과 인접하게 된다. 미국은 러시아로부터 **알래스카**를 720만 미국 달러에 사들인다. 18세기 러시아가 알래스카를 정복했지만, 전쟁 등으로 재정이 어렵게 되자 미국에 팔았다. 당시 미국 국무 장관 윌리엄 수어드이 매입을 주도했는데, 당시 미국인들은 '수어드가 사들인 냉장고'라고 비웃었다. 하지만, 수어드는 미래를 내다봤고, 알래스카는 금, 석탄, 천연가스 등이 매장되어 있는 복덩이가 되었다. **하와이**는 통치하던 하와이 왕이 스스로 미국의 보호령이 되겠다고 요청한다. 합병을 원하던 하와이는 그렇게 미국 영토가 된다[1900년]. 하지만, 하와이는 2차 대전 해군기지로 쓰이고 난 뒤인 1959년에서야 미국의 50번째 주로 가입된다. 미국은 2,500만 미국 달러를 주고 덴마크령인 서인도

최고민수 경제사 특강 2

제도 50여 개 섬을 사들인다. 그냥 놔두면 북미대륙 방어에 위협될 거라면서다. 지금의 **미국령 버진아일랜드**다. 현재 미국은 덴마크 자치령 **그린란드 매입**에 눈독을 들이고 있다. 영토의 85% 이상이 얼음으로 덮여 있지만 천연자원이 풍부해서다. 덴마크는 반대하고 있지만, 그린란드인의 의중이 변화될 수도 있다. 미국의 영토 확장이 모두 성공한 건 아니다. 미국은 쿠바를 구입하려 했으나, 남북전쟁으로 인해 중단되고 만다.

미식축구와 서부개척

미식축구NFL는 미국 내 인기 스포츠다. 영국에서 건너온 럭비를 미국식으로 만들었다19세기 후반. 미식축구는 공을 들고 뛰고, 던지고 받아서 상대편 진영까지 도착하는 '땅따먹기 경기'다. 서부개척시대 동부에서 서부로 영토를 넓혀 나가던 역사를 담고 있다. 샌프란시스코 미식축구팀 이름은 골드러시를 상징하는 '포티나이너스49ers'다. 미식축구는 상업적인 스포츠다. 3시간 넘게 경기를 시청하지만 실제 공을 들고 뛰고, 던지고 받는 시간은 그리 많지 않다. 잠깐 하고 쉬고를 100번 넘게 반복한다. 100번 넘게 광고할 타이밍이 생기는 거다. 미식축구 결승전인 슈퍼볼Super Bowl은 미국인 대부분이 시청하니 광고료 또한 엄청나다.

미식축구는 양 팀 11명씩 구성하고 15분씩 총 4쿼터(1시간)로 진행한다. 공격과 수비로 진행되는데, 공격팀은 상대 팀 끝엔드존을 점령하면 점수를 얻는다. 양쪽 엔드존 사이는 총 100야드(각 팀 50야드씩)로 5야드 간격으로 선이 그어져 있다. 10야드마다 숫자가 표시되어 있다. 숫자는 양쪽 엔드존으로부터 거리를 나타낸다. 50야드 라인이 중앙선이다. 럭비는 앞으로 패스할 수 없는데 미식축구는 앞으로 던질 수 있다. 공격의 핵심은 **4번의 공격으로 10야드를 전진**해야 한다. 4번 안에 10야드를 전진하면 다시 4번의 기회를 얻는다. 4번 안에 10야드를 못 가면 그 자리에서 공격권을 넘겨줘야 한다. 수비수는 '태클'로 상대를 쓰러트려야 한다. 공격수가 쓰러진 지점에서 공격팀은 다시 공격을 한다. 수비수들이 공격수가 놓친 공을 잡아내거나, 쿼터백공격팀 리더이 던진 공을 가로채면 공격으로 전환된다. 경기 중 반칙이 일어나면 심판은 노란 손수건을 던져 반칙을 알린다. 엔드존에 공을 가지고 들어가면 터치다운으로 6점을 얻고, 추가로 1점 보너스 킥을 날린다. 엔드존 가운데 세워준 2개의 기둥 사이에 볼을 차 넣어야 한다. 킥 대신 엔드존에서 2야드 떨어진 지점에서 공격할 수도 있는데, 성공하면 2점이다. 세 번째 공격까지 10야드를 못 갔지만 상대 엔드존과 가까우면 발로 엔드존 기둥 사이에 차서필드골 3점을 얻을 수도 있다.

매그니피센트7

〈매그니피센트7〉은 1960년 영화 〈황야의 7인〉 리메이크작이다. 미국 서부개척시대 7명의 용감한 남자들 이야기다. 7명의 등장인물 중 이병헌 배우도 있다. 정의가 사라진 마을을 지키기 위해 7인의 무법자가 모여 통쾌한 복수를 한다. 주식시장에도 매그니피센트7이 있다. **매그니피센트7**은 2023년부터 뉴욕증시를 이끄는 기술주 7개 종목을 말한다. 매그니피센트Magnificent는 '위대한'이란 의미다. 위대한 7종목인 셈이다. 7종목은 '엔비디아, 애플, 마이크로소프트, 메타

그림 62 황야의 7인 포스터

플랫폼스, 아마존닷컴, 알파벳(구글), 테슬라'다. 뱅크오브아메리카 최고 투자전략가 마이클 하트넷가 이 이름을 지었다. 나스닥 내 매그니피센트7 기업의 비중이 커지자, 나스닥은 대표지수인 나스닥100 나스닥시장에 상장된 상위 100종목 비중 조절을 하기도 했다 2023년 7월. 골드만삭스는 2024년 일본 증시 주도주 7개를 **사무라이7**으로 이름 짓기도 했다. 7종목은 '스크린홀딩스, 어드반테스트, 디스코, 도쿄일렉트론, 도요타, 스바루, 미쓰비시상사'다. 중국에도 중국판 매그니피센트7이 있다. '알리바바, 텐센트, BYD, 샤오미, SMIC, 레노버, 메이투안'이 그들이다.

2-30

미국 남북전쟁, 그레이백과 그린백

미국 연방제

미국은 50개 주^{State}로 이루어진 연방제 국가다. 하와이와 알래스카가 마지막으로 미국 연방에 가입했다^{1959년}. **연방제**^{Federation}는 국가권력을 중앙정부와 지방정부가 나눠 갖는다. 미국은 $^{1)}$중앙정부인 연방정부와 $^{2)}$50개 주별로 자치권을 가진 주정부가 있다. 다만, 연방정부가 만든 법이 각 주별 법보다 우선한다. 미국 국기에는 13개의 붉고 흰 줄이 그려져 있다. 이는 미국 초기 13개 영국 식민지 주를 뜻한다. 왼쪽 상단 사각형 안에는 50개 주를 나타내는 50개의 흰 별이 있다. 미국 설립 초기에는 연방정부 내 주가 13개였기에 흰 별도 13개였다. 국기에 있는 붉은색, 흰색, 푸른색은 영국 국기에서 따왔다. 미국 국기를 성조기별 성星, 가지 조條, 기 기旗, The Stars and Stripes라고 하는데 줄과 별로 이루어져 있기 때문이다. 참고로 성조기를 거꾸로 들면 긴급구조 신호SOS의미이나, 현대에는 정치적인 항의 표시로도 쓰인다.

남부 대농장

미국은 영국에서 독립하고1783년 북부와 남부 간 경제적 격차가 커졌다. 북부는 날씨가 차가워 농사보단 상공업에 유리했다. 북부는 산업혁명을 통한 상공업 발전을 이룬다. 공산품을 생산하는 북부는 연방정부의 보호무역 정책을 원했다. 반면, 남부는 온화한 날씨 덕에 농사짓기에 좋았다. 담배, 목화 재배 등을 통한 **대농장**을 운영하게 되었다. 담배나 목화 재배는 고된 노동을 요하는 노동집약적 산업이다. 일손 부족으로 아프리카 흑인 노예 노동력에 의존했다. 미국 목화는 영국으로 건너가 면직물로 재탄생했다. 대농장을 운영하는 남부는 자유무역과 지방분권을 원했다. '영국으로 면화 수출'에 지장을 줄 걸 우려해서였다.

남북전쟁

18세기 말 북부 펜실베니아주가 '노예 해방법'을 제정한 이래, 북부는 **노예제**를 폐지한 반면 남부는 노예제를 유지했다. 노예제를 폐지한 '자유주', 노예제를 유지한 '노예주'로 구분된 것이다. 1820년 미국 22개 주는 11개씩 동수로 자유주와 노예주로 나뉘었다. 이때 미주리가 새롭게 연방정부에 편입되고 남부와 북부는 '**미주리 협정**'을 맺는다. 미주리주를 노예주로 하는 대신에 메사추세츠주에서 메인주를 분리해 자유주로 만들었다. 또한 새로운 주가 편입될 경우 북위 36°30'를 기준으로 남쪽은 노예주, 북쪽은 자유주로 정하기로 했다. 하지만 '**캔자스-네브래스카법**'이 제정되면서 1854년 미주리 협정은 의미가 없어졌다. 캔자스, 네브래스카는 노예제 실시를 주민투표로 결정하기로 했다. 노예제를 둘러싼 남부와 북부 대립은 심화되고 노예제 폐지를 주장하는 이들이 공화당을 세운다. 공화당은 **에이브러햄 링컨**을 대통령 후보로 내세운다. 링컨은 남부 출신 민주당 브레킨리지를 누르고 대통령에 당선되었다. 링컨 당선에 남부 7개 주 사우스캐롤라이나, 미시시피, 플로리다, 앨라배마, 조지아, 루이지애나, 텍사스가 미합중국 연방에서 탈퇴했다. 이후 '아메리카 연합국'을 세우고 제퍼슨 데이비스를 대통령으로 선출했다. 남부는 전쟁을 일으키고 추가로 4개 주 버지니아, 아칸소, 노스캐롤라이나, 테네시가 연방에서 이탈했다. 총 11개 주가 미합중국에서 빠져나갔다. 하지만 북부는 23개 주에 인구도 남부의 2.5배 수준이었다. 상공업 발달로 군수산업과 해군력이 남부보다 앞섰다. 링컨의 노예해방 선언으로 1863년 여론의 지지도 받았다. 결국 4년 만에 남북전쟁은 북부의 승리로 끝났다 1865년. 전쟁 직후 링컨은 남부 지지자 존 윌크스 부스에게 총격을 당해 사망했다.

남부 측 전쟁 자금 부족

남북전쟁1861~65년 이전엔 금과 은이 미국 기준 통화였다금은 복본위제. 은행은 주정부 면허를 얻어 은행권Banknote을 발행했다. 은행권 소지자는 은행에서 금과 은으로 교환받을 수 있었다. 하지만 남북전쟁 발발 이후 남부와 북부 모두 전비 마련을 위해 태환금은 교환을 중단했다. 불태환 지폐 발행 남발로 인플레이션물가상승이 발생했다. 지폐가치는 하락하고 금은 값은 올랐다. 화폐 발행 증가로 화폐가치가 떨어지면 금은이나 부동산 등 실물재화 가치가 올라가기 때문이다. 다만, 북부는 물가상승률이 80% 수준이었던 반면, 남부는 9,200% 폭등했다. 전쟁 후반부 남부가 전쟁 비용을 지폐 발행에 전적으로 의존했기 때문이다. 반면, 북부는 연방채권 판매로 지폐 발행 의존도를 낮췄다. 연방채권은 연 6% 이자에 20년 만기였기에 당장 재정적인 부담을 주지도 않았다. 연방채권은 일반 국민까지 매입할 정도로 성공적이었다. 덕분에 북부는 지폐 발행량을 줄일 수 있었고 남부에 비해 인플레이션도 낮았다.

전쟁이 길어질수록 경제력이 승리를 좌우한다. 남북전쟁 당시 북부가 경제력을 압도했다. 1)전쟁 초기 남부는 수입품 관세와 면화 등 수출 세금으로 전쟁 비용을 댔다. 2)이에 공업 발달로 해군력이 월등했던 북부는 남부 해상을 봉쇄해 버린다. 그로 인해 남부에 자금 부족 현상이 발생했다. 3)돈이 궁한 남부는 부자들의 자발적 헌금으로 버텼다. 4)남부는 북부 측 은행과 북부 측 소유 자산도 몰수했다. 5)추가로 세금 인상을 하려 했으나 주민 반발로 실패하고 만다. 6)이에 남부는 해외채권 발행을 선택했다. 세계적 면화 생산지였기에 면직업이 발달한 영국과 네덜란드가 채권을 사줬다. 또한 당시 뉴올리언스가 뉴욕만큼 금융 중심지이기도 했다. 하지만, 북부 해군이 해상 봉쇄를 강화하면서 면화 수출길이 막히고, 뉴올리언스 금융 기능도 쇠퇴했다. 면화를 담보로 하는 코튼본드Cotton Bond 해외 발행이 힘들어졌다. 남부는 이자 지급도 없는 '불태환 지폐 발행'을 남발했다. 화폐 발행 남발이 인플레이션물가상승을 유발한다는 걸 알면서도 방법이 없었다. 여기에 북부 측에서 위조지폐를 발행한 것도 물가상승을 더욱 자극했다. 남부보다 인쇄 기술이 발달한 북부 측은 정밀한 위조지폐를 찍어냈다.

그레이백 vs. 그린백

남부 측 지폐는 뒷면이 회색이었기에 **그레이백**Greyback으로 불렸다. 반면, 북부 측 지폐는 뒷면이 녹색이어서 **그린백**Greenback으로 불렸다. 위조 방지를 위해 복제가 어려운 녹색을 썼다. 그린백은 미국 중앙정부가 발행한 최초의 지폐다. 그전에는 미국 민간은행들이 각자 은행권을 발행했었다. 그린백에는 링컨 대통령 얼굴을 새겼다. '국가가 발행한 지폐'라는 사실을 널리 알리기 위해서였다. 그래서인지 그린백 발행을 막으려는 민간은행 측이 링컨을 암살했다는 음모론도 제기되었다. 전쟁이 끝나고 미국은 그린백을 회수하고 소각했다. 전쟁 이전과 같이 **금은 복본위제**로 돌아갔다.

그림 63 그린백(위), 그레이백(아래)

금본위제 채택

미국은 건국 이래 **금은 복본위제**를 채택해 왔다. 금화 1개=은화 15개로 교환가치를 정했다. 그런데 금은 복본위제는 근본적인 고민이 있었다. 화폐가치를 고정해 금화1개=은화15개 됐지만 귀금속금과은 가치는 계속 바뀐다는 것이다. 미국 캘리포니아에서 금광이 발견되고 1848년 금 가치는 내리고, 은 가치는 올랐다. 사람들은 은화를 녹여 은을 만들었다. 반대로 네바다주에서 은광이 발견되자 1858년 은 가치는 내리고 금 가치가 올랐다. 이번에는 금화를 녹여 금을 만들었다. 미국은 금과 은 중 하나로 기준통화를 통일하기로 했다. 당시, 세계 경제를 이끌던 영국이 금본위제를 택하고, 유럽도 영국을 따라 금본위제를 유지했었다. 미국도 그런 분위기를 감안해 **금본위제**를 택한다^{1900년}. 은이 사라지자 화폐 유통량이 줄어들고, 경기침체가 왔다. 예전처럼 은 기반 통화를 늘려달라는 요구가 생긴다.

오즈의 마법사

『오즈의 마법사』^{프랭크 바움 작, 1900년}는 '은화자유주조운동^{Free Silver movement, 19세기}'과 관련이 있다. 은화자유주조운동은 금 본위제에 반대하고, 금은 복본위제를 주장했다. 은화의 무제한 발행^{통화 팽창}을 지지했다. 미국 대선에 3번이나 나선^{모두 떨어짐} 윌리엄 제닝스 브라이언^{민주당 후보}도 은화자유주조운동을 대선 공약으로 내세웠다. 1890년대 미국은 불황에 시달렸다. 서민들은 빚을 지고 있었다. 금본위제를 채택함에^{1879년} 따라 발행할 수 있는 미국 달러가 금은 복본위제보다 제한되었다. 발행 규모 제한으로 달러 가치가 높게 유지되니 돈을 빌려준 채권자들만 좋았다. 반면, 돈 없는 서민은 부채에 허덕였다. 이에 브라이언 같은 정치인들이 인기를 얻기 위해 은화주조를 지지했다. 은화 증가로 미국 달러 가치가 떨어지면 ^{화폐량 증가→화폐가치 하락} 빚진 서민^{채무자} 부담을 줄여줄 수 있다는 것이다.

그림 64 오즈의 마법사 초판 표지

『오즈의 마법사』도 은화주조를 지지하는 내용이다. 캔자스 농장 소녀 도로시는 회오리바람은화자유주조운동에 날려 오즈라는 마법사의 나라로 간다. 마녀미국 철도, 석유, 금융 재벌들 훼방에도 도로시는 에메랄드 시에 사는 오즈의 마법사미국 대통령 도움을 받아 집에 돌아가려 했다. 도로시는 가는 길에 친구를 사귀어 같이 간다. 친구로는 뇌 없는 허수아비힘없는 농민, 심장 없는 양철 나무꾼감정 잃은 공장 노동자, 겁 많은 사자정치인다. 오즈의 마법사를 만나러 도착한 초록색 에메랄드 시는 그린백을 의미했다. 에메랄드 시에 들어가려는 도로시 일행에게 초록빛 남자가 초록빛 안경을 건넨다. 에메랄드 성안은 너무 눈부셔 안경을 쓰지 않으면 눈이 멀 수 있다는 것이다. 초록빛 남자는 안경이 벗겨지지 않도록 자물쇠까지 채운다. 그러나, 에메랄드 시는 조작된 도시였다. 모든 이의 소원을 들어주는 오즈의 마법사는 열기구를 타고 가다 이곳에 추락한 전직 서커스 단원이었다. 하늘에서 그가 내려오자, 사람들은 그를 나쁜 마녀로부터 지켜줄 마법사로 믿었고 왕으로 모시게 되었다. 그는 서커스단에서 쓰던 도구와 복화술로 마법사인 척했다. 에메랄드로 성을 만들고 길을 닦기 시작했다. 모든 것을 초록색으로 믿도록 초록빛 안경도 씌운다. 벗겨지지 않게 자물쇠도 채워서 말이다. 평범한 나라가 초록빛 안경 덕에 초록빛 세상이 된 것이다. 도로시는 오즈의 마법사가 서쪽 마녀를 없애면 고향에 돌려보내 주겠다고 말해, 서쪽 마녀를 없애고 남쪽 마녀 도움으로 고향에 돌아간다. 오즈Oz는 금과 은의 무게를 재는 온스Ounce의 약어다. 노란색 도로금본위제를 쫓아가는데 도로시가 신은 '마법의

은 신발'이 도움을 준다. 은색 구두가 **은본위제**를 강조한 것이다. 도로시는 착한 남쪽 미녀의 조언대로 은빛 구두 뒤꿈치를 동시에 3번 치고 캔사스로 돌아간다. 'Over the Rainbow'는 뮤지컬 영화 〈오즈의 마법사〉에 나온 명곡이다1939년.

위키드

『오즈의 마법사』 원작에서는 북쪽과 남쪽 마녀는 착한 반면, 동쪽과 서쪽 마녀는 나쁜 마녀다. 북쪽 마녀가 도로시 이마에 남긴 키스 자국은 위험에서 지켜줬고, 남쪽 마녀는 금발 미녀로 도로시를 캔사스 집으로 가게 도와줬다. 반면, 서쪽 마녀는 도로시와 친구들을 잡아두고 괴롭혔다. 서쪽 마녀는 도로시의 은빛 구두를 탐내다, 도로시가 끼얹은 물벼락을 맞고 녹아버린다. 동쪽 마녀는 회오리바람에 날려온 도로시 집에 깔려 죽는다. 뮤지컬로 유명한 〈**위키드**Wicked, 사악한〉는 오즈의 마법사 이야기를 비튼다. 오즈의 마법사는 잔혹한 폭군 독재자다. 서쪽 마녀엘파바는 마법사 어머니의 불륜으로 태어나 초록색 피부다. 원작에서 사악한 마녀로 알려진 **서쪽 마녀**는 오즈의 마법사 **독재에 항거하는 영웅**으로 묘사된다. 마법사에 의해 억울하게 악인으로 몰렸을 뿐이다. 반면, 착한 남쪽 마녀 금발 마녀글란다는 꾸미고 주목받기 좋아하는 공주병 환자로 나온다.

2-31

재정정책과 통화정책 vs. 레이거노믹스 신자유주의

정부의 재정정책

경제학은 미시경제학과 거시경제학으로 나눈다. 미시는 작은 개념, 거시는 큰 개념이다. 미시경제학은 가계, 기업, 정부 각 경제주체 하나하나에 주목한다. 반면, 거시경제학은 가계, 기업, 정부를 모두 모은 국가(국제) 경제 전체를 분석한다. 거시경제정책은 한 나라의 경제정책이다. 중점 대상에 따라 1)**총공급 관리정책**과 2)**총수요 관리정책**으로 나눠 볼 수 있다. 1)총공급 관리정책은 공급능력을 조절한다. 한 나라의 자원과 기술 수준을 관리한다. 장기적 관점에서 접근하기에 사용 빈도가 낮다. 2)경제를 안정적으로 운영하려 하기에 총수요 관리정책이 주로 쓰인다. 총수요 관리정책은 총수요를 조절한다. A)

정부의 재정정책, B)중앙은행의 통화정책이 그 중심이다. 즉, 세금을 거두거나재정정책, 정부가 빚을 내거나재정정책, 화폐를 찍어낸다통화정책. A)경기호황경기과열에는 총수요를 감소시켜 물가상승인플레이션을 막는다. 총수요 감소를 위해 긴축적 재정정책을 펼친다. **정부의 재정정책**은 **세금수입과 재정지출**을 통해서 이뤄진다. 경기호황경기과열 시 **긴축적 재정정책**은 재정지출을 줄이고 세금을 더 거둔다. 반대로, 경기침체에는 총수요를 증가시켜 불황을 탈피한다. 총수요 증가를 위해 **확장적 재정정책**을 펼친다. 재정지출을 늘리고 세금을 줄여준다. '적자재정'은 정부가 벌어들이는 돈보다 쓰는 돈이 더 많은 경우다. 특히, 정치인들이 자신의 지역구에 선심성 예산을 배정하려다 보니 적자재정이 늘 수 있다.

긴축적 재정정책	경기과열 시 → 재정지출을 줄이고, 세금을 더 거둠
확장적 재정정책	경기침체 시 → 재정지출을 늘리고 세금을 줄여줌

나라의 빚이 늘어나면 미래 세대가 갚아야 한다. 적절하게 나라 빚을 관리하기 위해선 **재정준칙**Fiscal Rule을 정해야 한다. 재정준칙을 넘지 않게 재정을 관리토록 한다. 일반적으로 재정준칙은 1)GDP 대비 재정적자, 2)국가 채무 기준으로 정한다. 예를 들면, 유럽연합EU 재정준칙은 GDP 대비 재정적자 3%, 국가채무 60%를 넘지 않도록 한다.

승수효과와 구축효과

승수효과Multiplier Effcet는 '곱하기 효과'다. 정부가 재정정책으로 지출을 늘릴 경우 지출한 금액보다 더 많은 총수요가 발생하는 현상이다. 예를 들면, 정부가 소비 진작을 위해 100억 원을 국민에게 나눠 줬다고 치자. 그 돈으로 소비가 늘어 국민소득이 200억 원으로 증가했다면 2배의 승수효과다. 반면, 재정정책 시행에도 예상만큼 승수효과가 나타나지 않는 것을 **구축효과**라 한다. 일종의 '감소효과'다. 구축몰 구驅, 쫓을 축逐은 '쫓아낸다'는 의미다. 예를 들면, 경제침체일 경우 경기부양을 위해 정부지출을 늘리거나 세금을 줄여 적자재정 정책을 한다. 이 경우 국채를 발행해 부족한 재정을 채울 수 있다.[1] 정부가 국채를 발행하면 민간에서 빌릴 수 있는 돈이 줄어든다.[2] 시중에 빌릴 돈이 줄어드니 이자율이 상승한다 이자를 더 줘야 빌릴 수 있어.[3] 이자율이 올라가면 내야 할 이자 때문에 기업이 돈을 빌려 투자하기 쉽지 않다.[4] 투자감소는 총생산을 감소시킨다.[5] 재정정책만큼 생산 증가를 가져오지 못하는 구축효과가 발생한다.

국채발행→시중 자금 부족→이자율 상승→투자감소(총생산 감소)→구축효과

중앙은행의 통화정책

[B] **통화정책**은 중앙은행이 통화량을 통해 경기를 조절하는 정책이다. 경기침체에는 통화량을 늘려 경기를 활성화한다. [1] 통화량이 늘면 [2]

민간 소비가 늘고 3)기업의 생산량이 증가해 4)경기가 좋아진다. 반대로, 경기과열에는 통화량을 줄여 경기를 안정시킨다. 1)통화량이 감소해 2)민간 소비가 줄고 3)기업의 생산량도 감소해 4)경기가 안정을 찾는다. 중앙은행은 '통화량 조절'을 위해 주기적으로 '기준금리'를 정한다. 기준금리 조정을 통해 물가안정, 고용 증가, 경제성장 등도 추구한다. 미국의 기준금리 조정폭이 크면 빅스텝, 작을 때는 스몰스텝으로 이야기한다. 중앙은행은 a)공개시장 조작, b)재할인율 변경, c)지급준비율 변경 등 통화정책 수단도 사용한다.

a)**공개시장 조작**은 중앙은행이 금융시장^{공개시장}에서 금융기관을 상대로 유가증권^{국공채} 등을 사고판다. 중앙은행이 국공채 매매를 통해 통화량, 이자율을 조절한다. b)**재할인율**은 중앙은행이 시중은행에 대출할 경우 적용되는 금리다. 중앙은행이 재할인율을 높이거나 낮춰 통화량을 조절한다. c)**지급준비금**은 은행이 고객이 맡긴 예금 등의 일정 비율을 중앙은행에 예치하거나 현금으로 보유하는 걸 말한다. 중앙은행은 통화량 조절을 위해 **지급준비율**^{지급준비금 비율}을 높이거나 낮춘다.

오스트리아 학파

1)**케인스학파**는 정부와 중앙은행의 적극적 개입을 주장했다. 불황에 나서 조속히 경기를 안정시켜야 했다. 정부의 재정정책과 중앙은행 통화정책이 그 수단이다. 경기가 나쁠 때 정부가 재정지출을 늘리거

나, 중앙은행이 통화량을 확대해야 한다. 재정지출이 늘면 총수요를 증가시키는 '승수효과'가 나타난다. 또한, 유발투자를 일으키는 '가속도 효과'를 낸다. 반대로 경기가 좋을 땐 재정지출을 줄이거나, 통화량을 줄여야 한다. 1930년대 대공황을 해결하는 뉴딜정책은 케인스의 '큰 정부'를 구현했다. 프랭클린 루스벨트 대통령은 정부의 개입을 중시했다. 기업의 독점 행위도 규제했다. 기업으로부터 세금도 많이 거둬 복지정책도 넓히고, 빈부격차를 해소하고자 했다. 정부의 적극적 시장개입을 허용하는 프랭클린 루스벨트 정책을 **수정자본주의**라 한다. [2]반면, 정부의 지나친 규제가 시장의 자율성을 해친다는 의견도 있었다. 복지정책을 위해 세금을 많이 걷는 것도 기업 성장에 좋지 않다는 것이다. 이에 작은 정부로 돌아가자는 생각이 싹튼다. '작은 정부'에 대한 생각이 **신자유주의**다. **오스트리아학파(한계효용학파)**로 불리는 신자유주의 경제학자들은 케인스학파와 정반대 입장이다. 19세기 후반부터 20세기 초반 오스트리아 출신 경제학자들의 주장이다. 자유시장 경제와 개인의 자유를 강조했다. 학자로는 칼 멩거, 루트비히 폰 미제스, 프리드리히 하이에크 등이 있다. 재정정책과 통화정책은 해법이 아닌 그 자체가 문제라고 본다. 높은 인플레이션은 정부와 중앙은행의 '돈 풀기 때문'이라는 것이다. 시장과 가격의 자동조절로 인해 경기변동은 해결된다고 주장한다.

하이에크

오스트리아학파 **프리드리히 하이에크**
1899~1992년, 노벨경제학상(1974년)는 '시장의 자유를 보장'해야 한다고 주장했다. 그는 1930~40년대 소련의 스탈린 공산독재화, 독일의 히틀러 전체주의를 보고, '정부 권력 강화'의 위험성을 체감했다. 그로 인해 자유주의 경제학자가 된다. 하이에크는 경제 상황에 대해 **정부가 개입해선 안 되고 시장에 맡겨야 한다**고 했다. 시장 스스로 회복하게 놔둬야 한다는 것이다.

그림 65 프리드리히 하이에크

자유시장이 경제 효율성을 높이고 개인의 자유도 보장할 수 있다고 했다. 애덤 스미스 고전학파의 자유방임에 가깝다. 미국 대공황에 정부의 적극적 개입을 원한 케인스와 정반대 논리다. 정부가 개입한 뉴딜 정책이 대공황을 극복했다는 것도 긍정하지 않았다. 정부개입이 큰 역할을 한 건 아니라는 것이다. 시장이 자연스럽게 회복했다는 것이다. 그러기에 정부에게 시장개입 권한을 부여해서는 안 된다고도 강조했다. 자유시장도 실패할 수 있지만 정부 실패가 더 큰 희생을 준다는 것이다. 그런 의미에서 하이에크는 사회주의나 전체주의를 비판했다. **정부가 개입**해 계획적으로 관리하고 개인 자유를 통제하기에 사회주의 몰락을 예언했다. 실제로 베를린 장벽이 무너지자 1989년 하이에크는 이렇게 말했다. **"거봐, 내가 뭐랬어!"**

레이거노믹스

그림 66 로널드 레이건 대통령

대표적인 '신자유주의'로는 **레이거노믹스**Reaganomics가 있다. 레이거노믹스는 레이건과 이코노믹스의 합성어다. 영화배우 출신, 로널드 레이건 미국 40대 대통령재임1981~89년이 펼친 시장 중심 정책을 말한다. 레이거노믹스는 **작은 정부와 감세**로 요약된다. 레이건 대통령 재임 당시 미국은 심한 스태그플레이션을 겪고 있었다. **스태그플레이션**은 인플레이션물가상승과 경기침체가 동시에 나타나는 경우다. 이란혁명1978~80년은 제2차 석유파동으로 이어졌다. 석유 생산량 대폭 감축으로 석유 공급이 줄어들자, 국제 유가가 급등했다. 스태그플레이션 근본 원인은 원자재 가격상승이다. '원자재 가격상승→기업 생산비 증가→판매 상품 가격상승→소비감소→기업 생산량 감소→해고와 실업 증가→경기침체' 악순환에 빠진다. 미국은 케인스 이론에 따라 유효수요를 늘리기 위해 노력했다. 적극적인 정부개입이다. 하지만, 정부 지출 증가, 통화 공급 확대가 물가상승만 더욱 부추겼다. 또한, 재정적자로 국가 부채가 급격히 늘어 이자 부담 증가를 불러왔다. 케인스 이론의 한계가 드러난 셈이다. 레이건은 케인스 이론의 큰 정부보다, 민간 시장의 역할을 중시하는 '작은 정부'를 지향했다. 정부개입을 최대로 줄이고, 기업친화적 정책을 펼쳤다. 규제 완화와 세금 감면 등의 정책을 시행했다. 기업이 투자를 늘리고 더 많은 사람을 고용하도록 유도했다. 그 결과 실업률이 감소하고 경제가 회복되었다. 물론, 감세정책으로 부유층만 혜택을 받고, 작은 정부에 따른 공공지출 축소로 빈부격차가 커졌다는 비판은 있지만 말이다. 참고로, 물가상승 시대 인플레이션(물가상승), 스태그플레이션(경기침체+물가상승)에는 화폐의 가치가 하락하기에 현금을 보유하는 건 매력이 떨어진다. 부동산, 금, 비트코인 등 실물자산 투자가 주목받는다.

2-32

글로벌 경제 대통령,
미국의 중앙은행 연방준비제도

연방준비제도

미국 중앙은행은 **연방준비제도(Fed**Federal Reserve System**)**다. 12개 연방준비은행을 묶어주는 하나의 연합제도란 의미다. 1913년 연방준비법이 의회를 통과하며 만들어졌다. 그전에는 독립전쟁 후 20년짜리 중앙은행을 2번1791년, 1816년이나 만들었지만, 20년씩 운영하고 없어지길 반복했다. 유럽의 왕권제도, 종교적 탄압을 피해 온 이민자 나라답게 강력한 중앙정부를 싫어했기 때문이다. 100여 년간 미국은 중앙은행을 완성하지 못했다. 그러다가 1907년 불황으로 실업률이 급등3%→8%하고 은행들이 줄도산하게 되었다. 그 위기를 금융자본가인 'JP모건'이 은행가들을 모아 자금을 대며 모면했다. 미국은 JP

모건 개인에게 의존하는 시스템이 문제가 있다는 걸 깨닫고 중앙은행을 만들게 된다. 그게 지금의 글로벌 경제대통령 연방준비제도다. 중앙은행의 주된 역할은 물가안정을 위해 1)기준금리를 정하고(금리정책) 2)화폐를 발행하는 것이다(통화정책). 오직 Fed에서만 미국 공식 화폐를 발행할 수 있다. 여기에 시중은행을 감독하고 시중은행이 유동성통화량 부족에 빠졌을 때 최종 대부자 역할(금융위기 시 발권력을 동원해 유동성 공급)도 한다. 연방준비제도는 1)연방준비제도이사회(FRB Federal Reserve Board), 2)연방공개시장위원회(FOMC Federal Open Market Committee), 3)연방준비은행(Federal Reserve Bank)으로 구성된다. 국가가 운영하는 한국은행과 달리 미국 중앙은행은 **민간은행**이다.

> 중앙은행 역할: 금리정책(기준금리 결정)+통화정책(화폐 발행, 통화량 조절)

연방준비제도이사회

연방준비제도이사회FRB는 연방준비제도의 **의사결정기구**다. FRB는 각 연방준비은행의 통화정책을 결정한다. A)재할인율, B)지급준비율 등을 결정한다. A)**재할인율**은 중앙은행이 시중은행에게 대출해 줄 때 적용하는 금리다. 개인은 시중은행에게 빌리고, 시중은행은 중앙은행에게 다시 빌린다는 점에서 '재할인'이라고 한다. 재할인율을 낮추면 시중은행의 자금조달 비용이 줄어들어 시중에 화폐를 더 많이 풀 수 있게 된다. B)**지급준비금**은 은행이 예금의 일정 비율을 중앙은행에 예치하거나 현금으로 보유하는 자금이다. 대규모 인출 요청뱅크런에 대비한 제도다. **지급준비율**은 지급준비금의 비율로, 중앙은행이 정하며 경제 상황에 따라 변동된다. 예를 들면, 지급준비율이 10%라면, 은행은 예금의 10%를 중앙은행에 예치하고 나머지 90%를 대출 등에 쓸 수 있다. 경기가 침체되면 지급준비율을 내려 시중에 화폐가 많이 돌게 한다. 화폐가 많이 돌아야 소비도 하고 경기가 살아나기 때문이다. 반대로 경기가 활황이면 지급준비율을 올린다. FRB는 워싱턴DC에 있다. FRB는 위원 7명으로 구성되며 대통령이 상원의 동의를 거쳐 임명한다. 임기는 14년으로 연임은 불가능하다. 2년마다 1명씩 교체한다. 위원7명 중 1명을 의장임기 4년으로 임명하는데, 의장은 여러 번 중임이 가능하다. [1]**폴 볼커**가 의장으로 취임할 당시 물가상승률은 15%를 넘었다. 그는 기준금리를 연 20%까지 올려 물가상승률을 4년 만에 3%대로 잡았다. [2]**엘런 그린스펀** 의장은 위기 때마다 적극적으로 기준금리를 내려 위기를 막았다. [3]**벤 버냉키** 의장은 양적완화(통화공급 경기부양정책)를 3차례나 해 '헬리콥터 벤'이라는 별명을 얻었다.

연방공개시장위원회

연방공개시장위원회FOMC는 연방준비제도이사회FRB 산하 기구다. 연방준비제도이사회 위원 7명에 뉴욕 연방은행 총재, 뉴욕 외 지역 연방은행 총재12명 중 4명 등 12명으로 구성한다. 1년에 8번 정기회의를 개최한다. 금리 결정, 통화정책과 함께 공개시장 조작을 담당한다. **공개시장 조작**은 통화량 조절 정책이다. 중앙은행이 일반은행 보유 국공채를 사거나 팔아서 통화량을 조절한다. 중앙은행이 국공채를 사들이면 시중의 통화량이 늘어나며, 반대로 내다 팔면 통화량이 줄어든다.

A)미국 **기준금리**가 올라가면 소비위축으로 경기가 둔화된다.→B)경기가 둔화되면 기준금리를 내려 시중 유동성^{통화량}을 증가시킨다.→C)유동성^{통화량} 증가로 물가상승^{인플레이션}이 초래된다. →D)물가상승에 기준금리를 올려 시중 유동성을 줄인다. 미국 기준금리가 한국보다 높으면 미국에 대한 투자수요가 늘어난다. 외국인의 투자자금이 국내시장에서 미국으로 이탈하게 된다. 원화를 팔고 미국 달러를 사기에 달러 가치 상승, 환율^{달러 강세, 원화 약세}이 오른다. 국내로 들어온 투자자금이 미국으로 이탈하지 않도록 한국도 금리인상을 따라 하게 된다. **기준금리 정책 결정**과 관련하여 **매파와 비둘기파**로 나뉜다. 일반적으로 매파는 급진적 정책을, 비둘기파는 온건한 정책을 선호한다. 매파는 기준금리를 올리려, 비둘기파는 기준금리를 내리려 한다. 매파는 1)물가안정에 중점을 둔다. 2)통화량을 줄이려 3)기준금리를 올린다. 반면, 비둘기파는 1)경기활성화에 중점을 둔다. 2)통화량을 늘리기 위해 3)기준금리를 내린다. FOMC 회의 내용은 회의 이후 의사록 공개로 확인할 수 있다.

매파	기준금리 올려→(저축 수요 증가) 시중 통화량 줄임→물가안정
비둘기파	기준금리 내려→(저축 수요 감소) 시중 통화량 늘림→경기활황

연방준비은행

연방준비은행은 미국을 12개 권역으로 나누고, 권역별로 하나씩 두고 있다. 중앙은행인 연방준비제도의 '집행기관 역할'을 한다. 화폐도 발행하고 지역은행들의 지급준비금을 보관하기도 한다. 연방준비은행은 12개 권역 내 시중은행들이 소유하고 있다. 소유 은행들에겐 연방준비은행으로부터 연간 6%의 배당금을 받도록 보장되어 있다.

(12개 지역: 뉴욕, 보스턴, 필라델피아, 시카고, 샌프란시스코, 클리블랜드, 리치먼드, 애틀랜타, 세인트루이스, 미니애폴리스, 캔자스시티, 댈러스)

국채

국채나라 국國, 빚 채債는 국가가 발행한 채권이다. 공공기관이 발행하면 공채, 회사가 발행하면 회사채. 국채와 공채를 합해 국공채라고 한다. **채권**빚 채債, 문서 권券은 돈을 빌린 증서다. 차용증빌릴 차借, 쏠 용用, 증거 증證도 돈을 빌린 증서다. 채권이 차용증과 다른 점은 상환일 이전에 채권을 사고팔 수 있다. 채권은 1)돈을 갚을 일자상환일와 돈을 빌린 데 따른 반대급부인 2)이자 지급액과 3)이자 지급 시기도 정해

둔다. 돈을 갚을 일자상환일가 되면 채권 발행 주체국가, 기업 등가 약속한 '원금과 만기이자'를 돌려준다. 발행 주체가 망하지만 않는다면 채권투자는 안전한 투자다. 특히, 국채는 국가가 발행하니 더더욱 그렇다. 하지만, 여기에 변수가 하나 있다. 바로 **기준금리 변동**이다. 미국 중앙은행인 연방준비제도Fed는 기준금리를 발표한다. 기준금리는 **금융기관 간 거래의 기준이 되는 금리**다. 기준금리가 올라가면 시중은행 예금(적금), 대출 금리가 올라간다. **기준금리가 올라갈수록 채권 투자 매력도는 떨어진다**. 기준금리가 올라가면 '금리가 높은 상품에 투자'하는 게 유리하다. 기준금리 인상 전에 이미 고정된 이자가 정해진 채권의 매력이 떨어진다. 기준금리가 올라가면 채권을 시장에 내다 팔려는 사람들이 늘어난다. 채권 가격이 떨어지게 된다. **기준금리 인상과 채권 가격은 서로 정반대 성질**을 가지게 된다. 즉, **기준금리 인상=채권 가격 하락**이다.

실리콘밸리은행 뱅크런

총자산 276조 원의 미국 16위 대형 은행인 **실리콘밸리은행(SVB)**이 36시간 만에 파산했다2023년. 18억 달러 손실 공시를 내자마자, 메신저를 통해 소식이 퍼졌다. 예금자들이 스마트폰으로 돈을 인출하면서 뱅크런이 일어났다. 하루 동안 55조 원의 돈이 빠져나갔고, 결국 유동성 부족, 지급불능 상태가 되어 폐쇄되고 만다. 과거에는 예금자들이 은행 영업시간에 돈을 인출해야 했기에 며칠 또는 몇 주 걸렸다만, 이제는 스마트폰으로 순식간에 뱅크런이 일어난다. 실리콘밸리은행은 미국 실리콘밸리 스타트업 들의 주거래 은행으로 이름을 알렸다. 예금이 빠르게 늘다 보니 대출하고 남은 자금을 '미국 국채와 주택저당증권 등'에 투자했다. 하지만, 기준금리가 가파르게 오르며 문제가 된다. **채권 가격은 기준금리와 반대로 움직인다.** 기준금리 인상은 채권 가격 하락을 부른다. 고객의 예금인출이 늘며 실리콘밸리은행은 '기준금리 인상으로 인해 가격이 하락한 채권'을 팔아야 했고, 큰 손실을 보게 된 것이다. 미국 은행 고객은 예금자 보호제도(은행이 파산하더라도 정부가 일정 금액은 소비자에게 돌려주기로 약속하는 것)로 25만 달러까지 보호된다. 하지만, 기업 고객 입장에선 그리 큰돈이 아니었다. 실제로 실리콘밸리은행 예금의 95%는 예금자 보호 대상 금액이 아니었다.

미국 달러 기축통화를 만든 브레튼우즈 체제

고정환율제

브레튼우즈 체제1944년는 미국 달러 중심 국제 통화체제를 마련한 협정이다. 미국 화폐가 세상을 지배하게 만든 역사적 사건이다. 2차 대전이 끝나기 10개월 전, 서방 44개국이 브레튼우즈미국 뉴햄프셔주에 모였다. 2차 대전이 대공황에서 비롯되었으니, 전쟁이 끝나고 대공황을 막을 해법을 찾고자 했다. 국제적인 통화체계 구축과 함께 말이다. 결론은 1)미국 달러를 기축통화로 하는 2)**금환본위제**였다. 1)**기축통화**Key Currency는 외국과 화폐를 교환하는 데 있어 기준이 되는 화폐다. 기축은 '중심'이란 뜻이다. 브레튼우즈 체제는 각국 간 교역 거래에서 '**미국 달러**'로 결제금액을 **지급**한다는 것이다. 예를 들면,

그림 67 1941년 윈스턴 처칠과 루스벨트

한국이 사우디에서 석유를 사 오는데, 돈은 미국 달러로 내는 방식이다. 2)미국 달러 기반 금환본위제는 '달러 가치'만 금에 고정했다. **금1온스=35미국 달러**로 고정하고, 그 외 화폐들은 미국 달러와 고정을 했다. 이를 **고정환율제**라고도 한다. 다만, 나라별 사정을 고려해 미세한 조정상하 1% 이내을 할 수 있도록 했다. 브레튼우즈에선 국제통화기금IMF과 국제부흥개발은행IBRD 출범도 합의한다. 국제통화기금(IMF)은 특정 국가에 외환위기가 오면 미국 달러를 지원해 줄 수 있도록 했다. 2차 대전 말 세계 1위 경제대국은 미국이었다. 유럽전쟁 덕에 미국은 군수물자를 엄청나게 팔았다. 1940년대 전 세계 금의 70%가 미국에 있었다. 금 태환이 가능한 나라는 오직 미국뿐이었다. 태환^{바꿀 태兌, 바꿀 환換}은 지폐를 정화^{바를 정正, 재물 화貨}로 바꾼다는 의미다. 금본위제에서는 금화, 은본위제에서는 은화로 지폐를 바꿀 수 있다.

마샬플랜

미국 달러가 기축통화가 되기 위해선, 전 세계에 미국 달러가 많이 돌아다녀야 했다. 즉, 미국이 아닌 나라들이 미국 달러를 많이 가지고 있어야 했다. 그런데 유럽은 2차 대전으로 알거지가 되어 있었다. 미국에다 물건을 팔고 미국 달러를 받아 갈 수 없는 불쌍한 처지였다. 이에, 미국은 1)IMF를 통해 미국 달러를 대출해 주거나, 2)미국시장을 개방해 유럽 물건을 마음껏 팔게 하거나, 3)공짜로 미국 달러를 주는 방법을 택했다. 특히, **마샬플랜**^{미국 국무부 장관인 조지 마샬 추진}이라 불리는 '원조방식'으로 유럽을 지원했다^{1947~51년}. 정식 명칭은 '유럽부흥계획'으로 서유럽 16개국에 대한 대외원조 방식이다. 소련 등 공산권 확장을 막기 위해 서유럽을 잘 살게 하려는 의도도 있었다. 마샬플랜 덕분에 유럽은 전후 복구가 이루어졌고, 미국 달러가 많이 유통되게 되었다.

트리핀의 딜레마

기축통화로서 교역에 쓰이려면 많은 양의 미국 달러가 퍼져야 하고, 미국 달러가 퍼져나갈수록 미국은 무역적자(지출)수입)를 기록하게 된다. 미국 달러 확산이 미국 무역적자 덕이기 때문이다. 로버트 트리핀(예일대 교수)은 1)미국이 미국 달러 유동성(통화량) 공급을 중단하면 세계 경제는 위축된다. 2)반대로 미국 적자로 미국 달러가 과잉 공급되면 달러 가치가 하락한다. 그 결과 고정환율제도가 붕괴될 걸로 예측했다. 이를 **트리핀의 딜레마**라고 한다. **달러 공급과 달러 가치 하락 간의 고민이다!** 시간이 흐르면서 미국 달러 공급 증가가 문제가 되었다. 1960년대 이후 미국은 보유한 금보다 훨씬 많은 미국 달러를 찍어내게 되었다. 특히, 베트남 전쟁으로 미국 달러 발행이 크게 증가했다. 그 결과 금과 미국 달러 간 불균형이 커졌다.

닉슨쇼크와 변동환율제

브레튼우즈 체제로 금 1온스=35미국 달러로 고정했는데, 1971년에는 금 1온스=44미국 달러까지 교환비율이 오른다. 미국 달러 발행이 늘자, 미국 달러 가치가 떨어진 결과다. 미국 달러를 더 줘야만 금 1온스를 살 수 있게 된 것이다. 미국 달러보다 금을 가지고 있는 게 더 나은 선택이 된다. 유럽 각국으로부터 금 태환(교환) 요구가 넘쳐나게 되었다. 리처드 닉슨(미국 37대 대통령)은 **미국 달러 금 태환 중지**를 선언한다. 더 이상 미국 달러를 금으로 교환할 수 없었다는 것이다. 이를 **닉슨쇼크**1971년라고 부른다. 미국 달러 가치가 떨어지면서 미국 달러 보유가 재산적 손실로 돌아왔다. 브레튼우즈 체제 붕괴 이후 선진 10개국이 스미소니언 박물관워싱턴에 모여 **스미소니언 체제**를 협의했다1971년. 금 1온스 =38미국 달러로 미국 달러 가치를 평가절하35→38미국 달러하고, 각 국 통화 변동 폭을 좀 더 넓히는

그림 68 닉슨 대통령

데 합의했다상하 1%에서 2.25%로. '고정환율제 유지' 쪽이다만, 그리 오래 버티지 못했다. IMF 회원국이 킹스턴자메이카에 모여 **변동환율제**에 합의하게 되었다킹스턴 체제. 더 이상 금 보유량에 얽매이지 않고 환율이 자유롭게 '시장에서 결정'되도록 한 거다. 미국이 가진 경제력국가 신용으로 미국 달러를 평가받게 되었다. 미국 경제가 번영하면 달러 강세, 휘청하면 달러 약세가 되는 셈이다.

변동환율제도에서 환율은 우리나라 화폐와 외국 화폐미국 달러 등 간 교환비율이다. 외국 화폐를 기준으로 우리 화폐 가치를 매긴다. 예를 들면, 1달러당 한국 화폐 얼마 식으로 계산한다. 미국경제가 더 좋아지면 미국 화폐인 달러 강세, 반대로 한국 경제가 좋아지면 원화 강세다. **환율 상승=미국 달러 강세**로 생각하면 편하다. 달러 강세

면 1달러당 원화를 더 줘야 한다. 1달러 1,000원에서 1달러 1,500원을 주게 된다. 미국 경제 여건이 더 좋아 500원 더 줘야만 교환이 되는 거다. 환율 상승이다. 4)환율이 오르면 원화 약세 외국에서 수입해오는 물건 가격이 오른다. 우리 화폐를 더 줘야 하니까 말이다. 환율 상승이 국내 곡물 가격 상승, 즉 물가상승을 유발한다.

> 환율 상승(상대방 국가의 화폐 가치 상승) 미국 1달러 1,000원→1,500원

페트로 달러

리처드 닉슨 미국 37대 대통령은 사우디아라비아를 통해 기축통화 체제를 강화했다 1974년. 미국 달러로만 사우디 석유를 구매하도록 했다. 또한 사우디가 석유 팔아 받은 미국 달러로 미국 국채를 사주는 건 덤이다. 이를 오일 달러 내지 **페트로 달러**Petro(석유산업의)라고 한다. 대신에, 사우디 왕가의 안전을 미국이 보장하기로 한다. 당시 사우디 왕가는 통치 기반에 대한 불안감이 컸다. 이 점을 미국이 파고들어 미국 달러를 지켜냈다. 참고로 닉슨은 중국과 탁구를 매개체로 한 핑퐁외교로도 유명세를 탔다.

> 나고야 세계 탁구선수권대회 1971년에 참석한 미국 선수 코완은 **셔틀버스라 생각**하고 버스를 탔다. 그런데, 그 버스는 중국 선수단 버스였다. 당시, 중국 선수단은 미국인과 대화가 금지되어 있었다. 중국 탁구 영웅 좡쩌둥莊則棟은 코완에게

말을 걸고 수건을 선물했다. 이후 미국 선수단은 중국 초청을 받아 중국을 방문한다. 초청에 대한 화답으로 미국 닉슨 대통령은 중국에 대한 무역 금지 해제, 중국 화폐와 선박수송 통제 완화 등 중국에 대한 규제 완화를 발표한다. 소련 견제와 자국 이익을 위해서였다. 이어 닉슨은 중국 땅을 밟는다1972년. 닉슨은 중국과 상하이 공동성명을 발표하는데, 미국은 '**대만이 중국의 일부**라는 중국의 입장을 부인하지 않는다'라는 내용이 들어있었다. 대만은 유엔 회원국 지위를 상실하고1971년 중국이 그 자리를 차지했다. 이후 미국은 대만과 단교하고 중국과 수교를 하게 된다1979년.

플라자 합의

1980년대 일본은 경제적 번영을 이룬다. 일본의 대미 무역흑자가 엄청났는데 미국 주요 도시 건물들도 일본이 사 갔다. 이런 무역 불균형을 해소하고자 미국은 또 하나의 카드를 들이민다. 1)GDP 5위까지 경제대국영국, 독일, 프랑스, 일본, 미국 재무 장관과 중앙은행장을 뉴욕 플라자 호텔에 부른다1985년. 영화 〈나 홀로 집에〉에서 꼬마 케빈이 혼자 묶은 그 숙소다. 미국의 무역적자 해소를 위해 미국 달러 가치는 내리고, 엔화 가치는 올리기로 합의했다. 미국 제품이 잘 팔리도록 미국 달러를 싸게 만들었다일본 제품 비싸지게. 이를 **플라자 합의**라고 한다. 플라자 합의 전 1달러=240엔을 1달러=120엔으로 만들고 싶다는 것이다. 미국은 일본이 거절하면 보복관세를 물리겠다고 협박해 이를 받아낸다. 2)플라자 합의 2년 후 미국은 프랑스 파리에 경제대국 7위까지 재무 장관을 부른다. 일본의 기준금리를 낮추는 추가 조치에 합의한다. 이를 **루브르 합의**라고 한다. 1)일본이 기준금리를 낮추면 2)엔화가 풀려 소비가 늘어나게 되고, 3)미국 제품을 더 사게 된다는 것이다. 그런데 기준금리가 내려가자 일본에 부동산 광풍이 불게 되었다. 낮은 금리로 돈을 빌려와 기술개발 대신에 부동산에 투자하는 게 남는 장사였다. 일본 부동산 시장은 뜨겁게 달아올랐다. 도쿄 땅값이 엄청나게 오르고 주식시장도 급등했다. 일본 주식시장의 시가총액이 뉴욕거래소를 따돌리고 세계 1위를 차지하기도 했다1989년. 부의 쏠림현상이 심해지자 일본은 기준금리를 크게 인상하고 부동산 대출 규제에 들어갔다. 그 결과 1990년부터 주식과 부동산은 급격히 폭락하게 되고 '잃어버린 20년 버블 붕괴'를 맛본다.

양적완화와 인플레이션

기축통화에 위협이 된 또 하나의 사건은 '서브프라임 모기지론' 발 금융위기다2008년. 신용등급이 낮은 이들에게 주택담보대출서브프라임 모기지론을 해줬는데, 그게 부실화되고 리먼브러더스 등 미국 주요 금융기관들이 쓰러졌다. 미국 중앙은행Fed은 **양적완화**Quantitative easing 경기부양책을 꺼내 들었다. 양적완화는 중앙은행이 발권력을 동원해 '돈을 발행하고 발행한 돈을 시중에 풀어' 경기를 살리는 정책이다. 시중 통화량이 늘어나면 소비나 투자가 활성화된다. 미국 중앙은행이 1)미국 달러를 발행해 2)미국 국·공채나 주택저당증권MBS를 사주거나, 3)직접 대출하는 방식을 쓴다. 기준금리가 제로에 근접할 경우 기준금리 인하로는 경기부양 효과를 못 낼 경우 양적완화 정책을 추진한다. 미국도 기준금리가 2.5%에서 0%로 떨어져 더는 기준금리를 내릴 수 없는 상황이 되자, 1)연방준비제도중앙은행가 발권력으로 화폐를 찍어내고, 2)찍어낸 화폐로 중앙은행이 국채 등을 매입해 시중에 화폐를 풀었다. 당시 버냉키연방준비제도 의장는 '헬리콥터로 돈을 뿌려서라도 경기를 부양해야 한다'라고 말했을 정도다. 양적완화는 기축통화인 미국 달러가 많아지며 미국 달러 가치 하락을 초래한다. 미국 달러 가치 하락으로 달러화로 표시되는 원자재 등 실물자산 가격을 끌어올려 **물가상승**인플레이션**을 야기**한다. 반면, 미국 달러 가치하락은 저축자들에게 불리하게 작용한다. 현금을 보유하거나 저축하려는 의지를 꺾는다.

미국의 양적완화 정책은 우리나라와 같은 신흥국 경제에 큰 영향을 미친다. 양적완화로 풀린 미국 달러가 신흥국 등으로 이동한다. 신흥국이 미국보다 상대적으로 위험성은 크지만 금리 등 투자수익률이 높기 때문이다. 이로 인해 신흥국 통화를 사려는 수요가 늘어 신흥국 통화가치가 상승한다. 반면 미국 달러 가치는 하락하니 환율 하락이다. **통화 공급 확대발 달러 가치 하락**이다. 달러 가치 하락으로 미국 수출 상품의 가격경쟁력은 높아진다. 상대적으로 신흥국의 수출 경쟁력은 떨어진다. 과거 일본 아베 정부의 엔화 풀기로 엔화 가치가 급격히 떨어진 바 있다. 엔화 가치 하락으로 일본 제품 가격경쟁력이 올랐다.

인플레이션 해법

중앙정부가 경기침체에 돈을 풀면 돈의 가치가 낮아진다. 낮아진 돈의 가치로 인해 물가여러 상품의 가격을 평균 낸 통계치가 오른다. 예전보다 돈을 더 줘야만 동일한 물건을 사게 되니 물가가 오른 거다. 물가가 오르는 걸 인플레이션이라 한다. 물가상승을 해결하기 위해선 시중 통화량을 줄여야만 했다. 1)화폐 발행 규모를 줄이거나테이퍼링, 2)기준금리를 대폭 올려야 했다. 1)**테이퍼링**Tapering은 미국 중앙은행이 양적완화(통화 공급 경기부양 정책) 규모를 점진적으로 축소하는 걸 말한다. 양적완화 속에서 국채 등에 대한 매입 규모를 줄여나간다. 테이퍼링은 '점점 가늘어지다'라는 뜻이다. 양적완화 정책이 종료될 경우 신흥국에 들어온 미국 달러가 한꺼번에 빠져나갈 수 있다. **미국 달러의 급격한 유출**은 신흥국 경제를 위기로 몰아넣을 수 있다. 신흥국 외환보유고가 충분하지 않을 경우 미국 달러 고갈이 발생할 수 있다.

2)**기준금리를 인상**하면 이자 부담으로 돈을 덜 빌리고 고금리에 돈이 은행 예적금에 몰린다. 시중 통화량이 줄어들어 과열된 소비가 진정된다. 물가상승을 막는 효과가 있다. 미국 연방준비제도가 **인플레이션 해법으로 기준금리를 올리**는 이유다. 하지만, 미국이 기준금리를 올리면 국내 주식시장도 타격받는다. 투자자금이 신흥국으로 분류되는 우리 주식시장에서 미국으로 이동하기 때문이다. A)미국 기준금리 인상으로 B)미국에 대한 투자수요가 증가해 C)미국 달러 교환 수요가 늘어난다. 너도나도 미국 달러를 원하니달러 수요〉달러 공급

달러 가치가 오른다. 수요와 공급 법칙에 따라 수요가 공급보다 많으면 가격이 오르기 때문이다. **미국 달러 가치 상승은 환율상승이다.** 또한 미국 밖에서 미국 달러가 줄어들게 되니, 글로벌 경기가 움츠러든다. 그래서 연방준비제도 의장의 금리정책과 통화정책이 주목받는 이유다.

참고로 두 나라 간 기준금리 차이가 클 경우 **캐리 트레이드**Carry Trade를 할 수도 있다. 캐리 트레이드는 '옮겨Carry 투자한다Trade'는 의미다. 1)기준금리가 낮은 나라에서 돈을 빌려 2)기준금리가 높은 나라에 투자하는 것이다. 가령, 1)일본의 기준금리가 0.25%이고, 2)미국 기준금리가 4.5%라면 3)일본 엔화를 빌리고 4)이를 미국 달러로 바꾼 뒤 5)미국 국채 등에 투자하는 방식이다. 두 나라 간 기준금리 차이만큼 이득을 볼 수 있다. 여기에 미국 달러 가치가 오른다면 환차익까지 더불어 챙길 수 있다.

2-34

빅맥지수, 물가 그리고 골디락스

빅맥지수

햄버거는 함부르크 스테이크에서 유래되었다. **함부르크 스테이크**는 독일 북부 지역에서 소고기를 다져 만들어 먹던 음식이다. 독일에서 고기를 다져 먹게 된 근거 중 하나가 몽골인 때문이다. 몽골이 13세기 유럽을 침략했을 때 말안장 밑에 고기를 깔고 다녔다. 말 움직임 때문에 고기가 다져지게 된다. 그 다져진 고기를 몽골인들이 먹는 걸 보고 유럽인들도 따라 먹게 되었다. 19세기 독일 이민자들에 의해 함부르크 스테이크가 미국에 전해졌다. 함부르크의 미국식 발음이 햄버그다. 참고로 미국 3대 햄버거 브랜드로는 쉐이크쉑, 인앤아웃, 파이브가이즈가 있다. 맥도날드는 1955년 미국 시카고 1호점을 시작으로 120여 나라에서 팔리고 있다. 그 덕분에 회사의 대표 메뉴인 빅맥의 판매가격이 **글로벌 물가 비교 기준**으로도 쓰인다. 동일한 맛과 동일한 품질 빅맥이 같은 가치로 팔린다는 가정에 따른다. 이를 **빅맥지수**라고 한다. 각국의 빅맥 가격을 달러로 환산해 미국 빅맥 가격과 비교한다. 나라별 물가 수준이 미국에 비해 높은지, 낮은지 확인이 가능하다. 1968년에 만들어진 빅맥은 미국식 자본주의 아이콘이다.

그림 69 맥도날드의 빅맥

빅맥지수는 〈이코노미스트〉영국 경제전문지가 1986년부터 3개월 단위로 발표하고 있다. 빅맥지수는 환율을 비교하는 데도 활용된다. 실제 환율이 빅맥지수로 나온 환율보다 높다면 고평가, 낮다면 저평가다. 예를 들면, 우리나라 빅맥이 6,300원, 미국이 5.69달러라면 6,300원=5.69달러다. 미국 달러와 우리 원화 교환비율이 6,300원÷5.69달러=1,107.20원이 된다. 1달러=1,107.20원인 셈이다. 하지만, 실제로는 1달러 1,472.00원(2025년 초)이니 빅맥지수 1,107.20달러보다 원화가 저평가다.

> 한국 빅맥 6,300원, 미국 빅맥 5.69달러
> 교환 비율: 6,300원÷5.69달러=1,107.20원 실제 환율 1,472.00원

1달러 1,472.00원이라면 5.69달러 빅맥은 한국에선 8,375원이어야 맞다. 6,300원한국 빅맥 가격÷1,472.00원현재 환율이면 4.28달러다. 미국 빅맥 5.69달러보다 낮은 가격이다. 대개 유럽 빅맥 가격이 미국보다 비싸고, 아시아 국가가 싼 편이다. 가장 높은 빅맥 가격은 스위스다. 다만, 직원 월급, 매장 임대료, 햄버거 경쟁사 수 등이 다 달라 100% 현실을 반영하긴 어렵다. 그러기에 빅맥지수는 참고용이다. 맥도날드는 건강에 나쁜 정크푸드쓰레기 음식로 비판을 받는다. 맥

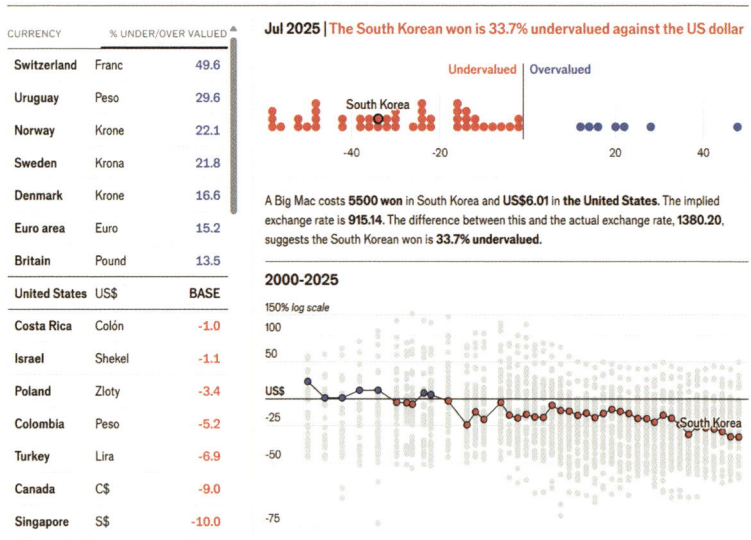

그림 70 2025년 7월 한국의 빅맥지수

잡^{Mcjob}은 맥도날드 매장 일자리란 뜻으로, 장래성 없는 저임금 단순노동을 뜻한다. **스타벅스지수**도 있는데, 전 세계 '스타벅스 카페라테' 가격을 미국 달러로 환산해 비교한다. 우리나라에는 신라면지수, 초코파이지수가 있다. 신라면, 초코파이가 100여 개국에 수출되는 상품이다 보니 물가를 비교해 볼 수 있다.

엥겔지수는 독일 통계학자 '에른스트 엥겔'이 발견했다. 일정 기간 가계의 소비지출 총액에서 식료품비가 차지하는 비중이다. 전체 소비액 중 식비가 얼마나 차지하느냐다. 저소득층일수록 식료품비 차지 비율이 높고, 소득이 높을수록 식료품비 대신 교육이나 문화 지출이 많아졌다. 이를 '엥겔의 법칙'이라고 한다. 1인당 국민소득이 높은 선진국일수록 엥겔지수가 낮아지는 경향이 있다. 일본은 **카레라이스 물가지수**가 있다. 카레라이스 조리에 들어가는 재료와 에너지 소모비용을 기준으로 매달 공표된다.

물가 영향 요인

상품이나 서비스 수요가 공급보다 많으면$^{수요>공급}$ 가격은 오른다. 반대로 공급이 수요보다 많으면$^{수요<공급}$ 가격은 내린다. 물가도 개별 상품 가격의 평균이니 수요와 공급의 영향을 받는다. **수요 측면에선** 소비자들의 소득수준, 소비성향, 물가상승 기대감 등이 영향을 미친다. **공급 측면에선** 원자재 가격, 환율, 근로자 임금, 세금, 부동산 비

용, 생산기술 등이 영향을 미친다. 농산물은 가뭄이나 풍수해 등에 영향을 받는다. 이 밖에도 정부 가격정책도 물가에 영향을 주게 된다. 유통단계가 복잡할수록 유통마진 때문에 가격이 오르기 쉽다. 독과점 시장에서는 몇몇 기업의 결정으로 가격이 오른다.

인플레이션 부작용

인플레이션(물가상승) 부작용으로 '1)메뉴비용, 2)구두창비용, 3)조세왜곡, 4)자원배분 왜곡 5)실질 급여 하락' 등이 발생한다. 1)**메뉴비용**은 메뉴판에 인쇄된 요리 금액을 바꾸는 비용이다. 이 과정에서 원가 상승 이상으로 메뉴 가격이 부풀려질 수 있다. 1)정유사가 유가 상승 이상으로 석유 가격을 올리거나, 2)은행이 기준금리 이상으로 금리를 올리는 경우다. 노력 없는 초과수익은 **횡재세**Windfall Tax 논란을 부른다. 횡재세는 초과이윤 과세다. 노력 없이 얻는 이득에 대해 세금을 내는 거다. 2)**구두창비용**Shoe leather cost은 구두창이 닳는 비용이다. 인플레이션 상황에서 화폐를 적게 보유하려 함에 따른 비용이다. A)가치가 떨어지는 현금을 적게 보유하다 보니 B)출금하려 은행을 자주 방문하게 되고 C)구두창이 더 빨리 닳는다고 해서 생긴 표현이다. 3)인플레이션은 **세금 부담**을 증가시킨다. 물가상승에 따라 근로자 월급이 오르면 세금을 더 내야 한다. 그런데 소득세는 누진세율이라 월급이 오르면 세율이 더 올라간다. 상품 가격의 10%를 내는 부가가치세도 상품 가격이 오름에 따라 세금을 더 내게 된다.

부동산도 보유세 등의 세금 부담이 늘어난다. 의료보험, 국민연금도 명목소득 기준으로 납부하기에 더 오른다. 4)인플레이션 상황에서는 영끌해서 집을 사는 게 현금 보유보다 더 이익이 된다. **자원배분 왜곡현상**이 발생하는 것이다. 저축보다 비생산적 투기에 몰리게 된다. 열심히 저축한 사람은 인플레이션에 손해 보게 된다. 은행예금 이자도 물가상승률만큼 오르지 않는다. 5)물가가 10% 오르면, 버스값은 15%, 급여는 5% 정도 오른다. 급여 계약은 연 1회 정도이므로 인플레를 바로 반영하지 못한다. 또한, 물가상승만큼 급여를 올려주기도 힘들다. 급여나 연금소득자는 물가상승보다 못한 실질임금물가지수 반영 임금 상승을 얻는다. 반면, 월급을 주는 고용주는 물가상승보다 적은 임금을 줘서 이득을 얻는다. 근로자에게서 사업가자본가로 소득이전 효과가 생기는 것이다.

인플레이션 지표

미국의 물가상승인플레이션 현상은 1)CPI(소비자 물가지수), 2)PCE(개인 소비지출) 지표로 알 수 있다. 1)CPI$^{\text{Consumer Price Index}}$는 **소비자 물가지수**로 인플레이션 지수로도 불린다. 소비자물가란 가정에서 소비하는 물건, 서비스 가격의 변동추이다. 미국 노동통계국에서 매달 중순 발표한다. 가격 변동성이 큰 '식품과 에너지' 가격변동을 뺀 **핵심 CPI(근원 CPI**$^{\text{Core CPI}}$**)**도 있다. PPI$^{\text{Producer Price Index}}$는 **생산자 물가지수**다. PPI는 소비자 물가지수CPI의 선행지수다. PPI가 오르면 CPI가

뒤따라 오른다. 2)PCE^{Personal Consumption Expenditure}는 **개인 소비지출**이다. 일정 기간 미국 내 개인의 물건 구입, 서비스 이용 비용^{토지와 건물 구입비 제외}을 합친 금액이다. 매월 미국 상무부에서 발표한다. 가격 변동성이 큰 '식품과 에너지' 소비를 뺀 **근원 PCE**^{Core PCE}도 있다.

경기전망 지표

경기전망 지표로는 PMI(구매관리자지수), 고용지표, 실업률 등이 있다. 3)PMI^{Purchasing Manager's Index}는 **구매관리자지수**다. 제조업 분야 경기전망 지표다. 제조업체 구매 담당자들을 대상으로 설문을 한다. 신규 주문, 생산, 재고, 제품 출하, 고용 등 제조업 전반에 대한 기대치다. 미국 공급자관리협회^{ISM}에서 발표한다고 해서 **ISM 제조업지수**라고도 한다. **PMI가 50 미만이면 경기위축, 50 이상이면 경기확장**을 기대한다. 경기위축이 예상되면 유가 등 원자재 가격도 소비감소 우려감에 내린다. **NMI**^{Non Manufacturing Index}는 **서비스업지수**다. 제조업을 제외하고 서비스업에 한정한 PMI지수다. NMI도 50을 기준으로 경기위축과 경기확장을 판단한다. A)PMI와 B)고용지표가 높을수록, C)실업률이 낮을수록 경기가 좋아진다.

골디락스

골디락스란 최적의 경제 상황을 말한다. 이보다 더 좋을 수 없다. 너무 뜨겁지도, 너무 차갑지도 않은 적절한 온기를 이어가는 경우다. 안정적 물가수준 속에 성장 추세가 이어지는 경우다. 1992년『골디락스 경제』이코노미스트 데이비드 슐만 작란 책에서 처음 언급되었다.『골디락스 경제』는 영국 동화『골디락스와 곰 세 마리』1837년, 로버트 서데이 작에서 따왔다. 골드Gold는

그림 71 골디락스와 곰 세 마리의 삽화

금, 락Lock은 머리카락을 뜻하니 금발 머리 정도 되겠다. 골디락스는 동화 속 금발 머리 여자아이 이름이다. 골디락스는 숲에 갔다가 우연히 곰의 집에 들어가게 되었다. 곰 세 마리는 1)고유가, 2)부동산 버블, 3)인플레이션을 뜻한다. 경제에 영향을 미치는 중요한 요소들이다. 곰들이 나간 집에는 수프가 3개 있었다. 아빠 곰 수프는 너무 뜨거웠고, 엄마 곰 수프는 너무 차가웠다. 골디락스는 적당히 따뜻했던 아기곰의 수프를 다 먹고 그만 그 집에서 잠이 든다. 적당히 따뜻했던 수프는 너무 과열되지도뜨거운 수프, 너무 침체되지도차가운 수프 않은 균형 잡힌 호황을 말한다.

2-35

필립스 곡선 그리고 실업률과 인플레이션

실업의 정의

실업은 한 나라의 전체 인구 중 '생산가능인구'만 대상으로 한다. 생산가능인구는 취업자, 실업자, 비경제활동인구로 나뉜다. 비경제활동인구는 취업자도 실업자도 아닌 사람들이다. 주로 주부, 학생, 고령자, 심신 장애자, 취업포기자, 취업준비자 등이다. **실업**잃을 실失, 업 업業은 ¹⁾**노동력이 있는 사람이** ²⁾**일하기를 희망하나** ³⁾**일자리를 갖지 못한 상태**'다. ¹⁾신체가 노동이 불가능한 경우, ²⁾일하기를 희망하지 않아 일하지 않는 경우(비경제활동인구)는 실업이 아니다. '일하기를 원하지만 일자리를 구하지 못한 상태'가 실업이다. 경기 불황으로 취업준비자나 취업포기자가 늘면 실업자 수가 줄어들고 실업률이 낮아진다. 이 때문에 우리가 체감하는 실업과 통계적 실업률 간 차이가 난다. 실업률이 과하게 높으면 사회적 불만이 높아진다. 그 결과 정치적 형태로 불만이 표출되기도 한다. 나치 등 파시즘의 태동도 대공황에 따른 실업률 상승 여파다. 유럽에서 극우 정당이 선전하는 이유도 실업률 증가와 무관하지 않다.

실업의 종류

실업은 1)마찰적 실업, 2)구조적 실업, 3)경기적 실업으로 나눌 수 있다. 1)**마찰적 실업**은 탐색적 실업이다. 일자리 탐색 과정에서 생긴다. 근로자가 원하는 일자리와 기업이 제공하려는 일자리가 서로 다른 경우가 많다. 근로자가 취업하기까지 상당 기간 '탐색 과정'이 필요하고, 그 과정에서 실업이 발생한다. 정말 원하는 일자리를 찾기까지 잠깐 쉼이다. 그러기에 마찰적 실업은 **자발적 실업**이다. 근로자의 구직활동 과정에서 생기므로 **경기와 무관하게** 마찰적 실업은 생긴다. 즉, 경기가 좋을 때도 마찰적 실업이 있을 수 있다. 2)**구조적 실업**은 경제구조 변화에 따라 발생한다. 기술이 없거나 기술이 낮은 근로자가 오랜 기간 일자리를 구하지 못하는 경우다. 기술 발전에 부응하지 못해 직장을 잃게 되는 경우도 있다. 새로운 산업의 등장, 기술 자동화로 일자리가 없어지는 경우도 있다. 1)높은 임금으로 인해 2)고용이 줄어들어 3)노동의 초과공급이 발생하면 4)임금이 하락하는 것이 시장의 원리다. 하지만, 노동시장에선 '임금이 하락하지 않고 높은 임금이 유지'되는 경우가 많다. 이럴 경우 높은 임금 수준에서 일하고자 하는 노동자는 많지만, 일자리가 적어 구조적 실업이 발생한다. 과다한 최저임금 인상이 오히려 실업을 야기한다는 주장도 있다. 구조적 실업은 **비자발적 실업**이다. 근로자 의지와 상관없이 실업이 발생한다. 구조적 실업도 **경기와 상관없이** 발생한다. 즉, 마찰적 실업과 구조적 실업은 경기와 무관하게 발생한다. 경기가 좋을 때도 존재하는 자연스러운 실업이다. 그래서 마찰적 실업과 구조적 실업을 합쳐 **자연 실업**이라 한다. 한 나라에 마찰적 실업과 구조적 실업만 존재하는, 즉 자연 실업만 존재하는 경우를 **완전고용** 상태라고 한다. 완전고용이 실업률 제로를 의미하지 않는다. 자연 실업이 존재하기 때문이다. 완전고용 상태의 실업률을 자연실업률이라고 한다. 일반적으로 3~4% 실업률을 완전고용 상태로 본다. [3]**경기적 실업**은 **경기와 상관이 있다**. 경기가 나빠 일자리를 잃는 경우다. 경기적 실업은 근로자 의지와 상관없는 **비자발적 실업**이다. 경기 호황기에는 실업이 감소하고, 불황기에는 증가한다. 재정정책이나 통화정책으로 줄이려는 실업이 바로 경기적 실업이다. 경기가 좋아지면 경기적 실업은 다시 감소할 수 있다. 참고로 계절에 따라 발생하는 계절적 실업도 있다. 추운 겨울, 건설업이나 농업 등에서 추위로 인해 실업자가 되는 경우다.

실업별 경기 관련 유무 및 자발성 유무

구분	경기 관련 유무	경기 관련 유무
마찰적 실업	경기와 무관	**자발적**
자발적 실업	경기와 무관	비자발적
경기적 실업	**경기와 관련 있음**	비자발적

나선효과

2008년 글로벌 경제위기 당시 미국 실업률은 20%에 육박했다. 실업률이 높아지면 미국 정부는 경기부양책을 쏟아내며 실업률을 낮추기 위해 노력한다. 경기부양을 위해 **기준금리도 낮게 유지**한다. 이자를 적게 내게 하고 그 돈으로 소비를 유도하기 위함이다. 그 결과 경기가 살아나고 실업률이 낮아지게 된다. 코로나19에도 미국은 경기부양책을 사용했다. 그로 인해 미국 경기가 살아나며 실업률이 낮아졌다. 완전고용에 근접할 정도로 실업률이 내려가자 **물가가 상승**하는(인플레이션 유발) 요인이 되었다. 실업률이 내려가고 임금이 급격히 오르면서 기업들이 비용 부담을 제품 가격 인상이나 인력감축으로 해결했다. 제품 가격 인상은 물가상승으로 이어진다. 물가가 오르면 실질 임금(물가지수 반영 임금)이 떨어진다. 물가상승에 맞춰 추가적인 임금 상승을 요구하게 된다. 이처럼 '임금과 물가가 서로 영향을 주고받으며 올라가는 현상'을 **나선효과**Spiral Effect라고 한다. 임금과 물가가 소용돌이 곡선(나선)처럼 서로 앞서거니 뒤서거니 하며 오르는 모습을 빗대어 부른 거다.

필립스곡선

필립스곡선은 **실업률과 물가상승률 간 관계**를 보여준다. 영국 경제학자 '윌리엄 필립스'가 만들었다. 필립스가 처음 낸 아이디어는 **실업률과 명목임금 상승률 간 관계**다. **명목임금**은 물가상승을 고려하지 않고 월급명세서상 금액 기준 임금이다. 월급을 500만 원 받고 있다면 내 명목임금은 500만 원이다. 반면 **실질임금**은 물가상승을 고

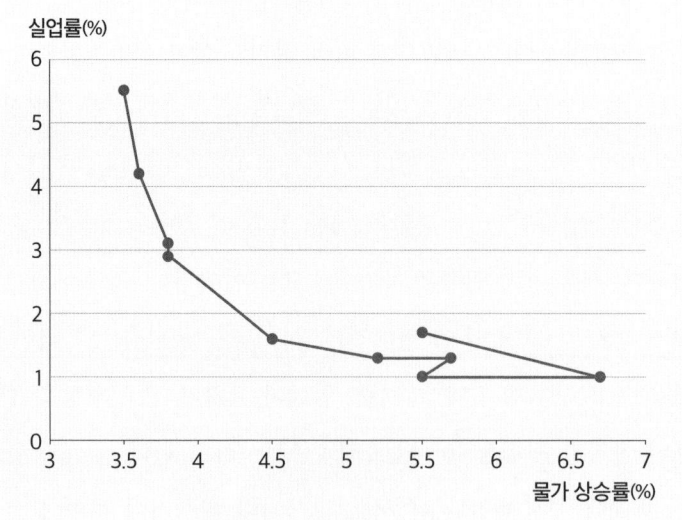

1960년대 미국의 필립스 곡선
실업률과 물가상승률 간 음의 상관관계

려한 임금이다. 실질임금은 명목임금을 물가지수로 나누면 된다. 임금은 일정한데 ¹⁾물가가 오르면 ²⁾명목임금은 변하지 않으나 ³⁾실질임금은 감소한다. 근로자의 생활 수준은 실질임금에 의해 좌우된다. 필립스는 1861년부터 1957년 사이 **영국 실업률과 명목임금 상승률 간 음(-)의 상관관계**가 있음을 발견했다. 음(-)의 상관관계는 '서로 반대되는' 결과를 낳는다. 둘 중 하나가 오르면, 하나는 떨어진다. ¹⁾실업률 상승, 명목임금 하락 또는 ²⁾실업률 하락, 명목임금 상승처럼 말이다.

이후 그의 연구를 이어받은 학자들이 **실업률과 물가상승률 간에도 음(-)의 상관관계**가 있음을 밝혀냈다. ¹⁾실업률이 낮은 경우 ²⁾월급을 올려달라는 요구가 많아 임금이 오른다. 이에 따라 ³⁾기업의 생산비용이 증가하고 ⁴⁾생산비용을 제품가격에 전가하니 ⁵⁾물가상승률이 높아진다. 또한, 실업률이 낮아지면 ⁶⁾생산에 투입된 근로자가 많아지고 ⁷⁾생산량이 늘어난다. **실업률 하락으로 생산량 증가와 물가상승이 동시에 발생**한다. 즉, 실업률 하락→물가상승의 음(-)의 상관관계다. 경기침체 시기 **물가상승을 참아낸다면** 실업문제를 해결할 수 있다. 초기 필립스곡선은 케인스 주장을 뒷받침해 준다. **케인스**는 대공황 경기침체 시기 실업 해소를 위해 '정부나 중앙은행이 개입'해야 한다고 주장했다.

하지만, 1970년대 오일쇼크로 인한 **스태그플레이션**^{경기침체+물가상}

승이 발생하면서 초기 필립스곡선이 맞지 않게 된다. 스태그플레이션 상황에서 **실업률과 물가상승률이 동시에 상승**했기 때문이다. 초기 필립스곡선에 따르면 실업률과 물가상승률 간 음(-)의 상관관계여야 하는데 말이다. **통화주의 학파**는 필립스곡선은 단기에만 물가상승률과 실업률이 음(-)의 상관관계일 뿐, **장기적으론 실업률과 물가상승률 간 아무런 관계가 없다**고 주장한다. 1)실업률이 감소하는 상황에서 물가상승률이 증가하면 2)근로자는 물가상승률보다 더 큰 명목임금 인상을 요구한다. 3)그 결과 실질임금이 오르고 4)고용이 줄어들며 5)실업률이 늘어난다. 즉, 실업률은 줄어들지 않고 물가상승률만 증가하게 된다. 경기침체 시 케인스처럼 실업을 줄이기 위한 **정부나 중앙은행 개입은 실업률 변동 없이 물가상승률만 올린다**는 것이다.

협동로봇

협동로봇Collaborative Robot은 '산업용 로봇 대비 저렴한 가격으로 **사람이 하는** 힘들면서 반복적인 일을 도와주는 로봇'이다. 전통적인 산업용 로봇들이 노동자와 분리된 공간에서 작업하는 것과 달리, 협동로봇은 사람과 한 공간에서 작업할 수 있다. 조립 등 제조공정뿐만 아니라 농업, 금융, 의료, 배달, 푸드테크, 주차 등 다양한 분야에 쓰이고 있다. 구체적으로 1)단체 급식 조리, 2)복강경 수술 보조, 3)공항 수하물 이동, 4)레이저 용접 등이 가능하다. 1)소수의 인원으로 대규모 인력에 대한 급식 지원을 할 수 있다. 치킨을 튀겨내며 오차 없이 균일한 맛을 낼 수 있다. 맥주를 따라주는 로봇의 경우 정확한 양을 제공할 뿐만 아니라 원하는 거품양까지 맞춰 준다. 2)복강경 수술의 경우 밀리미터(mm)까지 조작이 가능해 사람보다 정교하다. 체력과 집중력이 떨어지는

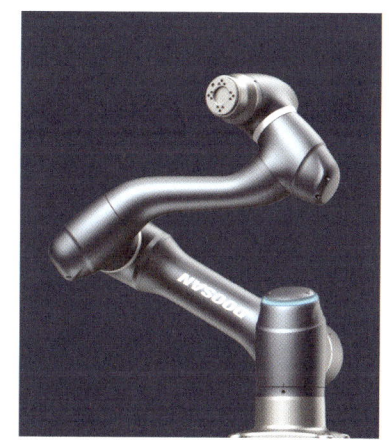

그림 72 협동로봇

사람보다 수술 시야도 정확히 확보할 수 있다. 3)공항 수하물 이동은 무거운 짐을 반복적으로 들어 올리거나 내릴 수 있다. 4)레이저 용접은 숙련공 10년 차 이상 능력으로 쉼 없이 일할 수 있다. 생산성도 높고 각종 질환으로부터도 자유롭다. 협동로봇의 발전은 결국 **고용률 감소**를 부른다. 초기 투자금이 들지만, 투자금 회수 기간이 지나면 인건비를 줄일 수 있다. 사람이 주는 스트레스도 없다. 인건비가 상승하고 있는 상황에서 협동로봇을 찾는 수요가 늘고 있어 실업률 증가에 영향을 미칠 수 있다.

2-36

소득불평등,
로렌츠곡선과 지니계수

5분위 분배율

소득불평등 지표에는 1)10분위 분배율, 2)5분위 분배율, 3)상대적 빈곤율, 4)로렌츠곡선과 5)지니계수 등이 있다. 1)**소득 10분위**는 소득 기준으로 10%씩 구분한다. 가장 가난한 10%부터 가장 부유한 10%까지 총 10단위 구분이다. 가장 가난한 계층이 1분위, 가장 부자 계층이 10분위다. **10분위 분배율**은 최하위 40%1~4분위 소득점유액을 최상위 20%9~10분위 소득점유액으로 나눈 값이다. 0에서 2 사잇값을 가진다. 수치가 작을수록 소득불평등이 심하다. 가령, 최하위 40% 소득점유액이 100이고, 최상위 20% 소득점유액이 50일 경우 10분위 분배율은 $2^{100 \div 50 = 2}$다. 반면, 최상위 20% 소득점유액이 100일 경우 10분위 분배율은 $1^{100 \div 100 = 1}$이다. 2)**소득 5분위**는 소득 기준으로 20%씩 총 5단위 구분이다. 1분위는 가장 가난한 20%, 5분위는 가장 부유한 20%다. **5분위 분배율**은 10분위 분배율과 분자와 분모 방식이 다르다. 최상위 20%^{5분위} 소득점유액을 최하위 20%^{1분위} 소득점유액으로 나눈다. 1에서 무한대까지 값이 나온다. 수치가 높을수록 소득 불평등이 심하다.

$$10분위\ 분배율 = \frac{최하위\ 40\%}{최상위\ 20\%} \qquad 5분위\ 분배율 = \frac{최상위\ 20\%}{최하위\ 20\%}$$

3)**상대적 빈곤율**은 전체 인구 중 빈곤 위험에 처한 인구 비율이다. 전체 인구 중 '중위소득의 50% 소득'을 기준으로 한다. 그 기준을 '상대적 빈곤선'이라 하고, 그 선 이하 인구 비율이 '상대적 빈곤율'이다. 예를 들어 중위소득이 3,000만 원일 경우 상대적 빈곤선은 중위소득의 50%인 1,500만 원이 된다. 소득이 1,500만 원 이하인 인구 비율이 가령 15%라고 하면 상대적 빈곤율은 15%가 된다.

로렌츠곡선과 지니계수

4)로렌츠곡선은 소득분배 상태를 보여주는 그래프다. **인구 누적비율과 해당소득 누적비율을 연결한 선이** 로렌츠곡선이다. **가로축은 인구 누적비율, 세로축은 소득 누적비율**이다. 인구 누적비율은 소득이 낮

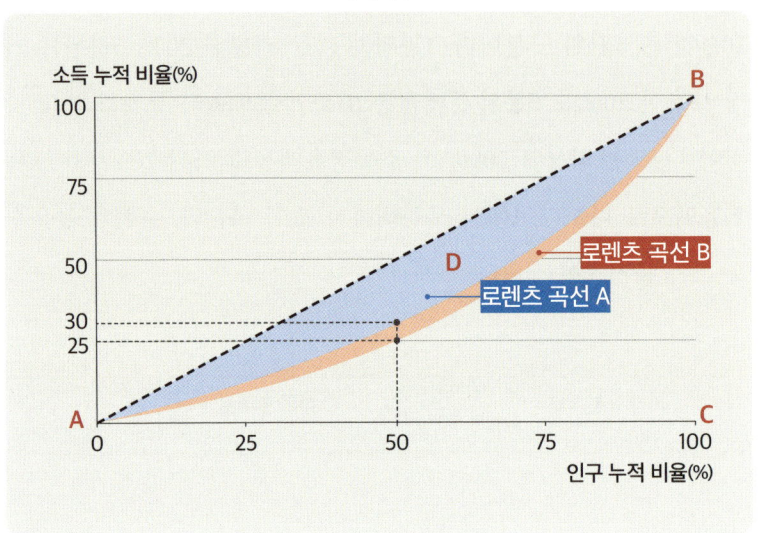

은 순서부터 높은 순서로 총인구를 100으로 설정한 비율이다. 소득 누적비율은 인구별 소득을 차례로 누적한 총소득을 100으로 설정한 비율이다.

위 그래프에서 '45도 대각선A~B점선'은 모든 사람의 소득이 똑같은 상태다. 인구 누적비율과 소득 누적비율 숫자가 서로 일치한다. 소득이 균등하게 분배될수록 로렌츠곡선이 45도 대각선에 가깝고, 불균등할수록 45도 대각선에서 아래로 멀어진다. 즉, 곡선이 활처럼 휘어질수록 소득불균형이 심하다. 로렌츠곡선 A는 인구의 50%가 전체 소득의 30%를 점유하고 있다. 반면, 로렌츠곡선 B는 인구 50%가 전체 소득의 25%를 점유하고 있다. 로렌츠곡선 B가 로렌츠곡선 A보다 불평등 정도가 심하다.

5)**지니계수**는 로렌츠곡선을 이용해 소득분배 상태(빈부격차)를 **수치화**한 지표다. 앞선 그림에서 보면 지니계수는 **삼각형(A, B, C) 면적에서 D면적(불평등 면적)**이 차지하는 비중이다. D면적이 크면 클수록 소득불평등 정도가 심하다. 지니계수는 숫자로 나타낼 수 없는 로렌츠곡선의 단점을 해결했다. 지니계수는 0과 1 사잇값을 가진다. 모든 사람의 소득이 같다면 로렌츠곡선은 대각선이라 했다. 로렌츠곡선 D면적도 0이 되고 지니계수도 0이 된다. 따라서, 지니계수가 0에 가까울수록 소득불평등 정도가 낮고 1에 가까울수록 소득불평등 정도가 높다. 지니계수가 악화될수록 소득 양극화, 중산층 감소를 의미한다. 일반적으로 지니계수가 0.4 이상이면 '소득분배가 악화'되었다고 표현한다. 로렌츠곡선은 미국 통계학자 '맥스 로렌츠', 지니계수는 이탈리아 통계학자 '코라도 지니'의 이름을 붙였다.

소득재분배

빈곤은 1)절대적 빈곤과 2)상대적 빈곤이 있다. 1)절대적 빈곤은 생존을 위한 최소한의 생활도 유지 못 하는 빈곤이다. 굶어 죽을 정도의 가난함이다. 2)상대적 빈곤은 굶어 죽을 정도는 아니나 상대적으로 가난한 경우다. 소득분배 불평등 상황이다. 자본주의 국가에선 부자와 빈자가난한 자의 격차를 줄여 빈곤을 없애려 한다. 이러한 정부의 노력을 **소득재분배 정책**이라 한다. 소득재분배 방법으론 1)누진세, 2)사회보험, 3)공공부조 정책 등이 있다. 1)**누진세**는 부자에게 세율을 높인다. 예를 들면 1,200만 원 이하 소득자에겐 소득세율 6%, 10억 원 이상 소득자에겐 45% 소득세율을 부여하는 식이다. 다만, 빈자의 소득을 더 올려주진 못한다. 2)**사회보험**은 국민연금, 의료보험, 고용보험 등이다. 다만, 가입자가 낸 돈으로 운영되므로 소득재분배 효과가 크지 않다. 3)**공공부조 정책**은 보조금, 물품, 서비스 등을 빈자들에게 제공한다. 소득재분배 효과가 가장 크다. 다만, 과한 공공부조는 오히려 해가 될 수 있다. 빈곤 탈피 노력을 하지 않고 복지에 의존하게 된다. 스스로 빈곤 탈피를 위한 노력을 할 수 있게 해야 한다. 무료 기술교육이나 직업교육 등을 통해서 말이다. 최저임금을 단기간 급격하게 올리면 오히려 소득불평등이 확대되기도 한다. 저소득층의 일자리가 줄어들고 자영업자가 가게 문을 닫는 경우가 발생하기도 해서다.

　소득재분배에 대한 대표적 관점으로는 1)공리주의, 2)점진적 자유주의, 3)급진적 자유주의 등이 있다. 1)**공리주의**는 영국 철학자 '벤담과 밀'이 주장했다. 정부가 사회구성원 전체의 효용을 극대화하도록 정책을 해야 한다는 것이다. 2)**점진적 자유주의**는 미국 철학자 '롤스'가 주장했다. 사회의 가장 가난한 자들에게 집중된 정책을 요구한다. 보다 적극적인 소득재분배다. 반면, 3)**급진적 자유주의**는 미국 철학자 '노직'이 주장했다. 인위적인 소득 재분배에 반대한다. 모든 이들에게 균등한 기회를 제공하면 그만이다.

베네수엘라 포퓰리즘

포퓰리즘은 '대중인기 영합주의'다. 대중의 지지를 얻기 위해 선심성 복지정책 등을 펼친다. 부의 양극화가 심한 나라에서 빈곤층을 자극해 정치적 힘을 모은다. 베네수엘라는 **과도한 복지 정책**으로 국가 경제가 망가진 대표적인 예다. 베네수엘라는 세계 1위 원유매장량 국가로, 전체 수출의 90% 이상이 원유 수출이다. 다만, 베네수엘라 원유는 점성이 강해 희석액과 혼합해야만 한다. 미국 등 글로벌 기업들의 기술과 자본이 필요하다. 1990년대 외국 자본과 기술을 유치하면서 베네수엘라 석유산업이 급성장했다. 하지만 1999년 **우고 차베스**1954~2013년가 대통령이 된 후, 베네수엘라 석유산업은 후퇴하기 시작했다. 차베스는 1999년 이후 14년 집권 기간 동안 사회주의적 정책을 펼쳤다. 2007년 외국계 석유회사 자산을 몰수해 국영 석유회사에 합병시켰다. 외국계 석유회사는 베네수엘라를 떠나 버렸다. 해외자본과 기술이 떠난 자리를 메우려면 과감한 투자와 기술 개발이 뒤따라야 한다. 하지만, 노후화된 석유 장비와 설비 교체 등은 이루어지지 않았다. 기술 발전도 정체되고 전문 인력 이탈도 심했다. 반면, 차베스는 측근 비전문가들을 장기간 석유회사 임원에 앉히고, 국영 석유회사는 망가져 갔다. 원유 생산량도 크게 떨어지고, 그마저도 제대로 정제하지 못했다.

차베스 사회주의 정부는 석유 수출을 통해 축적된 국가 자산의 50% 이상을 무상복지 등에 썼다. 병원 치료, 학교 교육을 무상 제공했고, 주택도 거의 무상으로 주다시피 했다. 빈민층에게는 기초 식료품과 생필품을 무상 또는 원가 이하로 줬다. 베네수엘라 빈곤 인구도 차베스 취임 2년 만에 절반 가까이 줄었다50%→27%. 나라가 경쟁력을 잃어가는 줄 모르고 국민들은 열광했다. 글로벌 경기가 좋고 유가가 높을 때에는 차베스 복지 정책이 먹혔다. 하지만, 경기침체에 따른 저유가로 베네수엘라 경제가 휘청거리기 시작했다. 차베스는 원유 수출 수익을 복지에만 썼을 뿐, **생산 시설 재투자나 다른 산업 발전에 투자하지 않았다**. 베네수엘라 국민들도 무상복지에 취해 기술 교육이나 직업 훈련을 등한시했다. 차베스에 이어 대통령으로 취임한 '니콜라스 마두로'는 복지 정책을 더 확대했다. 저유가로 인해 국가 예산이 부족해지자 외국에서 돈을 빌려서까지 복지 정책을 유지했다. 유가가 다시 오르면 모든 빚이 해결될 걸로 믿었다. 하지만, 저유가는 상당 기간 길어졌고, 국가가 파산 직전까지 내몰렸다. 물가는 급등했고, 돈의 가치는 급락하는 상황이 벌어졌다. 남미 지역 최악의 범죄율, 실업률, 빈곤율의 나라가 되었다.

아르헨티나 포퓰리즘

20세기 전반 세계 4대 경제대국이었던 아르헨티나의 몰락도 포퓰리즘 때문이다. **페론주의**Peronism는 대표적인 **퍼주기식 선심성 정책**이다. '후안 페론' 전 대통령과 그의 아내 '에바 페론' 이름에서 나왔다. 후안 페론은 1946~55년, 1973~74년 아르헨티나 대통령을 했다. **후안 페론**은 외국 산업의 배제, 철도, 전화 등 기간산업 국유화, 빈곤층 분배 우선 정책(복지 확대, 임금인상), 무상교육, 무상진료 등 정책으로 큰 인기를 끌었다. 한해 많게는 20%씩 노동자 임금을 올렸다. 하지만 오랜 복지 포퓰리즘으로 인해 성장동력을 잃고 발전을 잃어버린 나라가 되었다. 빈부격차는 줄였지만, 탄탄한 산업 기반을 만들지 못했다. 경제가 어려워진 뒤에도 과도한 복지를 고집했고, 부족한 재정은 화폐를 발생해 메웠다. 그 결과 경기침체와 물가상승이 동시에 나타나는 스태그플레이션(경기침체+물가상승)을 겪기도 했다. 페론 부부는 약자를 위한 복지 정책으로 환영받았지만, 실질은 경제를 망친 장본인이기도 하다. 그런데도 아르헨티나는 선거철마다 '페론주의'가 인기를 얻는다. '에비타 효과' 때문이다. 후안 페론의 아내 에바 페론은 배우 출신으로 **에비타**라는 별명을 가졌었다. '작은 에바'란 뜻으로 그녀는 33살 나이로 요절했다. 아르헨티나인들은 에비타를 그리워하는 마음이 크고, 그런 점이 요즈음도 페론주의의 근간이 되고 있다. 쿠바혁명을 일으킨 **체 게바라**도 빈곤과 독재를 야기했다. 그럼에도 젊은이의 우상이 되는 아이러니함이다.

그림 73 에바 페론, 에비타

2-37

사우디아라비아와 미국 간 석유 패권 밀월과 경쟁

고래기름

윌리엄 머독은 증기기관을 발명한 제임스 와트 공장의 선반 기술자 **가스등**Gas lighting을 발명했다 1792년. 석탄을 가열하면 노란색 불꽃을 내는 가스가 나온다. 가스등 덕분에 밤에 불을 밝힐 수 있었다. 하지만 가스등은 대도시 중심으로만 쓸 수 있었다. 파이프라인으로 가스를 공급해야 했기 때문이다. 폭발 가능성도 있고, 가스가 타면서 냄새와 소리도 났다. 그런 단점을 보완해 준 것이 **고래기름**이다. 냄새와 연기도 없고 불빛도 보다 밝았다. 파이프라인도 깔 필요도 없어 드넓은 미국 땅에 적합했다. 향유고래 머리에는 향유라는 기름이 나왔다. 고래기름은 양초를 만들거나 기계 윤활유로도 쓰였다. 미국 동부 쪽 먼바다에 향유고래가 잡히면서 고래기름이 많이 쓰이게 되었다. 알래스카, 캐나다 북부, 태평양의 작은 섬 등도 고래잡이 덕분에 발전했다. 향유고래는 주로 먼 바다에서 잡혔기에 포경선은 1~4년 동안 바다를 누볐다. 장기간 항해에 물과 식품, 석탄을 공급받을 항구가 필요했다. 미국 페리 제독의 흑선쿠로후네이 일본에 개항을 요구한 이유도 포경선 항구 때문이다. 미국 포경 산업의 절정기는 미국 본토에서 석유가 시추되기 직전인 1850~60년대다. 고래잡이로 인해 1)고래 개체수는 줄어들고, 2)보다 더 먼 곳에서 고래를 잡게 되면서 고래기름 가격도 올랐다.

석유시추와 배럴

고래기름 문제를 해결해 준 건 **등유램프**다. 석유에서 추출한 등유를 연료로 하는 램프가 발명되었다1853년. 처음엔 충분한 석유를 공급할 수 없었다. 당시 석유는 원유 웅덩이에서 양동이로 퍼내거나, 천에 흡수한 뒤 짜내는 정도였다. 이런 고민을 '시추 기술'이 개발되며 한 번에 해결했다. 1)미국 펜실베니아주에서 석유를 시추하게1859년 되면서, 펜실베니아주로 오일러시가 일어났다. 2)미국은 석유 산유국이 되고, 미국의 밤은 석유가 밝히게 되었다. 생산된 원유는 술통에 담겨 강에서 뗏목으로 옮겨졌다. 나무로 만든 둥근 술통을 **배럴**Barrel이라 했다. 문제는 위스키 배럴40갤런과 와인 배럴42갤런 규격이 다르다는 것이었다. 결국 42갤런159리터의 와인 배럴로 통일하게 된다. 지금도 원유량을 재는 단위로 '배럴'이 사용되는 이유다. 이후 토머스 에디슨이 전기조명을 발명하면서1879년 **전기등**으로 바뀌게 되었다. 전기등으로 인해 석유 소비가 줄어들 위기에 처했다. 이때 석유엔진을 쓰는 자동차가 개발되며 석유 수요를 폭발적으로 증가시켰다. 특히, 헨리 포드가 자동차 생산에 컨베이어벨트 시스템을 도입했다. 컨베이어벨트 시스템은 작업자들이 분업을 통해 각 부품을 조립하는 방식이다. 헨리 포드가 자동차 대량 생산에 성공하며 자동차 대중화가 일어났다.

모비 딕과 사이렌

허먼 멜빌의 소설 『**모비 딕**』백경은 아이해브 선장이 작은 보트로 난폭한 흰고래 모비 딕을 쫓아가는 이야기다. 모비 딕을 잡으려다 한쪽 다리를 잘린 선장의 복수전이랄까. 작가 멜빌은 실제로 포경선을 탔는데, 그의 경험치를 소설에 담아냈다. 소설에는 일등 항해사로 바이킹의 후예 '스타벅Starbuck'이 등장한다. 스타벅Starbuck은 바이킹어 Stor갈대+bek개울이 어원이다.

그림 74 모비 딕의 삽화

당시 영국에서 건너온 스타벅 가문이 미국 포경업계 큰 손으로 자리 잡고 있었는데 이를 반영했다. 스타벅스 커피점 이름은 모비 딕의 스타벅Starbuck에서 따왔다고 한다. 스타벅스 로고는 고래잡이들에게 공포의 상징이었던 **사이렌**Sirens으로 했다. 그리스 신화에 나오는 사이렌은 아름다운 여성 얼굴에 독수리 몸을 가졌다. 아름다운 노랫소리로 선원들을 유혹해 바다에 뛰어들게 만들었다. 사이렌이 '경고'라는 의미로 쓰이는 이유다.

사우디아라비아 석유

중동에서 석유가 처음 발견된 건 1)이란이다1908년. 이란에는 영국 자본으로 '앵글로-페르시아 석유 회사오늘날 브리티시페트롤리엄(BP)'가 세워졌다1909년. 이어 2)이라크1927년, 3)사우디아라비아1938년에서도 석유가 나오게 되었다. 사우디가 원유 개발에 뒤늦은 이유는 국가 수립이 늦어서였다. **알 사우드 가문**의 압둘아지즈가 1)아라비아반도 동부에 나라를네지드 왕국 세운다. 2)이후 서부 왕국헤자드을 합병하고, 3)사우디아라비아 왕국을 1932년에서야 수립했다. 나라 이름은 가문 이름인 '사우드'에서 따왔다. 의미는 '사우드 가문의 아라비아' 정도 되겠다. 당시 사우디의 주된 수입원은 메카와 메디나 성지순례였다. 하지만, 대공황으로 인해 성지 순례자가 줄어들자 재정난을 겪는다. 이를 타개하고자 석유 채굴권을 서양 석유회사에 팔기로 한다. 영국에 먼저 제안했으나 채굴 확률이 낮다며 거절당한다.

레드라인 협정과 소칼

대신에, 사우디 옆 나라 바레인에서 대규모 유전을 발견한1932년 미국 회사 소칼Socal이 제안을 받아들인다. 원래 걸프오일이란 회사가 관심을 가졌었지만, 걸프오일은 레드라인 협정에 가입해 있었다. **레드라인 협정**은 영국, 미국, 프랑스 석유회사가 맺은 협정이다. 협정은 영국의 앵글로-페르시아 회사가 이라크에서 석유 개발에 성공한 후 만들어졌다. 쿠웨이트를 제외한 중동지역에서 석유 메이저 회사의 독점권을 인정하되, 개별 회사의 독자적 채굴을 못 하게 한 카르텔담합이다. 미국 회사 중 엑슨, 모빌, 걸프오일 등은 레드라인 협정 회사였다. 반면, 회사 규모가 작은 소칼은 이에 빠져있었다. **소칼**Socal은 Standard Oil Company of California의 약자로 지금의 셰브론Chevron이다. 소칼은 석유 시추를 위해 CASOC California Arabian Standard Oil Company를 설립하는데 지금의 **아람코**Aramco다. 세계 최대 석유회사인 아람코는 1930년대 미국 석유기업들이 합작해 설립했지만, 1980년 사우디가 완전히 국유화했다. 소칼은 레드라인 협정에 포함되지 않은 미국회사 텍사코에게 지분 50%를 넘기고 함께 개발에 뛰어들었다. 이란과 이라크는 영국이 차지했지만, 사우디는 소칼 덕분에 미국이 차지하게 된다. 소칼은 1938년 석유 시추에 성공하는데, 사우디 왕가 수립 6년 만이다. 쓸모없는 사막 땅에 세워진 사우디 왕가로서는 횡재 맞았다.

스탠더드 오일 Standard Oil,1870~1911년은 존 록펠러가 설립한 미국 거대 석유회사다. 1890년대 미국 석유 시장 90%를 차지한 독점기업이었다. 미국 반독점법에 의해 34개 회사로 분리되었다. 현재 엑슨모빌, 셰브론 등이 분리된 회사들 중 하나다. 스탠더드 오일은 해체되며 옛 이름 뒤에 주^{State} 이름을 넣어 썼다. 스탠더드 오일 오브 **뉴저지**는 S와 O 발음을 이용해 Esso로 바꿨다가 엑슨(Exxon)으로 이름을 바꾼다. 스탠더드 오일 오브 **뉴욕**은 Mobil이 되고 엑슨과 합병해 엑슨모빌^{ExxonMobil}이 되었다^{1999년}. 스탠더드 오일 오브 **캘리포니아**$_{소칼}$은 걸프오일, 텍사코와 합병해 셰브론이 되었다. 셰브론의 석유 브랜드명은 칼텍스^{Calrex}다.

미국의 일본 석유 수출 금지

1차 대전$^{1914\sim18년}$은 전쟁에서 석유가 중요한 자원임을 일깨워 줬다. 독일의 예상과 달리 전쟁은 길어졌고, 석유를 쓰는 기계$_{트럭, 탱크, 선박,}$ $_{잠수함, 항공기}$ 등들이 개발되어 졌다. 이에 앞장선 인물이 영국 해군 장관이었던 윈스턴 처칠이다. 그는 앵글로-페르시아 석유를 국영기업으로 전환하고, 석유를 동력으로 하는 군함 제작에 적극적이었다. 세계대전은 석유를 가진 자가 승리할 수밖에 없는 싸움이었다. 당시 연합군은 세계 원유 생산량의 90%를 차지해 안정적인 석유 공급이 가능했다. 반면, 독일 등은 극심한 석유 부족에 시달렸고 전쟁에서 졌다. 2차 대전에서도 일본의 석유 부족이 패배 요인이다. 2차 대전이 발발할 당시 미국은 전 세계 석유 70%를 생산하는 최대 산유국이었다. 당시 일본도 석유 대부분을 미국에서 수입해서 썼다. 일본이 중일전쟁1937년을 일으키고 난징 대학살을 하자, 미국은 군수용 물자철강, 구리 등 수출금지 조치를 내렸다1938년. 당시 미국이 석유 수출을 전면 금지하진 않았지만, 일본은 석유 수입 중단에 대비했다. 일본은 유전 지대인 '보르네오섬'을 점령하려 했다. 당시 보르네오는 네덜란드와 영국이 나눠서 차지하고 있었다. 일본은 보르네오 공격에 앞서 프랑스령 베트남 남부를 점령했다1940년. 결국 미국은 일본에 대한 **석유 수출 금지 조치**를 내린다1941년. 이에 일본은 '하와이 진주만'을 공격하게 되었다. 곧이어 일본은 유전 지대인 보르네오를 공격했다. 영국과 네덜란드 군은 퇴각하며 석유 시설을 파괴했다. 미국도 진주만 이후 일본의 석유 공급망을 끊는 데 중점을 둔다. 일본의 원유 수송 선박을 파괴했다. 1944년 말부터 일본은 석유 공급이 거의 끊기게 되었다.

석유 민족주의와 OPEC

전쟁에서 석유의 중요성을 절감한 미국은 석유 자원 확보에 나선다. 프랭클린 루스벨트 대통령은 사우디아라비아의 석유를 안정적으로 공급받기로 했다1945년. 또한 미국 석유회사들은 사우디 석유 개발 독점권을 얻는다. 대신에, 미국은 사우디의 안보를 책임져 주기로 했다. 이후 소칼과 텍사코는 엑슨과 모빌을 끌어들여 미국 회사 우군을 만든다1947년. '아람코 지분'이 소칼 30%, 텍사코 30%, 엑슨

30%, 모빌 10%가 되었다. 하지만 2차 대전 이후 **자원 민족주의 바람**이 불었다. 석유회사 국유화를 빌미로 베네수엘라는 석유 수익의 절반을 얻어간다. 사우디도 아람코 수익의 절반을 가져가게 되었다. 그에 비해 이란은 석유 판매 수익의 16%만을 얻고 있었다. 영국에 수익배분 조정을 요구했으나 받아들여지지 않았다. 이에 이란은 '석유 국유화'를 해버린다1951년. 이란발 석유 국유화 열풍은 **석유수출국기구**OPEC의 창설로 이어졌다. 서양의 대형 석유회사 횡포에 맞서겠다는 것이다. 산유국과 석유회사 간 이익 비율도 산유국에 유리하게 조정하고55:45, 석유 가격도 끌어올렸다. 사우디아라비아는 아람코 지분도 25% 가져가게 되었다1972년.

오일쇼크

중동 석유의 힘은 아랍-이스라엘 전쟁으로 확인되었다. 1973년 아랍 8개국이 이스라엘을 협공한 '4차 아랍·이스라엘 전쟁'이 일어났다. 미국이 이스라엘을 지원하자 OPEC은 '1)원유 수출 중단, 2)원유 가격 인상'을 단행했다. 두 달 만에 유가는 4배 가까이 오른다. **1차 오일쇼크**석유파동다. 당시 OPEC이 세계 석유시장의 대부분을 차지했었기에 가능한 일이었다. 산유국끼리 '1)감산담합으로 2)물량을 줄여 3)가격을 올리는' 카르텔담합 전략이 통했다. 그 결과, 경기는 침체되고 물가는 상승하는 **스태그플레이션**이 발생했다. 1979년 이란혁명으로 팔레비 왕조가 무너지고 이란에 이슬람 원리주의 공화국이 들어선다. 세계 원유 생산량의 10%를 차지하던 이란은 국내 정치 불안을 이유로 석유 수출을 중단했다. 이를 **2차 오일쇼크**라 하며 원유 가격은 석유파동으로 10배나 올랐다. 오일쇼크는 **서머타임 제도가** 활성화되는 계기가 되었다. 서머타임은 여름철통상 4~10월 시간을 1시간 당기는 제도다. 원래 서머타임은 1차 대전 중 독일에서 시작되었다. 독일은 석탄 사용량을 줄여 보려 서머타임을 도입했다. 1시간 앞당겨 일찍 자면 에너지를 절약할 거라 생각했다. 오일쇼크를 계기로 유럽공동체(EC) 중심으로 서머타임 제도가 더 퍼져나가게 되었다. 1차 오일쇼크 당시 BIG 5나라미국, 영국, 프랑스, 독일, 일본 재무 장관이 모여 대책을 논의했다. 이 회의는 G5 회의로 격상되었고, 이후 이탈리아, 캐나다 참여로 'G7 정상회의'로 확대되었다. G는 Group의 약자다. 현재는 우리나라를 포함한 G20 정상회의로 커졌다. 경제적 비중이 커진 신흥경제국을 포함하면서 20개국이 참여하게 되었다.

페트로 달러 시대

OPEC 석유의 힘에 놀란 미국은 사우디에 손을 내밀었다. 리처드 닉슨 대통령은 사우디와 밀약을 맺는다1974년. 사우디는 미국 국채를 사주고 미국 달러로만 석유 구매 대금을 결제하기로 했다. 대신에 미국은 사우디 왕실의 안전을 계속 보장해 주기로 했다. **페트로 달러 시대**가 도래한 것이다. 당시 미국은 안정적인 석유 확보를 위해 이란과 사우디 양쪽에 힘의 균형을 맞추고 있었다. 이란과시아파 사우디는수니파 서로 이슬람 종파가 달라 적대적 관계였다. 종파가 다른 이란과의 갈등, 사우디 내 공산주의 세력 등장으로 왕실은 안보 불안을 느끼고 있었다. 여기에 이란은 친미 왕조인 팔레비 왕조가 무너지고 반미 정권이 들어섰다1979년. 사우디로서는 왕조 몰락 불안감에 더욱 미국과 협력관계를 유지했다. 사우디는 미국의 소련 견제에도 협력했다. 사우디는 소련의 아프가니스탄 침공에1979년 대항해 아프가니스탄 지원에 앞장섰다. 석유 생산량을 늘려 유가를 급격히 떨어뜨리기도 했다1985년. 그 여파로 석유 수입에 의존했던 소련 경제가 무너지고 결국 소련이 붕괴되었다.

미국 셰일혁명

영원할 것 같던 사우디와 미국 간 밀월관계는 금이 가기 시작했다. 셰일혁명으로 서로 간 경쟁자가 되면서다. **셰일오일**은 단단한 셰일층퇴적암층에서 원유를 뽑아낸다. 미국 내 매우 넓게 셰일층이 분포하고 있다. 과거에는 기술력이 부족했거나 채굴 비용이 많이 들었다. 미국은 기술 개발로수압 파쇄법 채굴 능력을 높이고 채굴 비용을 낮춰 갔다. 2008년부터 셰일오일을 본격적으로 개발하기 시작했다. 이에 2014년부터 OPEC은 원유 증산을 통해 일부러 원유 가격을 내렸다. 유가를 셰일오일 채굴 비용 이하로 유지하려 했다. 적자로 인한 셰일기업 파산을 유도하려는 조치였다. 하지만, 유가 하락은 산유국 경제에도 타격을 주게 된다. 서로 죽고 죽이는 치킨게임이었다.

치킨게임은 1950년대 미국 젊은이 사이 유행하던 자동차 게임이다. 한밤중 도로 양쪽에서 자동차가 돌진하다 충돌 직전에 핸들 꺾는 사람이 지는 경기다. 진 사람은 겁쟁이란 뜻의 치킨으로 불렸다.

일부 미국 셰일기업이 파산하기도 했지만, 채굴 기술이 발전하면서 채굴 비용이 더 낮아졌다. OPEC도 재정난을 견디지 못하고 감산을 결정하면서 셰일기업들은 살아남는다. OPEC은 러시아, 멕시코, 말레이시아 등 10개국을 끌어들여 **OPEC플러스**OPEC+를 결성하게 되었다. 사우디는 미국을 견제하기 위해 러시아를 협의체에 넣은 거다. 현재 거래되는 국제유가는 서부텍사스 원유(WTI), 브렌트유, 두바이유 세 종류다. **서부텍사스 원유**는 미국 텍사스 지역에서 생산된다. 국제 원유 가격을 결정하는 대표적 유종이다. 미국 뉴욕상업거래소에서 현물-선물로만 거래될 뿐 국제시장에 반출되지는 않는다. **브렌트유**는 영국 북해 지역에서 생산된다. 주로 유럽과 아프리카 지역에서 거래된다. **두바이유**는 중동 아랍에미레이트에서 생산된다. 우리나라가 수입하는 원유가 두바이유다.

2-38

독과점과 반독점 규제, 셔먼법

독점

독점홀로 獨, 차지할 점占은 하나의 기업이 시장을 지배하는 경우다. 시장에서 독점이 발생하는 요인으로는 1)생산 원료를 독점하는 경우, 2)특허권, 저작권처럼 정부가 독점을 인정하는 경우, 3)자연독점하는 경우다. 자연독점은 '생산량을 늘리면' 생산 단가가 낮아지기 때문에 발생한다. 그 결과 판매 가격이 내려가고 승자독식 현상이 나타난다. 구글검색 및 검색광고, 이베이온라인 경매, 메타네트워크 교류, 아마존온라인 쇼핑등이 승자독식의 예다. 농업 사회에서는 '수확체감의 법칙'이 적용되었다만, 지식기반 산업에선 '수확체증의 법칙'이 적용가능하다. MS의 윈도 프로그램도 대표적인 수확체증 예시다. **수확체증의 법칙**

은 생산요소가 늘수록 생산량이 더 늘어나는 것이다. 반대로, **수확 체감의 법칙**한계생산 체감의 법칙은 일정한 농지에 노동자가 늘어날수록 1인당 수확량이 줄어든다는 논리다. 노동력 증가에도 식량 생산에는 한계가 있다는 것이다. 튀르고안 로베르 자크 튀르고, 프랑스 경제학자에 의해 토지 수확 체감의 법칙으로 불렸다. 18~19세기는 농업이 중시되던 사회였다. 당시에는 생산요소를 자본, 토지, 노동 3가지로 봤다. 자본과 토지는 불변한 상황에서 노동력을 증가시키면 단위당 노동생산성이 떨어진다. 맬서스는 노동력이 증가한다 해도 1인당 생산성이 떨어져 '굶주리게 된다'고 주장했다. 기술 진보를 고려하지 않은 결과다. **과점**적을 과寡, 차지할 점占은 소수의 기업이 시장을 지배한다. 보통 독점과 과점을 붙여 '독과점'이라 이야기한다. 정부의 반(反)독과점 규제가 독점기업보다 과점기업에 적용되는 경우가 많다. 현대의 경쟁시장에서 한 기업이 모든 걸 독점하긴 쉽지 않아서다.

독점기업 탄생

18~19세기 산업관은 애덤 스미스의 철학에 근거한 자유방임주의였다. '보이지 않는 손'에 의해 자연스럽게 결정된다는 것이다. 시장에선 자유롭게 수요와 공급이 결정되고, 적정한 가격이 정해진다고 봤다. 정부는 외교, 국방만 담당하고 시장은 자율에 맡기는 작은 정부가 되자는 것이었다. 하지만, 19세기 후반 미국에 철도가 개통되고 미국을 아우르는 거대 기업이 탄생하게 된다. 작은 기업들은 경쟁에

그림 75 (왼쪽부터) 카네기, 록펠러, JP모건, 밴더빌트

서 밀리고, 하나의 기업이 독점하거나, 소수의 기업이 과점하는 형태로 남게 되었다. 거대 기업은 작은 경쟁자들을 인수하거나 망하게 하면서 독점적 지위를 차지했다. 일부 거대 기업이 대부분 수익을 가져가면서 폐단이 커졌다. 독점적 지위를 이용해 가격을 마음껏 조정하고 수익을 높였다. 시장 지배력을 가진 독점기업만 더 부자 되는 상황이었다. 보이지 않는 손이 제대로 작동하지 못하는 **시장실패**가 초래된 셈이다. 19세기 미국은 석유, 철도, 제철 분야에서 소수의 기업이 막강한 권력을 쥐고 있었다. **철강왕 앤드루 카네기, 석유왕 존 D 록펠러, 금융왕 JP모건, 철도왕 코닐리어스 밴더빌트** 등이 국가 산업 전체를 쥐락펴락할 정도였다. 이에 시장 지배자들의 독점적 지위를 내려놓도록 하는 **반(反)독점법**이 만들어지게 된다. 반독점법은 1)우월적 지위를 남용해 경쟁을 제한하는 행위를 금지했다. 또한, 2) 인위적으로 생산을 감축해 가격을 인상하는 행위도 금지했다. 반독

점법은 3)담합도 금지했다. **담합**은 '미리 의논해서 서로 간에 합의한다'는 의미다. 몰래 가격이나 생산량을 조절한다. 소비자 수요와 상관없이 가격을 높여 부당이득을 얻는다. **리니언시 제도**는 담합을 자진신고할 경우 감면해 주는 제도다. 담합을 먼저 자백한 회사에는 과징금을 부과하지 않는다.

스탠더드 오일 트러스트

존 록펠러1839~1937년는 석유왕으로 불린다. 미국 클리블랜드에서 정유회사를 차려 돈을 번 그는 '오하이오 스탠더드 석유회사'를 설립한다1870년. 경쟁사 흡수합병, 경쟁사 대비 높은 가격할인 등을 통해 급속히 회사를 키워나간다. 갤런당3.8L 30센트 하던 석유 가격을 6센트로 내리니, 경쟁 기업들이 망했다. 역설적으로 록펠러의 저가 에너지 정책 덕에 제조 원가를 낮춘 미국 제조업이 번영을 누린다. 그렇게 시장 지배력을 키운 록펠러는 미국 석유시장의 90% 이상을 차지한다. 이후 계열사를 모두 통합해 **스탠더드 오일 트러스트**를 세운다1882년. 미국 오하이오 주법원은 셔먼법으로 스탠더드 오일 트러스트에 해산명령을 내린다. **셔먼법**은 존 셔먼미국 오하이오주 상원 의원이 발의해 제정됐다1890년. 미국 최초의 반(反)독점법이다. 록펠러는 이에 대항해 본사를 오하이오에서 뉴저지로 옮겨 사업을 유지했다. 미국 시어도어 루스벨트 대통령은 법무부 내 '독점금지국'을 설립했다. 독점금지국은 독점기업에 대한 기업분할을 명령할 수 있다. 독점금지국은 스탠더드 오일 트러스트를 34개 회사로 분할시켜 버린다. 엑슨모빌, 셰브론 등이 그때 분할된 회사다.

반독점 기준

반독점법으로 인해 1940~50년대 미국 대기업의 독점적 기술이 공개되기 시작했다. 1)통신기업 AT&T는 '트랜지스터 특허' 관련 기술을 공개했다. AT&T 기술 공개 2년 뒤 텍사스 인스트루먼트란 작은 회사는 실리콘 트랜지스터를 생산하게 되었다. 이는 마이크로프로세서 발전으로 이어져 '개인용 컴퓨터'가 탄생하게 되었다. 2)IBM은 대형 컴퓨터 제작 기술과 소프트웨어 개발 기술을 공개했다. 그 결과 마이크로소프트가 설립되는 계기가 되었다. 3)GE는 백열전구 기술을 공개했다. 1970년대 이후 반독점 기조가 변화하기 시작했다. 단순히 '시장점유율'을 기준으로 반독점을 판단하지 않게 된다. 반독점 판단에 **경제적 효율성**을 생각하게 되었다. 혁신적인 신제품을 만든다든지, 원가절감으로 시장점유율을 높이는 경우는 반독점이 아니라는 거다. 그 논리에 따르면 스탠더드 오일 트러스트도 원가절감으로 유가를 낮춘 것이라면, 반독점이 아니다.

마이크로소프트, 구글

마이크로소프트MS는 반독점 혐의로 재판을 받았다1998년. 소송 과정에서 빌 게이츠가 CEO에서 물러나기도 했다. 미국 법무부는 MS가 독점적 지위를 이용하고 있다고 봤다. 윈도 프로그램에 익스플로러를 끼워팔기 하고 있다는 것이다. 윈도를 설치하면 자동으로 익스플로러가 설치되는데, 이로 인해 넷스케이프 등 다른 경쟁업체들을 망하게 했다는 것이다. 원래 익스플로러 시장 점유율은 18%넷스케이프 72%였다1997년 10월. 그런데 MS가 익스플로러를 끼워 팔면서 점유율이 역전된다. 미국 법무부는 '경쟁자 숫자와 시장점유율'을 반독점 핵심으로 봤다. 하지만, 법원의 생각은 달랐다. **'사회적 이익이 손실보다 크다면'** 독점으로 보지 않았다. MS가 익스플로러를 끼워 파는 것은 새로운 기능 추가로 판단했다. 소비자에게 편리함을 제공한 것이다. 그 결과 MS는 독점기업이 아니라는 판결을 내렸다. 반면, 세계 최대 인터넷 검색엔진 기업인 **구글**이 반독점법 위반 1심 소송에서 패소했다2024년 8월. 판결 결과만 놓고 보면 구글은 독점기업이다. 검색시장에서 독점적 지위를 이용해 불법 수익을 올렸다. 구글은 자사 검색엔진을 스마트폰의 기본 웹 브라우저로 설정하기 위해 애플, 삼성전자 등에 돈을 지급했다. 이 행위가 반독점법인 셔먼법을 위반했다는 것이다. 2~3년이 걸릴 최종 대법원 판결 결과에 따라 구글이 분리될 수도 있다.

러스트벨트

러스트벨트는 미국 북동부 오대호 인근이다. 펜실베니아, 오하이오,

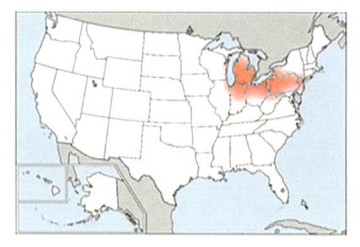

그림 76 러스트벨트(붉은색 부근)

미시간, 위스콘신, 인디애나, 일리노이 등이다. 러스트벨트 의미는 공장 설비가 낡게 되어 녹슨 Rust 지대다. 1870년대부터 100년간 세계 최대 제조업 지대였다. 미국 최대 독점기업들이 부를 쌓던 시절과 겹친다. 1950년 러스트벨트 생산량이 미국 총생산량의 45% 수준이었다. 오대호 운하의 해상운송과 미국 전역 철도망으로 석탄, 철광석 등 원자재 공급이 원활했다. 자동차 산업의 메카 디트로이트^{미시간주}, 철강산업의 피츠버그^{펜실베니아주}, 기계, 석탄, 섬유산업의 필라델피아^{펜실베니아주} 등이 발전했다. 하지만, 1970년대 이후 러스트벨트는 녹슬기 시작했다. 미국 제조업이 '저렴한 인건비'의 개발도상국들에 밀리기 시작했다. 디트로이트는 한 때 파산을 선언하기도 했다. 현재 미국 내 인구감소율 상위 지역도 러스트벨트다. 미국 대선에서 러스트벨트가 당락의 열쇠를 쥐고 있다. 북부는 민주당 강세 지역이었으나, 제조업 몰락으로 공화당에게 표심을 나눠주는 **스윙스테이트**^{경합주}가 되고 있다. 공화당 트럼프 대통령도 2024년 대선에서 러스트벨트를 가져가며 승리했다.

파레토법칙 vs. 롱테일법칙

파레토법칙은 20:80법칙이다. 전체 100% 중 **상위 20% 영향력이 크**

다는 이론이다. 이탈리아 경제학자 빌프레도 파레토[1848~1923년]는 영국과 유럽 국가 소득통계를 조사하면서 영국 인구 20%가 영국 전체 부의 80%를 차지하고 있음을 발견했다. 조지프 주란[루마니아 출신 경영 컨설턴트]은 기업경영에도 이 현상이 나타난다며 '파레토법칙 또는 2080법칙'으로 불렀다[1940년대]. 기업에서 발생하는 문제 20%를 해결하면 나머지 80%가 자연히 해결된다는 것이다. 오늘날 파레토법칙은 경영전략, 마케팅 기법으로 활용되고 있다. 백화점 상위 20% 고객이 전체 매출의 80%를 차지하고 있기에, VIP 고객 마케팅을 하는 이유다. 반면, **롱테일법칙**은 비핵심 80%가 핵심 20%보다 더 뛰어난 가치를 창출한다는 이론이다. 전자상거래 발달로 비핵심 상품 매출이 장기적으로 꾸준한 수익을 준다는 것이 그 예다. 공룡의 긴 꼬리[Long Tail]처럼 보인다고 해서 롱테일로 부르게 된다. 롱테일법칙 용어는 '크리스 앤더슨[〈와이어드〉 편집장]'이 처음 사용했다[2004년].

2-39

코카콜라, 펩시콜라, 닥터페퍼, 그리고 코카콜라와 환타는 대체재인가

코카콜라

코카콜라, 펩시콜라, 닥터페퍼는 모두 미국인 약사가 발명했다. 코카콜라는 존 펨버턴조지아주 애틀란타, 펩시콜라는 케일럽 브래덤노스캐롤라이나주, 닥터페퍼는 찰스 앨더튼텍사스주이 그 발명가들이다. **코카콜라**는 페루산 코카 나뭇잎과 아프리카산 콜라나무 열매를 넣고 탄산수를 첨가해 만들었다1886년. 남부 농장주들이 흑인 노예들에게 코카잎과 콜라 열매를 주는 것에서 착안했다. 원래는 와인을 섞어 프렌치 코카 와인으로 만들었다만, 애틀란타에서 금주법이 시행되자1886년 와인을 빼고 탄산수를 넣게 되었다. '콜라'는 미국 남부 지역 탄산수를 지칭하는 단어다. 초창기에는 약국에서 원액과 탄산수를 직접 섞어 팔았다. 두통, 위장병, 피로 회복에 도움을 주는 약으로 말이다. 코카 잎과 콜라 열매의 알파벳 C를 강조해, 약사 펨버턴이 직접 손글씨로 코카콜라 로고도 만들었다. 이후 인기를 얻게 되자 미국 지역별 제조업자와 계약을 맺어 대량 생산 협업 체계를 갖춘다. 미국 금주법 시행1920~33년으로 술을 마시지 못하게 되자, 탄산음료가 인기를 끌게 되었다. 강장제나 흥분제로 쓰이는 코카잎 성분이 술 대체재로 인식된 거다. 코카콜라는 2차 대전에서 전투 식량으로 사용되면서 세계적인 음료가 되었다. 전쟁이 끝난 뒤 코카콜라 회사는 해외시장 개척에도 적극 나서게 된다. 프랑스는 코카콜라 식민지화를 주장하며 한때 현지 공장설립에 강하게 반대하기도 했다. 코카콜라는 맥도날드와 함께 미국 자본주의 상징으로 불린다. 현재 200개가 넘는 나라에서 팔리고 있다. 다만 공산국가인 쿠바와 북한만은 못 뚫고 있다나.

산타클로스와 북극곰

코카콜라의 겨울 마케팅은 역발상이다. '목마름은 계절을 모른다 Thirst knows no Season.' 문구는 전설이 되고 있다. 추운 겨울 시원한 청량음료 광고라니. 한겨울 산타클로스와 북극곰이 콜라 마시는 모습은 청량감을 극대화해 줬다. 흰색 수염에 빨간 옷을 입은 **산타클로스**는 코카콜라가 만들어 낸 캐릭터다1931년, 겨울 마케팅 목적. 산타클로스가 선물을 주러 왔다가 냉장고 안 코카콜라를 벌컥벌컥 마신다. 코카콜라

그림 77 코카콜라 광고

빨간색 디자인은 강렬한 이미지를 만들었다. 덥수룩한 흰색 수염은 코카콜라 거품을 상징했다. **폴라베어**북극곰는 '언제나 코카콜라' 캠페인에 등장했다1993년. 북극곰이 스키점프를 타며 코카콜라를 시원하게 마신다. 북극곰의 미세한 움직임과 목소리를 실제처럼 재연했다. **코카콜라 병**은 코코아 열매를 모티브로 만들었다. 코카콜라와 코코아는 관계가 없다만, 병 모양이 건강한 신체 실루엣을 연상시킨다. 한 손으로 쉽게 잡을 수 있는 그립감도 좋다. 병 내부는 탄산 성분 보호와 충격에 견디는 효과도 담겼다. 코카콜라 예찬론자인 앤디 워홀은 코카콜라를 소재로 한 팝아트 작품을 유독 많이 만들었다. 일본 오키나와는 유리공예로 유명하다. 2차 대전 이후 미군 부대가 주둔하는데, 그때 나온 코카콜라 빈 병으로 밥그릇을 만들면서 유리

공예술이 발전하게 되었다.

(코카콜라는 스파클링, 주스, 차, 커피, 스포츠 음료 등 총 200여 개의 브랜드를 보유하고 있다. 주요 브랜드로는 코카콜라, 스프라이트, 환타, 파워에이드, 씨그램, 조지아커피, 미닛메이드, 심플리주스, 비타민워터 등이다.)

펩시콜라

펩시콜라는 콜라 열매와 바닐라 등을 이용해 소화제로 만들어졌다 1898년. 펩시란 용어도 디스펩시어Dyspepsia, 소화불량 또는 소화효소 일종인 펩신Pepsin에서 나왔다. 펩시콜라 회사는 한 때 설탕 선물파생상품 계약을 잘못해 파산 위기에 몰렸다1920년. 코카콜라 회사 측에 기업 인수를 제안하지만 거절당했다. 결국 파산하고1923년 다른 경영자에게 넘어갔다. 이후 다시 한번 코카콜라 회사 측에 인수를 제안했지만, 또다시 거절당했다1931년. 펩시가 코카콜라 경쟁상대가 된 건 반값 전략 덕분이다1934년. 12온스 펩시를 6온스 코카콜라와 동일하게 5센트에 판 것이다. 광고도 코카콜라에 대한 도전을 좋아했다. 코카콜라의 상징인 북극곰과 산타클로스를 사용한 광고도 서슴지 않았다. '펩시 챌린지'는 대표적인 안티 광고. 코카콜라 애용자들을 뽑아 눈을 가리고 맛 평가를 했다. 펩시가 더 맛있다고 한 장면들만 모아 비교광고를 했고, 시장점유율을 끌어올렸다. 양사 간 저격 광고는 한동안 트렌드가 되었다. 아이가 코카콜라 캔을 밟고 펩시 자판기 버튼을 누른다거나, 영웅 코카콜라가 악당 펩시를 주먹으로 응징하기도 했다. 코카콜라나 펩시콜라의 정확한 성분은 일급비밀이다. 한때 코카콜라 제조법은 전 세계에 단 2명만 보유하고 있고, 그것도 각자 절반만 안다는 루머가 있을 정도였다. 사고 예방을 위해 같은 비행기에 탑승하지 않는다는 원칙까지 말이다. 다만, 코카콜라는 레시피 공개를 꺼려 특허출원도 하지 않고 비밀리에 제조법을 전수하고 있다고 한다.

(펩시콜라를 생산하는 펩시코는 게토레이, 트로피카나 등 음료 브랜드와 도리토스, 레이즈 등 스낵 브랜드인 프리토레이, 곡물 식품 브랜드인 퀘이커 오츠 등을 소유하고 있다.)

닥터페퍼

업력을 따지면 **닥터페퍼**가 셋 중 제일 선배다[1885년]. 텍사스주에서 만들어져서 오랫동안 텍사스와 그 일대 남부에서만 인기를 얻는 정도였다. 닥터페퍼는 짙은 와인[버건디] 색상이다. 과일 향 콜라 맛이다만, 엄밀하게 콜라는 아니다. 성분 표기에 콜라나무 열매가 없다는 이유로 연방법원이 '콜라가 아니다'라고 판결을 내렸기 때문이다[1963년]. 제조사[큐리그 닥터페퍼]는 23가지 맛과 향이 배어 있다고 주장한다. 체리, 레몬, 바닐라, 라즈베리, 생강 등이 마니아 사이에 언급되는 맛이다. 닥터페퍼 이름 유래도 정확히 알려지지 않았다. [1)]약사 앨더튼이 자신을 처음 고용한 '찰스 페퍼'에게 고마움을 표하기 위해 이름을 만들었다는 설과 [2)]'찰스 페퍼'가 앨더튼의 여자친구 아버지였다는 설 등이 있다. 미국의 패스트푸드점에서 펩시와 코카콜라는 겸상을 하지 않는 경우가 많다. 두 회사 모두 독자적이고 배타적인 공급망을 갖춰서다. 반면, 닥터페퍼는 펩시나 코카콜라와 상관없이 함께 제공된다. 최근에는 닥터페퍼에 피클을 넣어 마시는 유튜브 챌린지가 큰 호응을 받기도 했다. 닥터페퍼 제조사 큐리그 닥터페퍼 모기업은 독일 최대 부호 중 하나인 '라이먼 가문'의 투자사다 JAB홀딩스.

환타

환타는 나치 독일에서 만든 음료다. 히틀러 독일 정부는 대공황을 타개하기 위해 공장 건설을 추진했다. 그중 하나가 미국 코카콜라 공장이었다. 덕분에 독일은 미국에 이어 두 번째로 콜라를 많이 마시는 나라가 되었다. 하지만, 2차 대전으로 코카콜라 원재료 수입이 중단되었다. 당시 코카콜라 지사장 막스 카이트은 대체 음료 개발에 나선다. 그렇게 환타가 개발되었다. 환타는 독일어 Fantasie 판타지, 환상에서 따왔다. 당시는 전시 상황이어서 현대의 환타와는 재료가 달랐다. 사과주를 빚고 남은 사과 섬유질 등에 탄산가스를 주입해 만들었다. 2차 대전 종료 후 나치독일의 상징인 환타는 단종되었다. 이후 1950년대 펩시가 새로운 음료를 출시하자, 코카콜라가 환타를 부활시켰다 1955년. 나폴리산 오렌지를 기반으로 이탈리아 지사에서 만들기 시작했다. 이후 환타는 코카콜라에 정식으로 인수되었다 1960년. **사이다**는 한국과 일본 정도에서만 언급된다. 북미권에서는 사이다 대신에 스프라이트, 세븐업, 마운틴듀 등의 음료 이름을 말해야 한다.

대체재는 버터와 마가린처럼 비슷한 성격의 상품이다. '바꿔치기 소비'가 가능하다. 대체재가 있으면 가격 독점력이 약하다. 대체재가 많을수록 가격 상승에 수요가 줄어들기 때문이다. 버터가 비싸다 싶으면 마가린으로 눈을 돌린다. 반대로 대체재가 없으면^{적으면} 수요가 줄지 않는다. 조류인플루엔자에 대체재가 없는 계란 소비가 줄지 않는 것처럼 말이다. 소득수준에 따라 대체재 소비가 달라진다. 소득이 증가하면 마가린 대신에 버터를 소비한다. 이 경우 버터는 **상급재**, 마가린은 **하급재**다. 2차 대전으로 독일 군인에게 공급된 환타는 코카콜라 대체재였다. 코카콜라가 없었기에 환타를 마시게 된 거다. 하지만 코카콜라 회사가 환타를 인수한 뒤에는 대체재 역할이 약해졌다. 코카콜라 가격이 오를 때 환타 가격도 같이 올랐기 때문이다. **보완재**는 커피와 설탕처럼 서로 협동하는 상품이다. 서로 짝을 맞춰야 그 쓸모가 있다. 커피 수요 증가는 설탕 수요 증가로 이어진다. 반대로 설탕 가격이 오르면 커피 수요가 줄어든다. **기펜재**는 가격과 수요량이 같은 방향이다. 일반적인 수요의 법칙^{가격 하락-수요 증가, 가격 상승-수요 감소} 과 다르다. **가격 하락**^(상승)에도 **수요 감소**^(상승)다. 예를 들면, 19세기 아일랜드는 감자 가격 하락에도 감자 소비가 줄어들고, 고기 소비가 늘어났다^{감자 이제 질려!}. **독립재**는 양말과 주스처럼 둘 사이 소비 연관 관계가 전혀 없는 경우다.

배당킹 코카콜라

트럼프 대통령 백악관 집무실 책상에는 빨간색 버튼이 설치되어 있다. 콜라를 가져오라는 주문 버튼이다. 비서는 버튼이 눌리는 순간 시원한 콜라를 대령해야 한다. 오마하의 현인 **워런 버핏**의 콜라 사랑은 유별하다. 매일 콜라, 햄버거, 사탕을 즐겨 먹는데 장수하고 있다. 맥도날드에서 3달러짜리 맥모닝으로 아침 식사하는 걸로도 유명하다. 특히, 매일 355ml 콜라를 5개 정도 마신다고 한다. 버핏은 어렸을 때 6묶음 콜라를 25센트에 사서 병당 5센트씩 팔아(30센트 5센트×6병) 총 5센트30센트-25센트를 남겼다. 그때 코카콜라의 매력을 깨달았다고 한다. 버핏은 1988년 **코카콜라 주식**을 매수하기 시작해 1994년에는 1억 주까지 늘린다. 이후 주식분할로 보유 주식이 4억 주까지 되었다. 주식분할은 주식의 액면가액을 일정 비율로 분할해 발행주식 총수를 늘리는 것이다.

가령 액면가 1,000원 10주를 액면가 100원 100주로 바꾸는 게 주식분할이다. 코카콜라는 대표적인 배당킹 기업이다. 2024년까지 62년간 주당 배당금을 매년 늘려왔다. 미국 주식시장에서 50년 이상 배당을 늘려온 기업을 **배당킹**존슨앤존슨, 코카콜라, P&G, 3M, Kimberly-Clark 등이라 한다. 25년 이

그림 78 워런 버핏

상 배당을 늘려왔으면서 S&P500 지수에 편입된 기업은 **배당귀족**, 10년 이상 배당을 늘려온 기업은 **배당챔피언**이다. 61년간 매년 배당을 늘려온 코카콜라는 2024년 말 기준 연간 배당액이 주당 2달러에 육박한다. 버핏이 매수한 가격과 비슷해졌다. 장기간 배당성장률^{배당금 증가율}이 높은 미국기업을 주목해야 하는 이유다. 기업가치가 커지는 만큼 배당금액도 커진다. 주가상승과 배당수익 증가 두 마리 토끼를 잡을 수 있다.

2-40

콩코드 여객기, 매몰비용의 오류

종교여행

고대 올림피아 행사는 폴리스 대표들 간 운동능력을 겨뤘다. 올림피아 응원단도 꾸려졌다. 북한 칼군무 여성 응원단과 달리 남자들만 응원하러 갔다. 고대 올림픽은 남자들만 선수로 참여했기 때문이다. 16세기 이전 서양에서 여행이라 함은 **종교적인 의미**를 담았다. 현대와 같은 힐링 여행은 극히 없었다. 고대 이집트, 그리스, 로마 등을 찾는 건 신전 방문 목적이었다. 예루살렘도 가톨릭, 이슬람, 유대교 성지인 까닭에 종교적 방문지였다. 신에게 예쁨받기 위해 먼 길 마다 않고 떠났다. 좀 사는 집들은 기사단 호위를 받으며 가족 단위로 떠났다. 가는 길에 잠자리는 수도원에서 해결했다. 중국 고승들도 석가를 찾아 인도로 떠났다. 『서유기』명나라 오승은 작품도 종교 순례기다. 당나라 승려 현장(삼장)법사가 장안에서 서역중국 서쪽까지 불경을 얻으러 가는 과정에서 겪는 수난기다. 부처님은 인도인이기에 석가상 머리 모양이 이해가 된다. 참고로 중국 4대 기서결작 소설는 『수호지』, 『삼국지연의』, 『금병매』 그리고 『서유기』다.

중세 유럽 대표적인 순례지는 **산티아고 순례자의 길**Camino de Santiago이다. 산티아고는 야고보예수의 열두 제자 중 하나의 스페인식 이름이다. 야고보는 이베리아반도에서 포교 활동을 했고, 죽은 후 제자들에 의해 스페인 북서부에 묻혔다. 산티아고 순례길은 야고보 무덤이 있을 것으로 추정되는 '산티아고 데 콤포스텔라'까지 가는 길이다. 10세기 중반부터 시작된 걸로 추정된다. 순례길은 '영적인 치유 목적'이다. 가톨릭이 고해를 의무화하며 속죄 수단으로 순례가 늘었다. 교황청이 산티아고 순례 안내서를 제작할 정도였다12세기 초. 예루살렘, 로마와 함께 가톨릭 3대 순례지다. 여러 경로 중 프랑스 남부 국경에서 출발하는 코스가 가장 유명하다. 100개가 넘는 마을을 통과하는 800km 넘는 여정이다. 현대에도 종교적 방문은 계속 진행 중이다. **예루살렘**에는 1)예수님이 십자가 고난을 받았던 전 과정을 따라가는 '십자가의 길 Via Dolorosa'이 있다. 2)그 길 끝에는 '성묘교회'가 있다. 골고다 언덕 예수님이 안장된 묘지에 세워진 교회다. 3)유대교 성지로는 '통곡의 벽'이 있다. 로마군이 예루살렘 성전을 파괴할 당시70년 유일하게 파괴되지 않은 벽이다. 통곡의 벽인 이유는 이곳에 머리를 대고 통곡하며 기도해서란다. 4)'바위의 돔'은 이슬람교에 중요하다. 무함마드가 신의 계시를 받고 승천했다고 전해지는 바위를 둘러싼 건물이다 691년 지음. 이슬람에선 최후의 심판이 이루어질 장소로 알려져 있다. 예루살렘 뜻은 '평화의 도시'이나 3가지 종교의 성지인 까닭에 평화롭지 않다. 무슬림에게는 지켜야 할 5가지 의무가 있다. 신앙고백, 예배, 단식 이슬람력 9월에 해가 떠 있는 동안 금식, 재산 기부, 성지순례. 무슬림이라면 일생에 한 번은 사우디아라비아 **메카의 카바 신전**을 방문해야 한다. 티베트인들은 '라싸 성지순례'를 위해 삼보일배 **오체투지** 五體投地, 몸의 다섯 부위를 땅에 던진다는 의미를 한다. 오체투지는 몸의 5군데이마, 양 팔꿈치, 양 무릎를 땅에 닿게 하는 불교식 인사법이다. 티베트 시골 사람의 평생 소원이 라싸 성지순례. 스페인 산티아고 순례길 800km은 약과다. 오체투지를 위해 몇천km 넘는 길을 가는 이들도 나온다. 그래서일까 여행을 뜻하는 travel 어원은 '힘든 노동'travail이다. 종교적 여행은 육체적으로 힘들었을 테니까 말이다.

그랜드 투어

유럽에서도 17~18세기나 되어서야 여행이 발전한다. 그랜드 투어 Grand Tour, 유럽 대륙 순회여행란 이름으로 말이다. Tourist관광객도 그랜드 투어에서 유래했다. 그랜드 투어란 '귀족 자제들의 수학여행 코스'였다. 고대 로마와 르네상스 문화 경험 등 정해진 코스피렌체, 로마, 나폴리 등를 다녀왔다. 자녀들 견문을 넓히는 교양 증대 목적이었다. 돈

그림 79 그랜드 투어의 모습

좀 써서 선생님도 붙여줬다. 동행 선생님을 조련사가 곰을 데리고 공연하는 것에 빗대어 '베어리더Bear Leader'로도 불렀다. 경제학의 아버지 애덤 스미스도 귀족 자제의 선생님 자격으로 유럽을 돌아다녔다. 덕분에 볼테르 등 유명 학자들과 교류하면서, 본인 견문도 넓혀져 국부론을 쓰게 되었다. 소수 엘리트 계층에서도 교양과 학식을 쌓으려는 여행을 떠나려 했다. 더 멀리 갈수록 더 많은 것을 알게 된다는 이유에서다. 18세기 들어서 여행은 만병통치 치료술로도 통했다. 전염병 등을 겪다 보니 훌쩍 떠나고 싶어졌기 때문이다. 나쁜 물과 공기가 다른 지역으로 가면 치유되리라 여겼다. 마차 타고 멀리 떠나면, 마차 요동조차 신체 단련에 좋다고 생각했다. 19세기 후반에는 '루이 파스퇴르'가 세균 이론을 발표했다. 고도가 높아질수록 세균이 줄어든다는 이론이다. 실제로 고산지대^{해발 1,700m 이상}에는 세균 균체가 사라진다. 파스퇴르 이론으로 인해 고도 높은 산 속에 휴양소 등이 생기게 되었다. **토머스 쿡**^{1808~92년}은 철도 관광을 위한 여행사를 세웠다^{1841년}. 미국 여행, 세계 일주 패키지 등을 판매해 세계 최초 여행사로 인정받고 있다.

비행기

뉴진스 하니가 부른 '푸른 산호초', 1980년 당시 일본 아이돌 마츠다 세이코가 부른 곡이다. 그녀가 공항 활주로에서 부른 장면이 압권이다. 일정이 바빠 비행기에서 내리자마자 마이크를 잡는다. 실제 착륙한 비행기 배경 때문인가. '내 사랑은 남쪽 바람을 타고 달려가요'라는 가사가 가슴에 확 와닿는다. 콧바람 여행하면 떠오르는 첫 단어는 단연코 비행기다. 비행기는 라이트 형제 발명품이라 여긴다. 인류 최초로 동력 비행에 성공했으니, 반은 맞다. 하지만 ¹⁾비행에 대한 이론 기초는 **레오나르도 다빈치**^{1452~1519년, 이탈리아}가 먼저다. 궁금쟁이 다빈치는 새들의 나는 법을 연구했다. 그가 얻은 답은 새 몸무게를 받쳐주는 공기밀도 층에 있었다. 사람의 무게를 받쳐줄 수만 있다면 날 수 있다고 판단했다. 물론 날개 젓기를 무한반복 해야만 말이다. 그는 박쥐 날개를 모델로 한 '**오니숍터**'를 설계했다. 흡사

새와 비슷한 모양의 도구다.

2)실제 하늘을 날기 시작한 건 **열기구**부터다. 열기구는 프랑스인 몽골피에 형제조셉과 쟈크가 만들었다1783년. 형제 집안이 종이 사업을 한 덕분이다. 종이봉투가 불을 쬐면 하늘로 올라간다는 것에 아이디어를 얻었다. 지금도 태국 등지에 가면 소원을 적은 큰 종이봉투를 하늘로 띄운다. 3)잉글랜드의 케일리 경은 산업혁명의 나라 출신답게 주날개가 3장인 **글라이더**를 만들었다. 4)그 후 라이트 형제는 발동기 엔진을 달고 비행기 꿈을 이룬다1903년. 형제의 전직은 자전거 제작·수리업자였다. 하늘을 나는 자전거를 만들고 싶었었나 보다. 첫 실험에서 동생은 12초 동안 36m, 형은 59초 동안 260m를 날았다. 시작은 미약했지만, 비행기 덕분에 인류에게 여행은 콧바람 일탈이 되었다. 특히, 2차 대전 덕분에 여객기는 비약적 발전을 했다. 미국이 군인과 전쟁 장비를 유럽 전쟁터에 실어 날라야 해서다.

콩코드와 매몰비용

콩코드는 27살의 짧은 생을 마치고 사라진 초음속 여행기다1976~2003년. 비행기 강국 미국을 이겨보자고 앙숙인 영국과 프랑스가 손을 잡았다. 이름도 '화합'인 콩고드다. 8시간 넘는 파리~뉴욕을 3시간대에 주파했다. 화살처럼 긴 몸체, 삼각형 양 날개, 독수리 부리 같은 앞코시야 가림 방지 위해를 가졌다. 속도를 높이려 날렵하게 만들다 보니 비행기 내부 공간이 좁았다. 이코노미 크기인데, 일반 여

그림 80 콩코드

객기 이코노미 좌석 대비 15배나 비쌌다. 설상가상으로 폭발 사고 2000년가 나고 손님이 급감해 문을 닫았다. **매몰비용**sunk cost은 매몰된, 즉 파묻힌 비용이다. 이미 써버려서 회수할 수 없는 돈이다. 예를 들면, 신약 연구개발에 투자했지만 임상실험에 실패한 경우, 이미 들어간 연구비가 매몰비용이다. 이미 투자한 돈이 아까워 멈추질 못하는데, 이를 '**매몰비용의 오류**'미국 심리학자 리처드 탈러 제시라고 한다. **콩코드 효과**Concorde Effect가 매몰비용의 오류 대표적 예시다. 개발 당시 사업성도 떨어지고, 설계 결함도 있었다. 하지만, 그동안 투자 비용과 상징성 때문에 사업을 접지 못했다.

2-41

『어린 왕자』의 보아뱀 M&A 그리고 승자의 저주

생텍쥐페리의 어린왕자

『어린 왕자』는 프랑스에서 성경 다음으로 사랑받는 책이다. 비행사인 주인공이 엔진 고장으로 사하라 사막에 불시착한다. 그런 그에게 어린 왕자가 나타난다. 어린 왕자는 소행성 B612에서 화산구 3개, 장미, 바오밥나무와 함께 살았다. '장미'는 어린 왕자가 보살피는 꽃이었다만, 변덕 때문에 어린 왕자를 떠나게 만들었다. 어린 왕자는 다짜고짜 양 한 마리를 그려달라 한다. 비행사는 어릴 적 코끼리를 삼킨 **보아뱀**을 그려 어른들에게 보여준 적이 있다. 어른들 모두 그 그림을 **모자**라고 답하는 바람에 어려서 화가의 꿈을 포기했다. 커나가면서 좀 똑똑하다 싶은 이들에게 보아뱀 그림을 보여주지만, 늘 대답은 모자였다. 어린 왕자의 그림 부탁에 비행사는 망설였고 그가 그릴 수 있는 보아뱀 그림을 그려줬다. 그런데 어린 왕자가 '보아뱀 속 코끼리'라고 한 번에 맞추자, 어린 왕자에게 양이 담긴 '상자 그림'을 그려주고 둘은 친해진다. 어린 왕자는 비행사에게 자신의 여행 이야기를 들려준다. 어린 왕자는 여러 별들을

그림 81 『어린 왕자』 책 표지

거쳐 7번째로 지구에 왔다. 어린 왕자는 뱀, 여우, 비행사와 친구가 된다. 여우는 어린 왕자에게 '길들임'에 대해 알려준다. 그리곤 여우와 어린 왕자는 '서로를 길들여' 꼭 필요한 존재로 남는다. 어린 왕자는 특별한 존재인 장미를 떠올리며 자기 별로 돌아가기로 결심한다. 그러던 어느 날 어린 왕자가 소리 없이 사라지고 만다. 어린 왕자는 자기 별로 무사히 돌아갔을까. 작가 **생텍쥐페리**1900~44년는 실제로도 비행사였다. 30대 중반에 리비아 사막에 추락해 기적적으로 구조되었는데 그때 경험을 살려 『어린 왕자』를 집필했다. 정치적 망명을 했던 미국에서 『어린 왕자』를 발표한다. 이후 2차 대전에서 독일이 프랑스를 점령했단 소식에 프랑스에 돌아와 비행단에 들어간다. 전쟁이 끝나갈 무렵 정찰 비행을 나간 생텍쥐페리는 실종되고 만다. 비행기 잔해만 발견되었을 뿐 끝내 그는 없었다. 독일 전투

기에 의해 격추되었을 가능성만 남긴 채 말이다. 어린 왕자처럼 그도 소리 없이 사라졌다. 생텍쥐페리가 실종되고 2년 뒤 프랑스에서도 『어린 왕자』 책이 출간된다. 생텍쥐페리는 지금은 사라진 프랑스 50프랑 지폐 인물로도 추억된다.

보아뱀 M&A

보아뱀이 **기업 인수합병**M&A 전략에도 쓰인다. 『어린 왕자』 책에서 보아뱀이 **코끼리를 삼키는 장면**을 빗댄 것이다. 자신보다 규모가 큰 기업을 인수하는 전략이 **보아뱀 M&A**다. 1)몸뚱이가 큰 기업이라도 실적을 크게 내지 못하면 2)인수 자금을 가진 작은 기업에게 먹힐 수 있는 것이다. 관건은 작은 기업이 인수 자금을 감당할 수 있는가다. 과한 빚을 내서 인수할 경우 **승자의 저주**가 생길 수 있다. 코끼리를 삼키는 것보다 소화할 역량(인수 자금)을 갖췄는가가 먼저 중요하다. 잘못하면 삼키지 못하고 유동성 위기자금 부족를 겪을 수 있다. 또한 조직이 커지다 보니 조직통합 불협화음도 있을 수 있다. 통상적으로 통합 이후 2개의 조직 문화를 유지하다가 점차 하나로 합쳐 나간다. 오죽하면 『어린 왕자』 책 처음 시작에 '**보아뱀은 먹이를 씹지 않고 통째로 삼킨 뒤, 꼼짝않고 소화시키려 여섯 달 동안 잠만 잔다**'는 구절이 있겠는가. 몸집보다 큰 먹이를 먹고 난 뒷감당에 그만큼 시간과 노력이 필요하단 이야기다. 다만, 성공하면 그 과실은 달콤하다. 변방의 하찮던 기업이 금세 시장의 주목을 받는 거대기업으로 재탄생한다. 국내 기업인 휠라 코리아가 미국의 헤지펀드와 손잡고 휠라 글로벌 본사를 인수하고 글로벌 브랜드 사업권까지 사들여 영향력을 키웠다. 증권업계 14위 NH농협증권이 업계 2위 우리투자증권을 합병하고 업계 1위가 되기도 했었다. 뒤이어 업계 4위 미래에셋증권이 업계 2위 KDB대우증권을 인수하며 1위가 바뀌기도 했다.

승자의 저주

승자의 저주 Winner's Curse는 M&A 경쟁에서 승리했지만, 실패한 M&A가 되는 경우다. 경쟁이 심해져 실제 지불해야 할 가치보다 더 비용을 지불하거나, 예상치 못한 실적 악화나 경영부실이 발견될 경우다. 안 하느니만 못한 상황이 닥치게 되는 슬픈 현실이다. 1950년대 미국 석유회사들이 멕시코만 석유 시추 사업 공개입찰에 참여한다. 입찰은 경매 방식과 비슷하다. 물건 가격을 가장 높게 부른 측이 물건을 가져가는 방식이다. 경쟁자가 많아질수록 입찰 가격이 올라가곤 한다. 그런데 입찰에 참여한 석유회사들이 승리하려 지나치게 높게 입찰 가격을 써내곤 했다. 이를 미국의 유전 개발회사 애틀랜틱리치필드사 연구원들이 관찰하고 논문으로 발표했다[1971년]. 이후 노벨경제학상을 수상한 바 있는 **리처드 탈러**시카고대 교수가 그의 저서 『승자의 저주』를 통해 이를 대중에게 알렸다. 전문가들이 왜 알아도 실수하는 걸까? [1])기업이 치밀하게 분석해서 합리적인 결정을 할 거라 생각하지만, 정확하게 기업가치를 파악하지 못하는 경우가 많다. 주관적인 판단이 들어가기 때문이다. 2)여기에 경쟁심과 승부욕이 더해져 이성적 판단을 막게 한다. 일단 승리하고 보자는 거다.

피로스의 승리

피로스의 승리는 손해뿐인 승리를 뜻한다. 마케도니아 알렉산드로스 대왕의 6촌인 '피로스'는 이피로스의 왕이었다. 그는 로마를 침공해 승리를 거두었지만, 병사의 70%를 잃었다. 전쟁이 끝나고 피로스는 '**이런 승리를 또 한 번 했다가는 완전히 파멸할 것**'이라고 말했다. 승자의 저주와 비슷한 의미로 패배나 다름없는 승리를 뜻한다. 그래서일까, 피로스 왕은 이후 전투에서 사망하고 이피로스는 로마군에 점령당하고 만다. 과거 인도기업 타타스틸세계 조강 생산능력 56위은 영국기업 코러스세계 조강 생산능력 9위를 인수했다. 타타모터스도 영국기업인 재규어와 랜드로버를 인수하기도 했다. 식민지였던 인도가 영국을 집어삼킨 일대 사건이었다. 타타그룹은 보아뱀 전략으로 세계 100위 그룹매출액 기준으로 올라서기도 했다. 축배를 들었지만, 인수 이후 재규어-랜드로버의 실적 악화로 영국 정부에 대출 지원을 요청하는 상황에 처했다. 결국 타타그룹 회장은 모든 계열사에 추가적인 M&A를 중단하고, 현금을 확보하라는 긴급 명령을 내리기도 했다.

넛지 이론

행동경제학Behavioral Economics은 주류경제학의 기본가정인 합리적 인간을 부정한다. 경제주체들이 비합리적이거나 감정적으로 선택하기도 한다는 것이다. 승자의 저주 저자인 행동경제학자 리처드 탈러 교수는 **넛지(Nudge) 이론**으로도 유명하다. 넛지는 '팔꿈치로 슬쩍 찌르다'는 의미다. 넛지 이론은 **부드러운 개입**이다. 전제는 사람은 합리적이지 않다는 것이다. 합리적이지 않으므로 과도한 강요는 반감을 불러일으킨다. 부드럽게 슬쩍 개입해 스스로 올바른 선택을 하도록 유도하는 것이다. '소프트한 권유' 형식이다. 가령 남자 화장실 소변기 안에 파리 한 마리를 그려 넣으면 소변이 밖으로 튀지 않게 된다. 미국 미네소타주에서 '세금을 안 내면 처벌받는다'라는 표현보다 '주민의 90%가 납부했습니다'가 세금 납부 효과가 더 컸다는 식이다. 탈러 교수는 미국 금융위기를 불러온 서브프라임 모기지에 대해서 약탈적 대출로 정의하고, '넛지'식 부드러움을 강조했다. 신용카드의 무분별한 사용을 방지하기 위해 매년 '모든 요금을 합산한 명세서'를 발송토록 제안하기도 했다. 넛지 이론은 발상의 전환으로 정책적 효과를 볼 수 있다. 적은 비용으로 큰 효과를 볼 수 있기에 오바마 전 미국 대통령 등이 많은 관심을 가졌었다.

2-42

서브프라임 모기지론 사태와 리먼 브라더스 파산

서브프라임 모기지론

모기지론Mortgage Loan은 장기(15~30년) 주택담보대출이다. 모기지론을 통해 할부로 집을 살 수 있다. 돈을 빌려 집을 산 사람은 매월 원금과 이자를 갚아나간다. 은행은 집을 담보로 돈을 빌려주고 그 집에 저당(담보)을 잡는다. **모기지**Morgage는 '주택 저당권'이다. 모기지론 등급은 개인 신용도에 따라 신용이 좋으면 프라임, 신용이 보통이면 알트에이(Alt-A^{Alternative-A}), 신용이 낮으면 '하위'라는 의미의 **서브프라임**Sub-prime으로 구분한다. **프라임**Prime은 최우량이란 뜻이다. **서브프라임 모기지론**Sub-prime mortgage Loan은 신용도가 낮거나 금융거래 기록이 없는 개인 대상 **비우량 주택담보대출**이다. 신용도가 낮은 이들은 경기가 나빠지면 대출을 못 갚을 우려가 크다. 그러기에 대출금리가 프라임이나 알트에이보다 좀 더 높다. 또한 서브프라임 모기지론은 변동금리 조건(기준금리가 바뀌면 바뀐 금리를 적용)으로 제공되는 경우가 많다. 변동금리는 금리인상기에는 내야 할 이자가 늘어난다. 서브프라임 모기지론이 성장한 건 2003년부터다. 미국 Fed중앙은행는 닷컴버블 붕괴 이후 후퇴하는 미국 경제에 활력을 불어넣으려 했다. 이를 위해 **저금리와 화폐 공급 확대 정책**을 펼쳤다. 기준금리가 낮아지고 돈이 흘러넘쳤기에 금융기관들이 금리가 높은 서브프라임 모기지론에 눈을 돌렸다. 대출 경쟁이 치열해지며 1)대출 초기 이자만 받기, 2)초기 이자와 상환액 줄여주기, 3)연체기록도 무시하고 대출해 주기, 4)까다로운 서류 없이 대출해 주기, 5)집값 100% 대출해 주기 등도 이루어졌다. 이런 업무 관행으로 **대출을 갚지 못할 위험성**이 커졌다. 대출받은 이들이 원금과 이자를 갚지 못할 위험을 '신용위험'이라 한다. 모기지론 관련 회사의 신용위험 부실이 결국 금융위기 뇌관이 된다. 저신용자 모기지론 대출은 2002년 말 6%에서 2006년 21%까지 빠르게 증가했다. 이 중 90%가 변동금리였다.

 미국 정부도 관련 법령 제·개정을 통해 서브프라임 모기지론 활성화를 유도했다. 패니메이, 프레디맥 같은 **모기지 전문 대출회사**에 모기지(저당권)를 구입토록 했다. 모기지 전문 대출회사는 소비자에게 직접 대출하지는 않는다. 대신에 은행 등 대출기관의 모기지(저당권)를 매입함으로써 금융권이 주택대출을 늘릴 수 있도록 돕는다. 패니메이 등이 은행에서 모기지(저당권)를 사들이는 순간, **대출한 돈을 받을 권리와 위험은 패니메이 등이 떠안는다**. 그러자 은행들은 위험은 고려하지 않은 채 모기지론 영업에 열을 올린다. 패니메이 등도 정부가 손실을 보증해 주기에 위험을 고려하지 않고 은행들의 서브프라임 모기지(저당권)을 구입해 주었다.

미국 모기지 전문 대출회사(패니메이, 프레디맥)는 담보로 잡은 부동산(모기지) 기반으로 **주택저당채권을 발행**했다. 금융회사모건스탠리, 골드만삭스 등나 헤지펀드(초단기 상품에 투자하는 펀드)가 이들 채권을 매입했다. 금융회사는 대출채권을 기초자산으로 하는 **파생상품**도 대거 만들어 유통했다. 대표적으로 부채담보부증권(CDO^{Collateralized Debt Obiligation}), 신용부도스와프(CDS^{Credit Default Swap}) 등이 있다. **파생상품**은 기초자산 상품으로부터 파생된 상품을 말한다. 기초자산은 정하기 나름이다. 주식, 채권, 금리, 환율, 금은, 구리뿐만 아니라 돼지고기, 날씨 등도 가능하다. 기초자산의 가격변동에 따라 파생상품 가치도 변동된다. 대표적인 파생상품으로는 선물옵션 등이 있다.

CDO와 CDS

부채담보부증권(CDO)은 신용등급이 높은 모기지(저당권) 채권과 낮은 모기지(저당권) 채권을 합쳐 놓는다. 그럴 경우 합산한 신용등급이 전반적으로 올라간다. 이런 방식을 '풀링Pooling'이라 한다. 가령, 신용등급이 좋은 투자적격 등급(AAA~BBB)과 투자부적격 등급(BB~C) 채권을 섞으면 새로운 채권은 A등급 이상이 될 수 있다. 문제가 되더라도 신용등급이 낮은 일부 채권만 손실이 나기에 큰 문제가 아니라 본다. CDO는 이렇게 풀링 방식으로 합쳐진 기초자산으로 새로운 채권을 발행한다. 문제는 CDO가 위험회피를 넘어 투기적으로 변질되었다는 것이다. 1차 CDO를 모아 2차 CDO, 3차 CDO식으로 발행했다. 부실 가능성이 있는 기초자산이 몇 배로 키워지며 대규모 부실로 이어졌다. 서브프라임 사태를 다룬 영화 〈빅쇼트〉에선 카지노 도박에서 딜러와 고객 중 누가 이길지 구경하는 이들이 내기를 하고, 그 내기에 대해 '다른 이들이 추가로 내기'하는 것으로 비유했다.

> **신용등급** 회사는 신용평가사로부터 신용등급을 받는다. 세계적으로 유명한 신용평가사는 Moody's, S&P, Fitch가 있다. 신용등급에 따라 대출 가능 여부, 대출금리 등이 정해진다. 신용등급은 AAA, AA, A, BBB, BB, B, CCC, CC, C, D 등급으로 나뉜다. AA 등급부터는 +, -를 더해 등급을 보다 세분화하고 있다. 보통 BBB- 이상(무디스 Baa3 이상)을 부도 가능성이 낮은 투자적격 등급, BB+ 이하(무디스 Ba1 이하)를 부도 가능성이 높은 투기 등급으로 분류한다.

신용부도스와프(CDS)는 금융상품의 가치가 크게 떨어지거나 부도Default가 났을 때 손실을 보전해 주는 계약이다. CDS의 기초자산인 CDO가 부실화될수록 CDS 보유자는 이익을 본다. 파생상품은

제로섬 게임이다. 제로섬은 모든 이익의 합과 손실의 합이 같은 경우다. CDS가 큰 수익이 나면 CDS를 판 금융회사는 그만큼 손해를 본다. 영화 〈빅쇼트〉에선 투자은행이 영화 주인공과 CDS 계약을 맺는다. 모기지(저당권)가 부실화되자 큰 손실을 보게 되는 투자은행은 CDS 계약을 다른 금융회사에 떠넘기려 한다.

서브프라임발 금융위기

서브프라임 모기지론 인기는 집값 상승으로 이어졌다. 미국 정부는 인플레이션, 주택경기 과열을 막기 위해 2004년 6월부터 기준금리를 17차례나 올렸다. 그 결과 기준금리가 1%에서 5.25%까지 4.25% 올랐다. **기준금리가 오르자 모기지론 대출금리도 덩달아 올랐다.** 금리 인상에 대출자들이 대출이자를 내지 못했다. 2006년 하반기부터 서브프라임 모기지론 연체율이 올라갔고, 2007년엔 연체율이 20%까지 상승했다. 반면, 금융회사들이 담보로 잡고 있던 부동산 가격은 2006년 고점 대비 30% 가까이 하락했다. 미국 주택 가격은 1998년부터 2006년까지 계속 올랐다. 하지만, 주택 가격이 2006년 3분기부터 하락해 2007년 5월 폭락해 버린 것이다. 주택 대출자들은 주택경기가 꺾여 주택을 팔지도 못했다. 주택담보대출 상환이 안 되면 **모기지 관련 회사 부실과 파산**을 겪는다. 2008년 서브프라임 모기지발 글로벌 금융위기로 금융회사 파산, 글로벌 경기침체를 겪었다. 미국 4대 투자은행인 리먼 브라더스가 파산하고, 메릴린치는 뱅크

오브아메리카BOA에 인수된다. 세계 최대 보험회사 AIG도 파산 직전에 내몰렸다. 주식시장도 검은 월요일 대폭락을 겪었다.

리먼 브라더스

리먼 브라더스 Lehman Brothers는 독일 유대인 출신 이민자 '헨리 리먼'이 만들었다.1884년. 처음엔 미국 몽고메리 지역에서 'H.리먼'이라는 포목상으로 출발했다. 이후 자신의 형제들엠마누엘, 메이어이 참여한다. 그리곤 회사 이름을 리먼 브라더스로 바꾼다.1850년. 리먼 형제들의 회사인 셈이다. 리먼 브라더스는 농산물 유통업을 거쳐 투자은행으로 발전한다. 골드만삭스, 메릴린치처럼 증권업을 기반으로 한 **증권계 투자은행**이었다. 시티그룹, HSBC, 뱅크오브아메리카BOA는 예금

그림 82 리먼 브라더스

과 대출을 기반으로 하는 은행계 투자은행이다. 1984년, 리먼 브라더스에게 위기가 찾아왔고, 아메리칸익스프레스에 경영권이 넘어간다. 10년 만인 1993년, 옛 주주들이 경영권을 되찾는다. 이후 공격적인 경영을 펼친 끝에 미국 4대 투자은행으로 성장한다. 하지만 2008년, 공격적인 부동산 투자가 화근이 된다. 그동안 리먼 브라더스는 부동산 관련 투자 업무에서 단연 두각을 나타냈었다. 1970년대 부동산 담보증권 영업을 유행시킨 것도 리먼이었다. 2000년대 들어서 모기지(저당권)를 기초자산으로 한 부채담보부증권^{CDO}등 파생상품을 만들어 레버리지 효과^{지렛대효과}를 누렸다. 미국 경기가 좋을 때는 부동산 영업이 리먼의 자금줄이었지만, 부동산이 침체되자 발목을 잡았다. 경기 불황에 따른 1)기준금리 인상, 2)부동산 가치 하락에 대다수 금융회사가 리스크를 강화했다. 하지만, 리먼은 부동산 투자 영업을 지속했고 이게 화근이었다. 서브프라임 모기지론 사태로 **158년 전통의 회사는 파산**하고 만다^{2008년}. 미국 남북전쟁, 2번의 세계대전, 대공황, 오일쇼크와 9.11 테러에 본사가 붕괴되는 상황에서도 살아남았던 리먼이다. 2007년까지도 매년 수익을 내던 회사였다. 파산 10개월 전 주당 67달러였던 주가는 1달러 미만으로 떨어졌고 이후 주식은 휴지가 되었다.

블랙스완

블랙스완$^{Black\ Swan}$은 까만 백조다. 백조는 원래 흰색이라 생각하지만 호주 등에서 까만 백조가 발견된다. 미국 월스트리트 전문가 나심 니콜라스 탈레브가 『블랙 스완』이란 책을 내면서 경제 용어로 유명해졌다. 그는 글로벌 금융위기 원인이 된 서브프라임 모기지론 사태2008년를 예언했다. 블랙스완은 까만 백조처럼 예측과 대비가 어려운 위험을 말한다. 발생 확률은 낮지만 발생하면 그 충격이 막대한 상황이기도 하다. '블랙스완 투자전략'은 투자금 대부분을 안전자산에 투자하고 10% 정도만 시장 급락에 대비해 옵션이나 투기상품에 투자하는 방법이다.

영화 빅쇼트

영화 〈빅쇼트 Big Short〉는 서브프라임 모기지론에 대한 영화다. 영화 주인공들은 주택대출을 갚지 못하는 사태를 예견한다. 최악의 경우 금융기관이 파산할 거라며 주택시장 붕괴에 베팅한다. 가격 하락에 베팅하는 공매도 전략을 취한다. 공매도빌 공空, 팔 매賣, 건널 도渡는 '주식을 빌려서 매도'하는 투자전략이다. 앞으로 주가가 하락할 걸로 예상될 때 선택한다. 1)빌린 주식을 비싼 가격에 팔고, 2)주가가 내리면 싼 가격에 되사서 3)빌린 주식을 갚는다. '주가가 내린 만큼'이 공매도 투자자의 수익이다. 영화 주인공들의 예측은 맞아들어갔고, 투자은행 리먼 브라더스 파산으로 이어진다. 매도는 영어로 Short다. 빅쇼트는 '거대한 매도' 정도로 해석되겠다. 영화에선 모기지 부실에 베팅하는 '공매도' 성공 이유를 젠가나무블록 게임를 통해 설명한다.

영화 속 인물은 낮은 신용등급이 쓰인 나무 블록은 아래쪽에, 높은 신용등급이 쓰인 나무 블록은 위쪽에 배치한다. '낮은 등급의 모기지들이 부실화되면 그 위 등급은 어떻게 될까요' 하며, 아래쪽 나무 블록을 빼낸다. 결국 모든 나무 블록이 와르르 무너지고 만다.

부동산 등락요인

부동산에 영향을 미치는 주요 요인은 1)**기준금리**, 2)**정부 규제**, 3)**화폐 발행과 인플레이션**물가상승, 4)**인구구조**, 5)**산업화**다. 1)기준금리 인상은 대출금리 인상으로 이어진다. 대출금리가 높으면 주택을 사려는 수요가 줄어든다. 비싼 이자를 감내하기 어려워서다. 반면, 기준금리 인하는 부동산에 훈풍을 불어준다. '현금 보유자'는 기준금리 상승기가 주택 마련 기회일 수 있다. 금리 상승기에는 주택가격 상승이 주춤하기 때문이다. 2)정부의 부동산 규제정책이 강화될수록 부동산 시장은 얼어붙고, 규제를 풀어줄수록 호재다. 정부 규제로는 부동산 과세, 토지규제, 건축규제, 대출규제 등이 있다. 3)중앙은행이 화폐 발행을 늘리면 화폐 가치가 떨어진다. 화폐 가치 하락은 물가상승, 인플레이션을 부르고 부동산, 금 등 실물 가치가 오른다. 4)인구 고령화와 핵가족화(1인 가구)는 지방 주택시장의 몰락을 부른다. 핵심 지역 부동산만 오르는 양극화가 나타난다. 5)산업구조 변화로 인해 도시가 몰락하기도 한다. 특정 산업이나 기업의 몰락으로 인해 도시 인구가 썰물처럼 사라진다. 폐광지대 탄광도시가 사라지듯 말이다.

부동산 투자 공식

부동산 투자 시에 고려 사항은 [1]**직주근접,** [2]**교통 여건,** [3]**교육 여건,** [4]**시장 양극화,** [5]**고령화와 1인 가구 증가** 등이다. [1]직주근접職住近接은 직장과 주거지가 가깝다는 뜻이다. 직장 주변은 항상 집을 구하려는 유효수요가 있다. 수요가 받쳐주는 부동산은 가격지지가 잘 되고 팔기도 쉽다. 출퇴근에 1~2시간 지옥을 경험한 사람들의 로망이 회사 주변 집이다. 워라밸 라이프를 꿈꾸는 수요도 많아 전월세 수요도 많다. 서울 기준 직장 밀집 지역은 마곡, 여의도, 광화문, 강남이다. [2]이왕이면 지하철 등과 거리가 가까워야 좋다. 교통 여건이 나쁘면 집값 상승에 한계가 있다. [3]초등학교 이상 자녀가 있다면 교육여건도 무시 못 한다. 교육여건이 좋은 학군지는 이사 수요가 항상 있다. [4~5]인구 고령화, 1인 가구 증가 등으로 인해 핵심지역에서 멀어질수록 그 수요가 줄어들고 있다. 이는 시장 양극화를 초래한다. 소위 입지 여건이 좋은 핵심지역 선호도는 더욱 강해지고 있다. 지방보다 수도권, 수도권 중 서울, **서울의 핵심지역**으로의 집중은 공식화되고 있다. 용적률(대지면적 대비 건축물 바닥면적 총합계 비율), 대지지분율(대지면적을 가구 수로 나눈 비율) 등을 고려하여 **재건축, 재개발 투자**도 관심 대상에 둬야 한다.

2-43

영국의 유럽연합 탈퇴, 브렉시트가 부른 화

브렉시트

브렉시트Brexit, Britain+Exit는 '영국의 유럽연합EU, European Union 탈퇴'를 말한다2000년 1월. 영국이 유럽연합 전신인 유럽공통체EC, European Community에 가입한1973년 지 47년 만이다. 영국은 최초로 EU를 탈퇴한 나라가 되었다. 영국이 떠나며 EU 가입국은 27개국이 되었다2025년 기준. 튀르키예, 우크라이나 등은 EU에 가입하고 싶어도 못 하는 데 영국은 탈퇴를 선택했다. 영국은 역사적으로 유럽 대륙과 불편한 관계다. 잉글랜드 왕국플랜태저넷가과 프랑스 왕국발루아가 사이 프랑스 왕위 계승을 놓고 **백년전쟁**을 벌이기도 했다. 백년전쟁에서 잔 다르크의 출연으로 프랑스가 이겼지만 경제적으론 영국 모직물이 발전하는 계기가 되었다. 전쟁을 피해 플랑드르프랑스 북부, 벨기에, 네덜란드 남부 등 모직물 생산업자들이 영국으로 건너왔기 때문이다. 나폴레옹 프랑스와 트라팔가 해전1805년, 넬슨 제독을 치르기도 했다. 이 전쟁에서 진 나폴레옹은 영국을 유럽으로부터 경제적으로 단절시키려 대륙 봉쇄령을 내리기도 했다. 당시 유럽 대륙이 프랑스 아래 있었기에 대륙 봉쇄령에 대부분 참여했다. 이에 영국은 **역봉쇄령**해상봉쇄령으로 맞선다. 섬나라 영국이 프랑스 해상무역을 막아버린 거다. 식민지가 많았던 영국은 봉쇄령에도 영향이 별로 없었지만, 유럽 대륙은 대륙 봉쇄령으로 큰 고통을 겪었다. 산업혁명으로 발전한 영국의 공산품을 쓸 수 없어서였다.

브렉시트 투표 결과

그런 역사적 승리 자신감이 EU 탈퇴에도 나타난 걸까? 섬나라 영국은 유럽 대륙과 한 몸으로 섞이기 쉽지 않았다. 1975년에도 영국은 EC에 가입하고 바로 탈퇴하려 한 적이 있다. 당시 노동당은 유럽통합을 자본가의 음모라 생각해 탈퇴하려 했다. 반면, 보수당은 자유무역에 도움 된다며 탈퇴를 반대했었다. 영국 정부는 국민투표에 부쳤다. 그 결과 국민 과반수 이상이67.2% 잔류를 선택해 영국은 EC에 남게 되었다. 그 후에도 영국은 EU와 다른 통화정책을 택했다. EU는 단일통화인 유로화를 도입했지만, 영국은 **파운드화를 고수**했다. 영국은 EU와 경제적인 통합에 적극적이지 않았다. EU 탈퇴 출발점은 2015년 영국 총리가데이비드 캐머런 EU 탈퇴를 국민투표에 부치겠다는 총선 공약을 내걸면서다. 당시 EU 탈퇴에 대한 여론이 들끓던 상황이었다. 총선에서 승리한 캐머런 총리는 공약대로 국민투표에 부친다. 정작 총리는 EU 잔류를 독려했으나 결과는 **EU 탈퇴**였다탈퇴 51.9%.

EU의 역사

1차 대전과 2차 대전은 독일과 프랑스 간 대립이 출발점이다. 전후 독일과 프랑스 간 전쟁을 일으키지 않도록 경제적 공동체를 만들기로 했다. 경제적으로 두 나라독일, 프랑스를 묶으면 전쟁을 못 할 거란 생각에서다. 1952년 서독과 프랑스는 **유럽석탄철강공동체**ECSC를 만들었다. 석탄이 많은 독일과 철강이 많은 프랑스가 생산량, 가격을 공동으로 정하고 자유롭게 거래하기로 합의했다. 이후 이탈리아, 베네룩스 3국이벨기에, 네덜란드, 룩셈부르크 가입하며 **유럽경제공동체**ECC가 되었다. 1967년 유럽원자력공동체와 합쳐져 **유럽공동체**EC가 되었다. 이후 영국, 덴마크, 아일랜드, 그리스, 스페인, 포르투갈이 가입했고, 1993년에는 **유럽연합**EU으로 출범하게 되었다. 서유럽 국가를 중심으로 전쟁을 막고 강력한 유럽을 만들자며 EU를 결성하게 된 거다. EU는 유럽 의회를 구성해 외교, 국방을 함께 논의해 왔다. 유럽중앙은행을 설립해 유로화를 쓰기로 했다2002년. EU 내에선 출입국 심사 없이 자유롭게 일자리를 구하거나 물건을 팔 수 있다. 그런데 2000년대 중반 이후 가난한 동유럽 국가헝가리, 루마니아 등들이 EU 회원국으로 들어온다.

브렉시트 찬반 이유

영국이 브렉시트에 찬성한 이유는 1)동유럽(헝가리, 루마니아 등) 노동자들에 대한 반감 때문이다. 그들이 일자리를 빼앗고 영국 국가 재정에 부담을 준다는 것이다. 실제로 영국 내 EU 회원국 노동자(EU 비회원국 노동자 대비) 수는 빠르게 증가하고 있었다. 동유럽 노동자들 때문에 임금이 계속 내려간다는 불만도 높았다. 그래서 브렉시트를 찬성한 주류는 저학력층, 저소득층, 고연령층이 많았다. EU 가입으로 혜택이 줄어든 계층이다. '요람에서 무덤까지 From the Cradle to the Grave'라는 말이 있듯 영국은 폭넓은 복지혜택을 제공해 왔다. EU 내 거주와 이동 자유에 따라 영국에 오는 외국인 이주자는 영국 내 복지혜택을 누리게 된다. 영국민 세금으로 외국인들에게 무상복지를 제공하는 것에 대해 거부감을 드러냈다. 2)EU에 내는 돈에 비해 영국이 얻는 혜택이 적다는 것도 EU 탈퇴 원인이다. EU는 각국의 국민총소득(GNI) 기준으로 매년 분담금을 정한다. 가난한 동유럽에 비해 부자나라 영국이 피해를 입을 수밖에 없었다. 2014년 기준 영국은 EU 전체 분담금의 14.1%를(141억 유로) 부담하고도 5.4%만(71억유로) 수혜를 입었다. 브렉시트 찬성론자들은 이 차액을 국민건강보험(NHS)에 쓸 수 있다고 외쳤다. 3)마지막으로 EU 공동 의견을 따르는 것에 대한 불편함이었다. 노동시장 단축 권고, 화학물질 배출 규제 등을 따르고 싶지 않았다. 영국 주권은 영국 스스로 하자는 주권 회복 열망이 강렬했다.

반면, 브렉시트를 반대한(EU 회원국 유지) 측은 EU 혜택을 잃고 경제적 불확실성만 높아질 걸 걱정했다. EU 회원국과 무역장벽이 생길 거란 우려도 컸다. 다행히 무역 위축은 브렉시트 이후 어느 정도 해소되었다. 영국과 EU가 무역협력협정TCA, Trade and Cooperation Agreement을 체결했기 때문이다. 영국과 EU 간 무관세, 무쿼터 적용에 합의했다. 관세는 없어졌지만, 출입국 관리, 세관검사, 동·식물 검역 등 비관세 장벽은 남아 있다. 한편, **패스포팅**Passporting 권리가 사라져 런던의 **금융 중심지 기능**이 사라질 거란 우려도 있었다. 패스포팅은 1) EU 내 한 국가에서 제품이나 서비스를 인가받으면, 2)다른 EU 국가에서 추가 인가 없이 판매할 수 있는 제도다. 영국은 이 권리를 통해 EU 내 '금융상품 주도권'을 쥐고 있었고, 국제 금융허브로 거듭났다. 패스포팅 종료로 영국에서 인가받아 활동하는 금융회사들이 EU 내 다른 국가를 상대로 금융상품을 팔 수 없게 된다. 당시 EU 내 패스포팅 권리를 이용하는 금융회사의 2/3 이상이 영국 런던에 기반을 둔 회사였다. 브렉시트로 금융회사들이 영국을 떠날 거란 우려가 컸다. 원래 런던은 윔블던 효과로 인해 글로벌 금융의 중심지였다. **윔블던 효과**는 영국에서 열리는 윔블던 테니스대회에서 영국 선수가 우승하지 못하고 들러리만 서는 것에 빗댄 말이다. 영국은 1970년대 말~80년대 초 금융위기가 닥치자, 영국 금융시장을 완전 개방했다. 시장개방으로 미국, 유럽 금융업자들이 영국 금융기관들을 거의 다 사들였다. 그로 인해 영국 토종 금융기관이 사라져 버렸다. 굴러온 돌이 박힌 돌을 빼버린 형국이었다. 영국의 자존심이 긁혔지만, 시장개방이 런던을 글로벌 금융의 중심이 되게 만들었다.

북아일랜드 EU 가입 유지

영국 서쪽 아일랜드섬은 아일랜드가톨릭와 영국에 속한 북아일랜드가톨릭+신교도로 나뉜다. 아일랜드는 잉글랜드에 정복당하고1540년 수백 년간 영국 통치를 받았다. 오랜 노력 끝에 전쟁까지 치르면서 독립에 성공했다1922년. 독립 후에는 영연방에서도 탈퇴했다1949년. 이 과정에서 얼스터 지역북쪽 아일랜드 일부는 영국에 남는다. 얼스터 지역 9개 주 중 3개는 독립국 아일랜드, 6개 주는 **영국령 북아일랜드**가 되었다. 북아일랜드는 영국이 아일랜드를 점령하고 신교도 이주민을 이주시킨 결과 신교도 주민이 더 많았다. 북아일랜드는 아일랜드 통합을 원하는 가톨릭교도와 영국 잔류를 원하는 신교도 간 갈등이 지속되었다. 북아일랜드 독립을 요구하는 무장강경파IRA 테러가 나기도 했다. **벨파스트 협정**1998년으로 북아일랜드 자치 의회와 행정부가 설립된다. 아일랜드와 북아일랜드 사이 자유로운 통행과 무역도 가능해졌다. 대신에 아일랜드는 북아일랜드 영유권 주장을 포기했다. 브렉시트에서도 북아일랜드는 EU에 홀로 남게 되었다. 벨파스트 협정을 우선시하면서다. 같은 영국 국가지만 북아일랜드만 EU에 남는 상황이 된 거다. 브렉시트로 인해 영국 본토의 물건이 EU 지역인 북아일랜드로 넘어가게 되면 엄격한 통관을 실시해야 한다. 불편함을 해소하기 위해 영국 정부는 EU와 통관절차 완화에 합의했다2023년. '북아일랜드 내 소비용'이면 통관을 면제하고, '아일랜드로 가는 상품'만 통관을 하도록 했다.

브렉시트 이후 불편

스스로 고립을 자초한 영국의 살림살이는 브렉시트 이후 나아졌을까? 1)브렉시트 이후 동유럽 노동자들의 집단귀국으로 영국 국민들은 불편함을 겪었다. 트럭 운전사 수가 급감하며 물류 운송 대란이 발생했다. 주유소 기름, 마트 신선식품 공급이 원활하지 않았다. 영국과 EU 간 택배 배송이 제때 되지도 않았기 때문이다. 결국, 동유럽 노동자의 빈자리는 영국 식민지였던 EU 비회원국인도, 파키스탄, 나이지리아 등 노동자가 차지하게 되었다. 오히려 저임금 외국인 노동자 수는 브렉시트 전보다 더 늘었다. 여기에 아프리카, 중동 난민 급증으로 이민 문제는 더 악화 상태다. 영국행 난민을 아프리카 르완다로 보내려고 했으나 인권침해 논란에 제동이 걸리기도 했다. 2)브렉시트로 EU 울타리를 벗어나자, 해외투자자가 썰물처럼 빠졌다. 커멕시트Comexit, Company+Exit, 회사 탈출 현상도 나타났다. 금융회사와 대기업들이 영국을 탈출했다. EU와 교역 급감으로 영국기업들은 타격을 받았다. 영란은행은 EU에 존속할 경우 대비 상품교역이 10~15% 감소했다고 발표하기도 했다2023년초. 수출입 감소, 투자감소로 일자리는 줄어들었다. 금융 중심지였던 런던이 더 이상 금융허브 역할을 하지 못하고 있다. 금융회사들이 프랑스 등으로 옮겨가 버렸기 때문이다. 런던 증권거래소의 시가총액 규모도 프랑스보다 낮아졌다2022년부터. 전 세계 금융시장을 선도했던 영국 위상이 말이 아니다.

3)코로나19 대유행, 우크라이나 전쟁으로 연 10%가 넘는 물가상

승과 저성장이 나타났다. 급등한 물가로 인해 영란은행은 기준금리를 대폭 인상해 왔고, 이는 경기침체를 불러왔다. 영국 기업들의 생산성이 정체되면서 실질임금도 하락해 왔다. 인플레이션은 높아졌지만, 실질임금은 내려가는 악순환을 맞이한 것이다. 여기에 브렉시트 이후 보수당 정권은 어려워진 나라 살림을 감안해 공공서비스와 복지지출을 삭감해 왔다. 간단한 진료^{긴급 진료 제외}를 기다리는 기간이 1주일 이상으로 늘게 되었다. 이젠, EU 탈퇴를 후회하는 브레그렛^{Brexit+Regret}이란 말이 나올 정도다. 브렉시트를 이끌어 온 영국 보수당은 14년 만에 정권을 빼앗기고 만다^{2024년7월}. 하원의원 총선^{의석수 650석}에서 418석을 노동당에 내주고, 121석으로 초라하게 물러났다.

4) 브렉시트로 인한 영국의 위상 약화는 영연방에도 영향을 미치고 있다. '영연방'은 영국과 영국 식민지였던 나라들이 모인 연합체다. 회원국은 56개국^{인도, 캐나다, 뉴질랜드, 호주 등}이다. 2년마다 한 번씩 정례 회의를 할 정도로 정치, 경제, 사회적 협력을 도모해 왔다. 하지만, 영국이 EU와 경제적 연결고리를 끊으면서 결속력이 흔들리고 있다. 영연방 국가 유지가 실질적인 이익이 되지 않았다는 인식이 높아져서다. 카리브해 국가들은 영국에 노예제와 식민주의 피해에 대해 배상을 요구하고 있기도 하다.

2-44

지브롤터와 세우타, 헤라클레스의 기둥

헤라클레스 기둥

지브롤터 해협은 유라시아와 아프리카 대륙이 만나는 접점에 있다. 지중해와 대서양이 만나는 곳이다. 육지 간 최단 거리 14km로 지브롤터 해협을 막으면 지중해는 호수가 된다. 대항해시대 이전 지구가 평평하다고 믿던 시절, 지중해 서쪽이 세상 끝이었다. 그 끝이 **지브롤터**였다. 지브롤터 해협 양쪽_{유라시아 대륙 쪽과 아프리카 대륙 쪽}에는 **헤라클레스 기둥**이 서 있다고 믿었다. 하나는 위쪽_{유라시아 대륙} 지브롤터, 다른 하나는 아래쪽_{아프리카 대륙} 세우타에 세워졌다고 말이다. 그 기둥을 넘어가면 하데스_{Hades, 지옥}로 간다는 것이다. 플라톤_{그리스 철학자}은 헤라클레스 기둥 서쪽 너머에 사라진 대륙 **아틀란티스**가 있다고 했다기원전355년. 아틀란티스는 수준 높은 문명, 아름다운 경관, 풍요로움을 갖춘 섬이었다. 탐욕으로 신들의 미움을 받아 하룻밤만에 바다 밑으로 가라앉았다기원전 9,700년경. 대서양(Atlantic Ocean) 이름은 아틀란티스에서 유래되었다. 포르투갈이 지브롤터 해협을 넘으면서 대항해시대도 열린다. 바로 아프리카 북부 요충지 세우타를 정복하면서다. 포르투갈인들은 세우타에서 동방 향신료가 교역되었다는 걸 알았다. 포르투갈의 향신료 무역은 그렇게 시작되었다.

헤라클레스 12개의 과업

헤라클레스는 그리스 신화에서 악당과 괴물을 힘으로 부수는 가장 힘센 사나이다. 현실에서 헤라클레스는 고대 그리스 팽창주의를 나타낸다. 적을 한방에 무너뜨리고 땅을 빼앗아 그리스 문화를 전파하는 역할이다. 그가 쉼 없이 돌아다니며 싸움할 수밖에 없는 이유다. 헤라클레스는 제우스최고의 신와 인간알크메네 사이에서 낳은 아들이다. 제우스는 유부녀인 알크메네의 외모에 반했다. 그녀의 남편암피트리온이 전쟁에 나간 사이 남편 모습으로 변신해 침실에 들었다. 제우스가 바람둥이인 것은 그리스 도시국가들이 제우스를 조상으로 삼았기 때문이다. 그들의 여자 조상이 제우스의 아이를 낳아야만 했다. 헤라클레스는 제우스 바람기 덕에 낳은 자식인지라 여신 헤라제우스 아내의 질투 피해를 입는다. 헤라는 헤라클레스가 태어나지 못하게 방해하지만, 무사히 태어난다. 태어나고 나서 8개월쯤엔 독사뱀을

그림 83 헤라클레스의 12가지 과업을 표현한 조각

보냈지만, 뱀을 가지고 놀다 죽인다. 헤라의 저주는 계속되는데, 헤라클레스는 정신착란으로 자신의 부인과 자녀들을 모두 죽이게 된다. 제정신이 돌아온 그는 신의 노여움을 풀고자 델포이 신전을 찾는다. 미케네 왕위를 놓고 갈등을 빚었던 티린스의 왕^{에우리스테우스}에게 가 '그의 명령을 이행하라'는 신탁^{귀신 神, 부탁할 託}을 받는다. 티린스의 왕은 인간이 도저히 할 수 없는 명령을 내린다. 원래는 10개의 명령이나, 2개는 이행하지 못했다고 하여 2개가 늘어났다. 헤라클레스는 12년간 **12개의 과업**을 모두 수행해 낸다. 명령을 이행한 장소는 그리스^{펠로폰네소스반도} 6곳, 그 바깥이 4곳, 현실에 존재하지 않는 곳이 2곳이다.

헤라클레스 황금사과

아틀라스는 티탄^{영어로 타이탄} 신족의 후손이다. 티탄 신족은 올림포스 신^{제우스 등}들의 통치 이전 세상을 다스린 신의 종족이다. 티탄 신족과 올림피아 신들 간 싸움이 났는데 아틀라스는 티탄 신족 편을 들었다. 티탄 신족이 싸움에서 지고, '올림피아 신'인 제우스는 아틀라스에게 형벌을 내린다. 평생 지구 서쪽 끝에서 '손과 머리로 하늘을 떠받치고 있으라는 것'이다. 헤라클레스의 11번째 과업은 '황금사과를 따오라는 것'이었다. 아틀라스 옆에는 **황금사과**가 있는 신들의 정원이 있었다. 트로이 전쟁이 일어나게 된 원인인 그 황금사과 불화의 신 에리스가 던진 황금사과다. 신들의 정원은 아틀라스의 딸헤스페리데스과 용 라돈100개의 눈을 가짐이 지켰다. 헤라클레스는 아틀라스에게 딸이 지키는 정원에서 황금사과 3개만 따달라고 부탁했다. 대신에 지구를 잠시 짊어지고 있겠다는 조건을 내민다. 황금사과를 따온 아틀라스는 더 이상 지구를 짊어지고 싶지 않았다. 헤라클레스에게 황금사과를 그를 대신해 전달해 주겠노라고 말했다. 아틀라스의 꼼수를 눈치챈 헤라클레스는 꾀를 낸다. 머리가 아프니 아주 잠깐만 하늘을 들어달라고 했다. 아틀라스는 사과를 내려놓고 하늘을 넘겨받는다. 그 순간 헤라클레스는 사과를 들고 유유히 사라진다.

아틀라스 산맥과 헤라클레스 기둥

아틀라스에 대해 여러 개의 신화가 있다. 그중 하나인 오비디우스로마의 시인가 쓴 『변신 이야기』에선 아틀라스산맥 탄생 과정이 기술되어 있다기원전 8세기. 제우스의 수많은 아들 중 하나인 '페르세우스'는 메두사를 죽인다. **메두사**고르고 메두사는 원래 아름다운 여인이었다. 바다의 신 포세이돈과 아테나 신전에서 정을 나누다 아테나지혜, 전쟁 등을 관장하는 여신에게 들킨다. 아테나의 저주로 머리카락이 뱀으로 변한 흉측한 괴물로 변했다. 메두사를 직접 보는 사람은 돌로 변하는 마법에도 걸렸다. 메두사를 싫어한 아테나는 페르세우스에게 '청동 방패에 비친 모습을 보고 처단하라'고 알려줬다. 아테나의 조언을 따라 한 페르세우스는 메두사의 목을 자른다. 메두사의 잘린 목은 아테나 방패에 장식으로 붙여졌다. 『변신 이야기』에선 아틀라스가 지구를 짊어진 게 아닌 부자 왕으로 묘사되었다. 페르세우스가 왕 아틀라스에게 잠잘 곳을 부탁하지만 거절당했다. 이에 화가 난 페르세우스가 메두사 머리를 아틀라스에게 내보였다. 아틀라스는 그 순간 돌이 되어 **아틀라스산맥**이 되었다는 것이다.

바위가 된 아틀라스산맥을 헤라클레스가 두 동강 낸 게 **헤라클레스 기둥**이다. 헤라클레스의 10번째 과업은 '게리온의 황소무리'를 잡아 오라는 것이다. 게리온은 3개의 머리와 몸을 가진 괴물이다. 게리온의 황소무리가 지브롤터 해협 부근에 살고 있었다. 헤라클레스가 가던 길에는 **아틀라스산맥**이 가로막고 있었는데, 그는 괴력으로 산맥을 잘라낸다. 잘라낸 한쪽이 지브롤터타리크산, 다른 쪽이 세우타몬테 아초산다. 지브롤터 해협도 그때 잘려나간 산맥 사이에 새로 생겨났다. 참고로 아틀라스산맥은 아프리카의 '모로코, 알제리, 튀니지' 쪽 산이다. 산맥 북쪽은 지중해 연안, 남쪽은 사하라 사막이다. 북쪽으로 갈수록 산맥이 가팔라진다. 사람들은 대부분 아틀라스

산맥 이북의 좁은 해안^{지중해성 기후} 쪽에 산다.

지브롤터 유래

헤라클레스 기둥으로 불리던 바위산이 지브롤터로 불리게 된 건 이슬람 세력이 이베리아반도^{스페인, 포르투갈}에 진출하면서다^{8세기}. 7세기 초 아라비아반도에 등장한 이슬람교는 사산 왕조 페르시아를 멸망시킨다. 아라비아반도를 차지하고 유럽침략에 나서나 동로마제국^{터키, 그리스 일대}에 막힌다. 이에 북아프리카로 방향을 돌려 아프리카 대륙 북쪽 끝에서 이베리아반도로 넘어간다. 그 당시 '타리크 이븐 지야드^{이슬람군 지휘관}'가 이끈 부대는 이베리아반도 끝 바위산을 '자발 타리크^{타리크의 언덕}'라 이름 짓는다. 자발 타리크가 후대에 **지브롤터**로 불리게 되었다. 참고로 당시 이베리아반도와 북아프리카에 살던 이슬람인들을 무어인^{Moor}이라 불렀다. 이슬람 군대는 이베리아반도의 서고트 왕국도 무너트린다. 하지만 레콩키스타^{재정복운동}로 가톨릭이 이슬람을 몰아낸다. 1492년 가톨릭이 그라나다를 점령하면서 레콩키스타는 완성되었다. 지브롤터도 가톨릭 국가 스페인 통치하에 들어간다. 하지만, 오늘날 스페인 땅 옆 지브롤터는 **영국**이, 모로코 땅 옆 세우타는 **스페인**이 차지하고 있다. 스페인 국기에

그림 84 스페인의 국기

는 헤라클레스 기둥이 그려져 있다. 원래 헤라클레스 기둥에는 Non Plus Ultra 이것 넘어 아무것도 없다가 쓰여 있었다고 믿었다. 이에 Non을 빼고 Plus Ultra보다 멀리 나아간다만 스페인 국기 속의 헤라클레스 기둥에 썼다.

브렉시트와 지브롤터

영국은 **스페인 왕위계승전쟁**1701~14년에 참여해 지브롤터를 얻었다. 지브롤터는 서울 여의도동의 2/3 크기다. 영국의 속령이지만 외교, 국방만 빼고 자치정부가 통치한다. 스페인으로선 손톱 밑 가시다. 늘 영토분쟁의 대상이 되지만, 현지 주민은 영국인으로 살아가길 원한다. 2번의 주민투표1967년, 2002년 결과도 주민 99%가 영국 잔류를 택했다. 영국으로서도 군사적 요충지로 전략적 중요도가 높다. 그런데 영국이 **브렉시트**로 EU 탈퇴를 선언하며 복잡해졌다. 원칙적으로 스페인과 지브롤터 사이에는 **검문과 출입국 절차**가 필요해졌다. 매일 1만 5,000여 명의 노동자가 스페인에서 지브롤터로 넘어 간다. 지브롤터 영국 국적자 3만 5,000여 명 중 8,000여 명이 스페인에 살고 있다. 지브롤터는 생필품, 관광객 모두 스페인 시장에 의존하고 있다. 스페인은 이전에도 지브롤터를 오가는 차량 검색을 강화해 몽니를 부린 적이 종종 있다. 브렉시트 이후 지브롤터와 스페인 간 자동 출입국 문제가 확정되지 않아 상당 기간 불편했다. 임시방편으로 자유로운 출입국을 한시적으로 허용해 왔다. 다행히도 2025년 6월

EU와 영국 간 협약으로 서로 간 자유로운 보장을 확정하게 되었다.

스페인 땅 세우타

스페인이 지브롤터^{영국 영토}에 미련이 있다면, 모로코도 **세우타**^{스페인 영토}에 미련이 많다. 세우타는 지브롤터의 바다^{지브롤터 해협} 건너편에 있다. 세우타는 고대 페니키아인들의 거점이었다. 페니키아인이 로마제국에게 멸망하고는 로마제국 땅이었다. 이후 반달족의 나라가 되었다가 이슬람 영토가 되었다^{771년}. 포르투갈^{후안 1세와 엔히크 왕자}이 세우타를 점령하고 북아프리카 진출 거점으로 삼는다¹⁴¹⁵. 스페인과 포르투갈이 합병되면서^{1581년} 세우타도 스페인 영토가 되었다. **포르투갈과 스페인 합병**은 양국이 겹사돈을 맺으면서 시작된다. 포르투갈 왕 주앙 3세가 스페인 카를 5세 여동생과, 스페인 왕 카를 5세가 주앙 3세 여동생과 결혼한다. 카를 5세는 아들 펠리페 2세를 낳는데, 펠리페 2세도 포르투갈 왕실의 피가 흐른다. 이후 포르투갈 왕위 계승 문제가 발생하고, 스페인 왕 펠리페 2세가 포르투갈 왕위도 계승하게 된다. 포르투갈은 60년간 스페인과 통합되게 된다^{1580년 통합~1640년 독립}. 포르투갈이 리스본 조약을 체결하면서 독립하지만, 세우타는 여전히 스페인 영토로 남는다. 지브롤터와 세우타는 거의 대칭형 모습이다. 높은 산봉우리가 있는 것도 닮았다. 세우타는 아프리카에 있는 'EU 지역'이다. 바다를 통해 살짝만 넘어가면 되니, EU 불법 이민이 발생할 개연성이 높다.

미국 달러와 헤라클레스 기둥

미국 달러를 표시하는 **달러 기호**($) 유래 중에도 헤라클레스 기둥이 담겨 있다. 여러 설들이 있는데 [1]신대륙 미국은 초창기 스페인 은화를 썼다. 처음엔 영국 은화를 썼으나 수량이 부족해서였다. 스페인 8리알 은화멕시코산에는 헤라클레스 두 기둥을 둘러싼 S자 장식이 있었다. [2]S는 스페인Spain 머리글자, ll는 헤라클레스 두 기둥을 뜻했다는 설 등도 있다. 달러란 명칭이 미국 기준통화로 채택된 건 독립전쟁1778~83년 직후다1785년. 미국은 대륙회의에서 파운드가 아닌 달러를 선택했다. 당시 멕시코산 스페인 은화가 통용되고 있던 현실과, 영국에 예속될 수 있다는 위기감이 달러를 선택하게 했다. 또한 미국 달러란 이름의 유래 중 하나는 독일 탈러 은화다. 보헤미아체코 '성 요하임 St. Joachim'지역에 은광이 개발된다1516년. 왕이 요하임스탈 Joachimsthal,요하임계곡이란 이름을 하사한다. 이후 은화가 생산되는데 **요하임스탈러 그로센**요하임스탈에서 제조된 화폐란 뜻으로 불렀다. 그로센은 당시 독일 화폐 단위다. 부르기가 길어 요하임탈러, 탈러thaler로 줄여 부르다 달러가 되었다.

2-45

카니발, 플라멩코 그리고 탱고

삼바와 카니발

브라질은 스페인과 포르투갈이 지구를 둘로 나눈 '토르테시야스 조약'에 의해 포르투갈 영토가 된다. 남미 대부분 지역이 스페인어를 쓰지만 브라질이 포르투갈어를 쓰는 이유다. 포르투갈인들은 브라질 일대에서 붉은 염료 재료인 '파우 브라질'이란 나무를 발견한다. 이 나무 이름이 **브라질 국가 이름**이 된다. 브라질 하면 **카니발과 삼바**다. 포르투갈 식민 지배가 시작되면서 유럽 가톨릭 문화인 **카니발** Carnival(축제)도 들어왔다. 가톨릭에선 **사순절**부활절 이전 40일간 고기를 먹지 않는다. 가톨릭은 예수의 고난에 동참해 절제와 금욕을 요구했다. 그래서 사순절 이전에 미리 고기를 먹어두려 했고, **사육제**사례할

사謝, 고기 육肉, 제사 제祭가 생겼다. 사육제 기간 동안 고기와 술을 마음 껏 먹고 놀았다. 카니발(Carnival)의 어원은 '**고기여 안녕**'이란 뜻의 '카르네 발레 Carne Vale(이탈리아어)' 또는 '**고기를 없애다**'라는 뜻의 '카르네 레바레 Carne Levare(라틴어)'에서 왔다. 브라질이 독립한 이후에도 카니발은 브라질 문화에 정착한다. 유럽에서 집안에서 즐기던 사육제 문화가 브라질 '거리 문화'로 확대되었다.

브라질에선 가톨릭 사순절 문화에 아프리카 흑인 노예 문화가 섞이게 된다. 포르투갈인들은 사탕수수와 담배 등을 브라질에 재배토록 했는데, 그때 부족한 일손을 메우려 아프리카 노예들이 건너오게 된다. 고된 노동을 견딘 흑인들의 춤과 음악이 **삼바**Samba로 발전한다. 덕분에 카니발에선 화려하게 장식한 마스크를 쓴 이들의 삼바 춤을 즐겨 볼 수 있다. '삼바에 살고 삼바에 죽는다'는 말이 있을 정도로 카니발에서 삼바를 즐긴다. 카니발은 매년 2월 말~3월 초 리우데자네이루, 상파울루 등 여러 도시에서 열린다. 브라질 카니발 중 가장 큰 규모는 '**리우**리우데자네이루 **카니발**'이다. 브라질에서 노예 해방이 이뤄지자1888년 흑인들이 일자리를 찾아 리우데자네이루로 모였다. 언덕 위 판자촌 빈민가파벨라에 모여 살면서 저녁마다 작은 카니발을 열게 된다. 악기 연주에 맞춰 춤을 추면서 힘든 삶을 달랬다. 이런 삶 속에 빈민가에 삼바 학교가 생기고, 그 숫자가 늘어갔다. 결국 그들의 삼바가 리우 카니발 축제의 중심에 서게 된다.

플라멩코

플라멩코Flamenco는 스페인 안달루시아 지방에 모여 살던 **집시들의 춤**에서 유래했다. 집시의 자유와 방랑을 상징한다고 할까. 플라멩코는 집시의 열정과 슬픔, 삶의 애환이 담겨 있다. 플라멩코는 아라비아어로 농부Felag와 도망자Mengu가 합쳐졌다. 플라멩코는 춤과 노래, 기타 선율 세 부분으로 구성된다. 도입부는 비교적 느린데, 삶의 고독감과 슬픔이 느껴진

그림 85 플라멩코

다. 이후 결말로 갈수록 박자가 빨라지고, 노랫소리도 격해진다. 구슬픈 노래와 기타 연주, 반면에 현란한 춤사위 속에 집시의 한이 서려 있다. **집시**Gypsy는 9세기 즈음 인도 북서쪽 소수 유랑민족으로 알려졌다. 14세기에는 유럽 각지로 흩어져 갔다. 한곳에 정착하지 못하고 옮겨 다니면서 그들만의 독특한 문화를 만들게 된다. 이슬람 지역인 스페인 남부 안달루시아그라나다 지역가 집시의 도시로 유명했다. 안달루시아 이슬람인들은 집시를 귀한 손님으로 대접하고 마을에 머물게 했다. 그로 인해 스페인 집시의 절반이 거주할 정도로 집시 문화가 번성하고, 플라멩코가 탄생하게 되었다. 안달루시아의 이슬람 문화와 집시의 방랑 문화가 독특한 예술로 승화된 거다. 19세

기 중반 이후 카페 칸탄테Cafe Cantante(음악카페)에서 플라멩코 공연이 열리며 그 인기를 더했다.

프랑스 대표 작곡가인 비제1838~75년가 작곡한 오페라 '카르멘'은 프로스페르 메리메 원작 소설『카르멘』을 토대로 하고 있다. 『카르멘』의 주인공은 집시여인 카르멘이다. 1820년경 스페인 안달루시아 지역을 배경으로 붉은 드레스를 입고 플라멩코를 추는 카르멘의 열정을 볼 수 있다. 집시여인 카르멘을 보고 첫눈에 반한 돈 호세는 상관을 죽이고 탈영한다. 하지만, 투우사 루카스와 사랑에 빠진 카르멘은 돈 호세를 떠나려 하고, 돈 호세는 결국 카르멘을 칼로 죽이고 자신도 칼로 찌르고 죽고 만다.

탱고

그림 86 탱고

남미 대표 음악 중 하나가 **탱고**Tango다. 무표정한 듯 남녀가 서로 얼굴을 가까이 맞대고 추는 두 박자 춤곡이다. '네 다리 사이 예술'로 불리기도 한다. 뜨거운 정열을 담은 듯 강렬하고 격정적인 리듬, 애절한 멜로디가 뒤섞여 있다. 19세기 후반, **아르헨티나와 우루과이**에서는 유럽과 아프리카에서 건너온 이주민들이 항구나 도시 빈민가에 어울려 살았다. 그 덕분에 유럽 계통의 춤곡과 아프리카 민속음악이 결합되어 탱고가 되었다. 1)쿠바 두 박자 춤곡 **아바네라**Habanera와 2)아르헨티나, 우루과이 민속음악 **밀롱가**Milonga, 3)아프리카 타악기 음악 **칸돔베**Candombe가 결합했다. 또한 유럽 무곡의 영향도 받았다. 우아한 춤곡인 '아바네라'는 19세기 중엽 쿠바를 드나들던 선원에 의해 부에노스아이레스로 전해졌다. '밀롱가'는 강한 템포와 아르헨티나풍 선율이 담긴 민요 춤곡이다. '칸돔베'는 우루과이로 건너갔던 아프리카 흑인들이 타악기를 동반한 춤과 음악으로 발전시켰다.

탱고는 아르헨티나 탱고와 우루과이 탱고가 서로 주도권 싸움을 벌여왔다. 특히, 아르헨티나 **부에노스아이레스의 보카** 지역이 탱고의 고향이라는 견해가 일반적이다. 부에노스아이레스는 아르헨티나 수도가 되어1880년 급속한 팽창을 이뤘다1930년대까지. 유럽으로부터 엄청난 이민자들이 몰려와 1920년대 부에노스아이레스 시민의 70% 이상이 유럽 이민자와 그 자손이었다. 지저분한 항구 지역 보카에는 이탈리아 출신의 극빈층 이민자들이 모여 살았다. 항구 노동자들은 고향에 대한 그리움을 가지고 있었다. 탱고는 고향으로 돌아갈 수 없는 가난한 이들의 정서를 담아내기 시작했다. 탱고의 강한 느낌은 그런 하층민의 격정에서 비롯되었다. 20세기 초부터 탱고는 아르헨티나를 상징하는 음악이 되었다. 탱고는 1920년대 유럽으로 건너가 **콘티넨탈 탱고**Continental(유럽 대륙의) Tango라는 이름으로 상류층 파티에서 인기를 얻기도 한다. 탱고가 지닌 우울하고 격렬한 감정보다 화려하고 귀족적인 분위기로 변했다. 세련된 춤곡으로 바뀌면서 이것이 역으로 아르헨티나 탱고에 영향을 주기도 했다. 탱고 음악의 대명사는 **라 쿰파르시타**^{La Cumparsita(가장 행렬)}다. 우루과이 건축학도 마토스 로드리게스가 한 모임에서 즉흥적으로 만들었고, 음악감독 로베르트 피르포이 편곡해 큰 인기를 얻는다.

여인의 향기

탱고하면 영화 〈여인의 향기〉를 빼놓을 수 없다. 알 파치노가 식당에서 처음 만난 여인에게 춤을 청하며 말한다. "스텝이 엉기면 그게 탱고입니다." 영화 〈**여인의 향기**〉^{1992년작}는 주연배우 알 파치노가 아카데미 남우주연상을 받은 작품이다. 명문고등학교 장학생 찰리 심스^{크리스 오도널}는 추수감사절 기간 동안 퇴역 장교이자 시각장애인인 **프랭크 슬레이드**^{알 파치노}를 돌보는 아르바이트를 하게 된다. 슬레이드는 비밀스러운 계획을 세우고 찰리와 뉴욕에 가게 된다. 비행기 1등석에, 최고급 호텔에 투숙하고, 최고급 식당에서 식사하는 등 돈을 물 쓰듯 하며 며칠을 보내기로 한다. 이후 떨어져 사는 친형을 몰래 찾아가 놀래주고, 아름다운 여자와 하룻밤을 보낸 다음, 세상과 이별하려는 계획이었다. 찰리와 슬레이드는 뉴욕의 한 식당에 자리를 잡는다. 이후 슬레이드는 누군가 기다리고 있는 아름다운 여인 도나 카브리엘^{앤위}와 열정적으로 **탱고를 추게 된다**. 그 탱고곡은 **포르 우**

나 카베사 Por una Cabeza, 간발의 차이다. 이 곡의 작곡가는 탱고의 황제로 불린 '카를로스 가르델'이다. 가르델은 아르헨티나를 탱고로 기억하게 만든 탱고 가수다.

인생이 바닥을 칠 때 아르헨티나 탱고를 춰라. 내가 우울할 때 가끔씩 되뇌는 말이다. 반 백 년 넘게 살다 보니 감정의 기복이 더 커진다. 중년의 갱년기일지도 모른다. 살다 보면 뜻대로 되지 않는 일도 있고, 낙담하는 일도 많다. 그럴 때마다 아르헨티나 탱고를 생각한다. 그 격정적인 음악이 감정의 센티멘털을 올리고 잠시 잊고 있던 의욕을 불사른다. 힘들고 지치고 괴로울 때 기억하자. 인생이 바닥을 칠 때 아르헨티나 탱고를 추면 된다. 이 챕터 이 내용이 마지막 글이니 이제 탱고 음악이 끝나갈 때인가 보다.

그림 출처

그림 1 〈장 바티스트 콜베르의 초상〉, 필리프 드 샹파뉴, 1655, 메트로폴리탄 미술관, 미국 뉴욕
그림 2 〈프랑수아 케네의 초상〉, 미상, 1743년경 추정, 카르나발레 박물관, 프랑스 파리
그림 3 〈애덤 스미스의 초상〉, 미상, 1795년경 추정, 스코틀랜드 국립 초상화 미술관, 영국 에든버러
그림 4 〈데이비드 리카도의 초상〉, 토머스 필립스, 1821, 국립 초상화 미술관, 영국 런던
그림 5 〈마리 앙투아네트의 초상〉, 엘리자베트 루이즈 비제 르 브룅, 1783, 볼프스가르텐 성 소장, 독일 헤센
그림 6 에드워드 베인스의 『History of the cotton manufacture in Great Britain』 삽화, 미상, 1835
그림 7 〈토머스 로버트 맬서스의 초상〉, 존 린넬, 1834, 국립 초상화 미술관, 영국 런던
그림 8 〈카를 마르크스의 사진〉, 미상, 1865년경 추정, 로저 비올레 콜렉션 소장, 프랑스 파리
그림 9 〈블라디미르 일리치 레닌의 사진〉, 파벨 세묘노비치 주코프, 1920, Wikimedia Commons
그림 10 〈알프레드 마샬의 사진〉, 월터 스톤맨, 1921, 국립 초상화 미술관, 영국 런던
그림 11 쥘 베른 『80일간의 세계 일주』 1873년 초판 삽화, 알퐁스 드 뇌빌. 레옹 베네, Wikimedia Commons
그림 12 〈소스타인 베블런의 사진〉, 에드윈 버리지 차일드, 1915년경 추정, 미국 시카고 대학교 사진 아카이브
그림 13 〈제러미 벤담의 초상〉, 헨리 윌리엄 피커스길, 1829, 국립 초상화 미술관, 영국 런던
그림 14 〈제임스 밀의 초상〉, 미상, 19세기 초중반 추정, Wikimedia Commons
그림 15 〈존 스튜어트 밀의 사진〉, 런던 입체사진 회사, 1870년경, 헐턴 아카이브 소장, 영국 런던
그림 17 (왼쪽)〈알프스를 넘는 나폴레옹〉, 자크 루이 다비드, 1800년, 말메종 국립 샤토 박물관, 프랑스 뤼에유말메종 (오른쪽)〈알프스를 넘는 나폴레옹〉, 폴 들라로슈, 1850년, 워커 미술관, 영국 리버풀
그림 18 〈나폴레옹 1세의 대관식〉, 자크 루이 다비드, 1805~1807, 루브르 박물관, 프랑스 파리
그림 19 〈아페르의 병조림〉ⓒ2000. Jean-Paul Barbier. Wikipedia
그림 20 〈캠벨 토마토 수프 광고〉,〈Ladies Home Journal〉1923년 1월호 수록
그림 21 〈마이어 암셀 로스차일드의 초상〉, 미상, 불명, Wikimedia Commons

그림 22 〈네이선 마이어 로스차일드의 초상〉, 윌리엄 워커, 19세기 전반 추정, Wikimedia Commons
그림 23 〈1889년 파리 만국박람회 공식 홍보 포스터〉, Wikimedia Commons
그림 24 〈1851년 런던 만국박람회 수정궁〉, Read & Co. Engravers & Printers, 1851, Wikimedia Commons
그림 26 『Flora von Deutschland, Österreich und der Schweiz』의 삽화, 오토 빌헬름 토메, 1885, Wikimedia Commons
그림 27 〈1839년 임칙서의 아편 폐기〉, 미상, 19세기 추정, Wikimedia Commons
그림 28 〈1842년 7월 21일 진강 공격 시의 98연대〉, 리처드 심킨, 19세기 후반, 브라운대학교 애니 S.K. 브라운 군사 컬렉션, 미국 프로비던스
그림 29 〈서태후의 초상〉, 휘베르트 보스, 1905, 이화원, 중국 베이징
그림 30 〈광서제의 초상〉, 청나라 궁정 화가, 19세기 후반, 자금성 고궁박물원, 중국 베이징
그림 31 〈쑨원의 사진〉, 미상, 20세기 초, 국립 국부 기념관, 대만 타이베이
그림 32 (왼쪽)〈매슈 C. 페리의 초상〉, 미상, 1854년경, 류센지 보물관, 일본 나가사키 (오른쪽)〈흑선 두루마리〉, 미상, 1854년, 이와세가와조우 기념관, 일본 시즈오카
그림 34 〈나가사키 해군전습소〉, 진나이 쇼레이, 1859년 이전, Wikimedia Commons
그림 35 〈오페라 나비부인 초연 공식 포스터〉, 아돌포 호엔슈타인, 1904, 라 스칼라 극장 박물관, 이탈리아 밀라노
그림 36 『The Crown Jewels of England』에 수록, C.J.H. 데이븐포트, 1919, Wikimedia Commons
그림 37 〈세실 존 로즈의 사진〉, 미상, 19세기 말, Wikimedia Commons
그림 39 〈비스마르크 기갑대 군복을 입은 오토 폰 비스마르크〉, 미상, 1894, Wikimedia Commons
그림 40 〈1871년 1월 18일 황제 선포식〉, 안톤 폰 베르너, 1885, 독일 역사박물관, 독일 베를린
그림 41 〈1919년 6월 28일, 베르사유 궁전 거울의 방에서의 평화조약 서명〉. 윌리엄 오펜, 1919~1920, 제국 전쟁 박물관, 영국 런던
그림 42 〈100조 짐바브웨 달러〉ⓒ2011. Misodengaku. Wikipedia
그림 43 〈포드의 자동차 모델 T〉ⓒ2005. dave_7 from Lethbridge, Canada. Wikipedia
그림 44 〈니콜라 테슬라의 사진〉, 미상, 1915, 니콜라 테슬라 박물관, 미국 뉴욕
그림 45 〈스무트와 홀리가 함께 선 모습〉, 내셔널 포토 컴퍼니, 1929, 미국 의회도서관, 미국 워싱턴 D.C.
그림 46 〈아메리칸 유니언 뱅크의 뱅크런〉, 미상, 1931. Wikimedia Commons
그림 47 〈존 메이너드 케인스의 사진〉, 미상, 20세기 전반, Bettmann Archive
그림 48 〈킹&카터 재징 오케스트라 사진〉, 로버트 러니언, 1921, 텍사스대학교 오스틴 캠퍼스 브리스코 센터, 미국 오스틴
그림 49 〈밀턴 프리드먼의 사진〉, 미상, 1980년대 추정, Wikimedia Commons

그림 50 〈1940년 6월 23일 파리의 히틀러, 슈페어, 브레커 사진〉, 하인리히 호프만, 1940, Wikimedia Commons

그림 51 〈1918년 11월 11일 콩피에뉴 휴전협정 열차 내부 사진〉, 미상, 1918, Wikimedia Commons

그림 52 〈소금 행진 사진〉, 미상, 1930. Wikimedia Commons

그림 53 (왼쪽)〈무함마드 알리 진나의 사진〉, 미상, 1945, Wikimedia Commons (오른쪽)〈자와할랄 네루의 사진〉, 쿠르반트 로이, 1947, Wikimedia Commons

그림 54 〈간다라 불상〉, 미상, 2~3세기경, 도쿄 국립 박물관, 일본 도쿄

그림 55 위안 중이 『China's Terracotta Army and the First Emperor's Mausoleum』의 삽화, 2010

그림 56 〈분서갱유〉, 미상, 18세기, 프랑스 국립도서관, 프랑스 파리

그림 57 〈1967년의 홍위병〉, 미상, 1967, Wikimedia Commons

그림 58 〈덩샤오핑, 국무원 부총리 도착 환영식 사진〉, 미국 백악관 공식 사진가, 1979, 미국 국립문서기록관리청 소장

그림 59 『The History of North America』의 삽화, W.D. 쿠퍼, 1789, 미국 의회도서관, 미국 워싱턴 D.C.

그림 60 〈소 떼에서 떨어진 소〉, 찰스 마리온 러셀, 1897, 스미스소니언 미술관, 미국 워싱턴 D.C.

그림 61 〈동서 대륙철도 연결 완공식 악수〉, 앤드류 J. 러셀, 1869, 예일대학교 서부 아메리카나 컬렉션, 미국 뉴헤이븐

그림 62 〈The Magnificent Seven〉 포스터, United Artists, 1960, Wikimedia Commons

그림 63 (위)〈1862년 미국 1달러 지폐, 그린백〉 ©2014. Godot13. Wikipedia (아래)〈1861년 남부연합 5달러 지폐〉, Wikimedia Commons

그림 64 『오즈의 마법사』 1900년 초판 표지, 윌리엄 윌리스 덴슬로, Wikimedia Commons

그림 65 〈프리드리히 하이에크의 사진〉, 미상, 20세기 중반, Mises Institute

그림 66 〈로널드 레이건 미국 대통령 공식 초상 사진〉, 대통령 집무실 공식 사진작가, 1981, 미국 국립 공문서관

그림 67 〈1941년 8월 10~12일 대서양 헌장 회의〉, Admiralty Official Photographer, 1941, 영국 제국 전쟁 박물관, 영국 런던

그림 68 〈리처드 닉슨 미국 대통령 공식 초상 사진〉, 미국 육군 사진국, 1972, 미국 국립 문서 기록 관리청

그림 70 〈2025년 7월 한국의 빅맥 지수〉 ©The Economist

그림 71 플로라 애니 스틸의 『English Fairy Tales』의 삽화, 아서 래컴, 1918, 뉴욕 공립 도서관, 미국 뉴욕

그림 72 〈A0509〉 ©두산로보틱스

그림 73 〈에바 페론의 사진〉, 미상, 불명, 아르헨티나 국립 아카이브

그림 74 『모비 딕』 1892년 판 삽화, 아우구스투스 버넘 슈트

그림 75 (왼쪽부터) 〈앤드루 카네기의 초상〉, 시어도어 C. 마르소, 1913, Wikimedia Commons 〈존 D. 록펠러의 초상〉, 미상, 19세기 후반, Wikimedia Commons 〈J.P. 모건의 초상〉 미상, 19세기 말~20세기 초, Wikimedia Commons 〈코넬리어스 밴더빌트의 초상〉, 매슈 브래디 스튜디오, 1844~1860, Wikimedia Commons

그림 76 〈러스트 벨트 위치 지도〉ⓒWikimedia Commons

그림 77 (왼쪽) 코카콜라 북극곰 캠페인 포스터 (오른쪽) 코카콜라 산타 캠페인 포스터

그림 78 〈2015년 셀렉트USA 투자 정상회의의 워런 버핏 사진〉, 미상, 2015, Wikimedia Commons

그림 79 〈제임스 그랜트 오브 그랜트, 존 마이튼, 토머스 로빈슨 경, 토머스 윈〉, 나다니엘 댄스-홀랜드, 1760년경 추정, 예일대학교 영국미술센터, 미국 뉴헤이븐

그림 80 〈콩코드 최초 비행〉, 앙드레 크로, 1969, 툴루즈 시립 기록보관소, 프랑스 툴루즈

그림 81 『어린 왕자』 1943년 초판 표지, 앙투안 드 생텍쥐페리

그림 82 (왼쪽) 〈엠마누엘 리먼의 초상〉, 미상, 불명, Wikimedia Commons (오른쪽) 〈메이어 리먼의 초상〉, 미상, 불명, Wikimedia Commons

그림 83 〈헤라클레스의 12과업〉, 미상, 3세기 중반 추정, 국립 로마 박물관 팔라초 알템프스, 이탈리아 로마

그림 85 〈스페인 무용수〉, 존 싱어 사전트, 1880~1881, 개인 소장

최고민수 경제사 특강 2

초판 1쇄 발행 2025년 8월 22일

지은이 최고민수(박민수)
브랜드 경이로움
출판 총괄 안대현
편집 김효주, 심보경, 정은솔, 이수빈, 이제호, 전다은
마케팅 김윤성
디자인 스튜디오 포비

발행인 김의현
발행처 (주)사이다경제
출판등록 제2021-000224호(2021년 7월 8일)
주소 서울특별시 강남구 테헤란로33길 13-3, 7층(역삼동)
홈페이지 cidermics.com
이메일 gyeongiloumbooks@gmail.com(출간 문의)
전화 02-2088-1804 **팩스** 02-2088-5813
종이 다올페이퍼 **인쇄** 재영피앤비
ISBN 979-11-94508-42-7 (03320)

- 책값은 뒤표지에 있습니다.
- 잘못된 책이나 파손된 책은 구입하신 서점에서 교환해드립니다.
- 이 책은 저작권법에 의하여 보호를 받는 저작물이므로 무단 전재와 복제를 금합니다.